Sigrid Hirbodian / Andreas Schmauder / Petra Steymans-Kurz (Hg.)

Materielle Kultur und Sozialprestige im Spätmittelalter

SCHRIFTEN ZUR SÜDWESTDEUTSCHEN LANDESKUNDE

Herausgegeben von
Jürgen Dendorfer, Sigrid Hirbodian, Sabine Holtz,
Ulrich Köpf, Bernhard Mann, Anton Schindling,
Wilfried Schöntag, Ellen Widder
in Verbindung mit dem
Institut für Geschichtliche Landeskunde und
Historische Hilfswissenschaften der Universität Tübingen

Band 82

Jan Thorbecke Verlag

Sigrid Hirbodian / Andreas Schmauder /
Petra Steymans-Kurz (Hg.)

Materielle Kultur und Sozialprestige im Spätmittelalter

Führungsgruppen in Städten des deutschsprachigen Südwestens

Jan Thorbecke Verlag

Gedruckt mit freundlicher Unterstützung durch:

Akademie der Diözese Rottenburg-Stuttgart
Institut für geschichtliche Landeskunde und historische Hilfswissenschaften an der Universität Tübingen
Stadt Ravensburg

MIX
Papier aus verantwortungsvollen Quellen
FSC® C022176

Für die Schwabenverlag AG ist Nachhaltigkeit ein wichtiger Maßstab ihres Handelns. Wir achten daher auf den Einsatz umweltschonender Ressourcen und Materialien.

Bibliographische Information der Deutschen Nationalbibliothek
Die Deutsche Nationalbibliothek verzeichnet diese Publikation in der Deutschen Nationalbibliographie; detaillierte bibliographische Daten sind im Internet über http://dnb.d-nb.de abrufbar.

www.thorbecke.de · info@thorbecke.de

Dieses Buch ist aus alterungsbeständigem Papier nach DIN-ISO 9706 hergestellt.
Abbildung auf dem Schutzumschlag: Epitaph des Kaufmanns Henggi Humpis (gest. 1429) in der ehem. Kapelle der Ravensburger Handelsgesellschaft, heute Evangelische Stadtkirche Ravensburg (Foto: Thomas Weiß, Ravensburg)
Satz und Gestaltung: Corinna Schneider
Druck: Memminger MedienCentrum, Memmingen
Gesamtherstellung: Jan Thorbecke Verlag, Ostfildern
Hergestellt in Deutschland
ISBN 978-3-7995-5282-0

Inhalt

Vorwort VII

Schriftlichkeit und Siegelführung 1
Gabriel Zeilinger

Rathäuser als Orte kommunaler Selbstdarstellung 12
Jörg Rogge

Die Selbstdarstellung reichsstädtischer Eliten im Ulmer Münster 25
Eva Leistenschneider

Wappenfolgen Mainzer Patrizier 37
Heidrun Ochs

Memoria und ständische Repräsentation 58
Katja Putzer

Macht, Reichtum, Selbstdarstellung 71
Andreas Schmauder

Die Vintler auf Runkelstein 85
Armin Torggler

Aristokratisierung und Architektur 95
Dietmar Schiersner

Zwischen Stadt und Burg 107
Peter Niederhäuser

Bildtafeln mit Abbildungen zu den Beiträgen von
Eva Leistenschneider, Heidruch Ochs, Katja Putzer,
Andreas Schmauder, Armin Torggler und Dieter Schiersner 119

Vorwort

Der vorliegende Band veröffentlicht die Ergebnisse der Tagung „Materielle Kultur und Sozialprestige im Spätmittelalter. Führungsgruppen in Städten des deutschsprachigen Südwestens", die vom 7.-9. April 2016 im Tagungshaus der Akademie der Diözese Rottenburg-Stuttgart in Weingarten stattfand. Die Idee zu dieser Tagung entstand angesichts der Fülle an materiellen Hinterlassenschaften, die von den spätmittelalterlichen Führungsgruppen in den Städten unserer Region zu finden sind: Wappen, Siegel und Grabdenkmäler, Wohnbauten in Stadt und Umland, Bilder, Glasfenster und Bauschmuck in Kirchen, Burgen und städtischen Wohnhäusern, ganze Kirchenbauten – wie etwa das Ulmer Münster – Rathäuser, Kaufhäuser, Hospitäler usw. Zum Verständnis dieser Dokumente städtischer Kultur sollte diese Tagung HistorikerInnen und KunsthistorikerInnen zusammenbringen, um vor allem ihre sozial- und kulturgeschichtlichen Hintergründe genauer und vergleichend in den Blick zu nehmen. So ist der Gedanke zu dieser Tagung geboren worden. In der Realisierung hat sich schließlich dies war wohl zu erwarten, wenn sich drei HistorikerInnen zusammentun ein deutlicher Schwerpunkt in der Besetzung mit HistorikerInnen herausgebildet, während die KunsthistorikerInnen auf der Tagung deutlich in der Minderzahl waren. Dennoch sind erste Ansätze zu einem interdisziplinären Dialog möglich geworden, den die dieser Band nun darstellt.

Wir sind nicht die ersten, die sich mit „materieller Kultur" beschäftigen, und auch nicht die ersten, die sich der materiellen Kultur spätmittelalterlicher Städte zuwenden. Material Culture/culture materielle wird seit vielen Jahren schon von ArchäologInnen und KulturanthropologInnen bzw. VolkskundlerInnen erforscht, als Ausdruck der Alltagskultur auch für das Mittelalter. Das 1969 gegründete Kremser Institut für Realienkunde des Mittelalters und der Frühen Neuzeit liefert seit Jahrzehnten Grundlagenforschung in diesem Bereich. Und schon 1995 publizierte der südwestdeutsche Arbeitskreis für Stadtgeschichtsforschung den Sammelband einer Tagung zu „Stadt und Repräsentation", in dem bereits einige der uns in den nächsten Tagen beschäftigenden Fragen angeschnitten wurden, z.B. durch Johannes Zahlten in seinem Beitrag über „Mittelalterliche Sakralbauten der südwestdeutschen Stadt als Zeugnisse bürgerlicher Repräsentation".[1]

War also die materielle Kultur schon lange Gegenstand solcher Fächer und historischer Zugänge zur Geschichtswissenschaft, die sich mit dem „Alltag" im Mittelalter beschäftigt haben, so erlebt dieser Forschungszweig seit einigen Jahren einen regelrechten Boom. Es wird sogar von einem „material turn" in der Geschichtswissenschaft gesprochen. Ein turn, der sich vielleicht als Folge von zu viel linguistic, space oder culture nunmehr dem Gegenständlichen, Materiellen zuwendet. Dabei geht es nicht mehr nur um die Ausdruckskraft von Dingen für Gesellschaften und Zeiten, aus denen wir eine zu geringe oder gar keine schriftliche Überlieferung besitzen, sondern um eine Neubewertung von Artefakten generell: Wie wirkt Wissen in kulturell geschaffenen und verwendeten Objekten oder Dingen? Was sagen Artefakte über

1 Vgl. Kirchgässner, Bernhard/Becht, Hans-Peter (Hgg.): Stadt und Repräsentation (Stadt in der Geschichte 21; Veröffentlichungen des Südwestdeutschen Arbeitskreises für Stadtgeschichtsforschung 31), Sigmaringen 1995.

eine Gesellschaft und ihre Geschichte aus oder welche Bedeutungen transferieren diese?[2] In unserer Tagung geht es freilich nicht um irgendwelche beliebigen materiellen Überreste der mittelalterlichen Gesellschaft, sondern um bewusst von einer bestimmten Gruppe innerhalb der Stadt geschaffene Objekte und das mit ihnen und durch sie transportierte Selbstverständnis dieser Gruppe. Unser „material turn" ist damit sehr stark sozialgeschichtlich und kommunikationsgeschichtlich orientiert, wir verstehen materielle Kultur hier als eine Art nonverbale Kommunikation, die das Selbstverständnis und die soziale Positionierung, auch die Selbstverortung der städtischen Führungsschichten zum Ausdruck bringen soll. Unsere Grundfrage lautet also eher: Wie gestalten die Führungsgruppen spätmittelalterlicher Städte Gegenstände, Gebäude oder Kunstwerke und was wollen sie mit dieser speziellen Gestaltung zum Ausdruck bringen?

In diesem Sammelband verfolgen wir diese Frage auf zwei verschiedenen Ebenen. Zunächst betrachten wir die Stadt insgesamt und ihre vom Stadtrat gestaltete oder geprägte Form der Selbstdarstellung. Dabei wird Gabriel Zeilinger nach Schriftlichkeit und Siegelführung in elsässischen Städten fragen und Jörg Rogge Rathäuser als Orte kommunaler Selbstdarstellung vorstellen. Im zweiten Teil dann betrachten wir einzelne Familien oder Familiengruppen innerhalb dieser Führungsschicht und fragen nach dem hier sichtbar werdenden Selbstverständnis. In vielen Fällen, so werden wir sehen, zielt diese Selbstdarstellung gar nicht mehr auf die Stadt und deren kommunikatives Umfeld, sondern auf den Landadel als die Zielgruppe, auf die hin sich städtische Eliten bewegen oder an denen sie sich zumindest orientieren. Wir beginnen mit dem bereits erwähnten Ulm, dessen Sakralbauten uns Eva Leistenschneider als Orte der Selbstdarstellung seiner Führungsgruppen vorstellen wird. Heidrun Ochs beschäftigt sich mit den Wappen der Mainzer Geschlechter, Katja Putzer mit den Totenschilden der Nürnberger Elite. Zuletzt schließt sich eine kleine Untersektion zum Thema Burgen und städtische Führungsgruppen an. Armin Torggler stellt uns die berühmte „Bilderburg" Runkelstein bei Bozen vor, Dietmar Schiersner die Burgen der Fugger und Peter Niederhäuser die Burgen städtischer Gerichtsherren in der Deutschschweiz. Einen Zwischenakzent liefert Andreas Schmauder, der im Rahmen eines öffentlichen Abendvortrags den TeilnehmerInnen der Tagung die Ravensburger Führungsgruppe näher gebracht hat. Mit der europaweit agierenden großen Ravensburger Handelsgesellschaft findet sich hier eine Wirtschaftselite, die ihre Macht und ihren Reichtum in materieller Kultur zum Ausdruck bringt.

Ohne die Unterstützung des Instituts für geschichtliche Landeskunde und historische Hilfswissenschaften der Universität Tübingen, der Stiftung der Gesellschaft Oberschwaben für Geschichte und Kultur, der Akademie der Diözese Rottenburg-Stuttgart und der Stadt Ravensburg wäre die Ausrichtung der Tagung nicht möglich gewesen. Die Drucklegung der Beiträge wurde ebenfalls von den beiden letztgenannten Institutionen finanziell unterstützt. Corinna Schneider hat die redaktionelle Bearbeitung übernommen und den Band gesetzt. Zahlreiche ArchivarInnen und Archive haben die AutorInnen unterstützt und diverse Abbildungen zur Verfügung gestellt. Wir danken allen Mitwirkenden, besonders aber den AutorIn-

2 Vgl. www.wikipedia.de, Material turn, zuletzt aufgerufen am 4.3.2019.

nen, dass sie sich auf das von uns gestellte Thema eingelassen haben und sich die Zeit genommen haben, einen Beitrag zum vorliegenden Sammelband zu zu verfassen.

Tübingen/Ravensburg/Stuttgart im März 2019
Sigrid Hirbodian, Andreas Schmauder und Petra Steymans-Kurz

Schriftlichkeit und Siegelführung

Die Bildung und Behauptung städtischer Führungsgruppen im Elsass des 13. Jahrhunderts

Gabriel Zeilinger

I.

Das Elsass gehört zu den besonders dynamisch und im Ergebnis dicht urbanisierten Landschaften Europas. Die Urbanisierung des Elsass vollzog sich, wie in anderen Landschaften auch, in mehreren Phasen, die jeweils durch herrschaftliche und wirtschaftliche Eigenheiten bestimmt waren: Bis in das 12. Jahrhundert hinein gab es im Elsass vornehmlich die alte Römer- und Bischofsstadt Straßburg. Die westliche Seite des Oberrheins war ansonsten noch von ländlichen Siedlungsformen geprägt. Die Staufer waren wohl die ersten umfassenderen Städteförderer im Elsass und somit die Impulsgeber der Urbanisierung dieser Landschaft. Neben ihrem Prestigezentrum im Elsass, der Pfalz und späteren Stadt Hagenau, privilegierten sie um die zehn weitere Städte. Doch auch andere weltliche und kirchliche Herren in der Region hatten zum Teil schon vor dem Ende der Hohenstaufen-Dynastie begonnen, ihrerseits Zentralorte auszubauen und auszustatten – in insgesamt beträchtlicher Anzahl. Um 1400 hatten sich die meisten der – je nach Stadtbegriff – rund 60 bis 70 urbanen Siedlungen im mittelalterlichen Elsass ausgebildet. Dabei wiesen das Ober- und das Unterelsass trotz aller gegebenen Verbindungen und Verflechtungen untereinander eine doch je eigene urbane Struktur auf: Im Unterelsass die starke Dominanz der Metropole Straßburgs – im Oberelsass die besondere Dichte, ja partielle Ballung von mittelgroßen und kleinen Städten.[1]

Nachdem in der Erforschung von hoch- und spätmittelalterlichen Stadtentstehungen nicht nur in dieser Region lange Zeit die Untersuchung der Ausstattung mit zentralörtlichen Funktionen sowie der frühen städtischen Vergemeinschaftungsformen überwog, wurden Urbanisierungsabläufe jener Epoche etwa in einem Kieler Forschungsverbund zuletzt intensiver hinsichtlich ihrer sozial- und politikgeschichtlichen Dynamiken, insbesondere der städtischen Aushandlungsprozesse untersucht.[2] Die für die Arbeit des Verfassers über das (Ober-)Elsass konzipierten exemplarischen Studien nehmen dabei vor allem die verschriftlicht fassbare In-

1 Dieser Beitrag vertieft einen Teilaspekt der Habilitationsschrift des Verfassers: Gabriel Zeilinger: Verhandelte Stadt. Herrschaft und Gemeinde in der frühen Urbanisierung des Oberelsass vom 12. bis 14. Jahrhundert (Mittelalter-Forschungen, Bd. 60), Ostfildern 2018. Die Anmerkungen werden daher an dieser Stelle eher knapp gehalten.

2 Oliver Auge/Gerhard Fouquet/Christian Hagen/Nina Kühnle/Sven Rabeler/Gabriel Zeilinger: Städtische Gemeinschaft und adlige Herrschaft in der mitteleuropäischen Urbanisierung ausgewählter Regionen Zentraleuropas. Ein Kieler Forschungsbericht, in: Jahrbuch für Regionalgeschichte 34 (2016), S. 15–49.

teraktion zwischen Herrschaft und Gemeinde zu den Fragen der Funktion und Qualität eines Ortes in den Blick, um dergestalt zu einem tieferen Verständnis von Urbanisierung zu gelangen, die eben mehr ist als nur die Summe einzelner Stadtentwicklungen in einer Region.[3] Denn die „Ausbreitung städtischer Lebensformen" vollzog sich im Mittelalter sowohl in der „entstehenden und wachsenden Stadt" als auch in deren „Rückbezug auf das Land"[4]. Zudem waren in vielen der für das Elsass untersuchten Fallbeispiele gleich mehrere kirchliche oder weltliche Herren und ihre jeweiligen lokalen Vertreter an der Entwicklung einer Siedlung beteiligt bzw. lagen zeitweise im Streit um diese – was zudem oft genug überlokal wirksam war und das regionale Machtgefüge betraf.

Aushandlungssituationen zeigen sich für das ausgehende Hoch- und das beginnende Spätmittelalter vor allem in ihren verschriftlicht überlieferten Ergebnissen und weisen über diese Schriftlichkeit und die damit zum Teil verbundene Siegelführung auch eine eigene Materialität auf.[5] In diesem Beitrag wird freilich weniger über die objekthafte Materialität von Schrift- und Siegelgebrauch gehandelt. Dies ist zum einen zeitbedingt, weil der Fokus hier auf der Frühphase der Urbanisierung des Südwestens, besonders des Elsass, liegt und somit vor der Zeit reichhaltigerer Sach- und Schriftquellenüberlieferung, bedingt etwa durch die dann vermehrt belegte Existenz von Rathäusern.[6] Zum anderen soll hier vorrangig betrachtet werden, wie sich jene sozialen Gruppen in der Stadt bildeten und behaupteten, welche die in diesem Band diskutierte „materielle Kultur" und das daraus womöglich erwachsende „Sozialprestige" bewirkten. Dies schließt sich unter anderem an einen Aufsatz von John McEwan über „The Formation of a Sealing Society" im London des 12. Jahrhunderts an, in dem er neuerlich hervorhebt, dass Siegel- und vermehrter Schriftgebrauch durch gewissermaßen ‚neue' soziale Gruppen eine gründliche Berücksichtigung der Sozial- und Politikgeschichte ebendieser Gruppen notwendig macht.[7] Es geht hier also mehr um die Gegebenheit und den Gebrauchskontext als um das ‚wie' von Schrift- und Siegelgebrauch.

Welche Rolle spielten also Schriftlichkeit und Siegelführung bei der Bildung und Behauptung städtischer Führungsgruppen[8] im Elsass des 13. Jahrhunderts? Dies wird im Folgenden vor allem anhand zweier oberelsässischer Städte beleuchtet, für die sich die damit in Verbindung stehenden Prozesse besonders markant zeigen, nämlich Colmar und Mülhausen. Ande-

3 Zeilinger: Stadt (wie Anm. 1), zur Forschungsgeschichte insbesondere Kapitel B.

4 So zum Beispiel schon Franz Irsigler: Urbanisierung und sozialer Wandel in Nordwesteuropa im 11. bis 14. Jahrhundert, in: Gerhard Dilcher/Norbert Horn (Hgg.): Sozialwissenschaften im Studium des Rechts. Bd. IV: Rechtsgeschichte, München 1978, S. 109–123, Neuabdruck in: Volker Henn/Rudolf Holbach/Michel Pauly/Wolfgang Schmid (Hgg.): Miscellanea Franz Irsigler. Festgabe zum 65. Geburtstag, Trier 2006, S. 153–167, Zitat hier S. 153.

5 Vgl. etwa Mathias Franc Kluge: Die Macht des Gedächtnisses. Entstehung und Wandel kommunaler Schriftkultur im spätmittelalterlichen Ausgburg (Studies in Medieval and Reformation Traditions, Bd. 181), Leiden 2014 – auch zu Siegeln; Christoph Dartmann/Thomas Scharff/Christoph Friedrich Weber (Hgg.): Zwischen Pragmatik und Performanz. Dimensionen mittelalterlicher Schriftkultur (Utrecht Studies in Medieval Literacy, Bd. 18), Turnhout 2011.

6 Vgl. den Beitrag von Jörg Rogge im vorliegenden Band.

7 John McEwan: The Formation of a Sealing Society: London in the Twelth Century, in: Susan Solway (Hg.): Medieval coins and seals. Constructing identity, signifying power, Turnhout 2015, S. 319–330.

8 Dazu – freilich unter dem Leitbegriff der ‚Elite' – jüngst in historischer und forschungsgeschichtlicher Zusammenschau Pierre Monnet: Zwischen Reproduktion und Repräsentation. Formierungsprozesse von Eliten in westeuropäischen Städten des Spätmittelalters: Terminologie, Typologie, Dynamik, in: Elisabeth Gruber/Mihailo Popovic/Martin Scheutz/Herwig Weigl (Hgg.): Städte im lateinischen Westen und im griechischen Osten zwischen Spätantike und Früher Neuzeit. Topographie – Recht – Religion (Veröffentlichungen des Instituts für österreichische Geschichtsforschung, Bd. 66), Wien 2016, S. 177–193; siehe außerdem Elisabeth Gruber u.a. (Hgg.): Mittler zwischen Herrschaft und Gemeinde. Die Rolle von Funktions- und Führungsgruppen in der mittelalterlichen Urbanisierung Zentraleuropas (Forschungen und Beiträge zur Wiener Stadtgeschichte, Bd. 56), Innsbruck/Wien/Bozen 2013.

re, zum Teil sogar ältere Städte wie Straßburg oder Hagenau im Unterelsass werden hingegen nur am Rande erwähnt.

II.

Am Anfang der nicht vorgegebenen Entwicklung Colmars zur größten und wohl auch politisch bedeutendsten Stadt im spätmittelalterlichen Oberelsass standen ein königlicher *fiscus* des Frühmittelalters und an diesen anschließend mehrere grundherrliche Höfe verschiedener auswärtiger geistlicher Institutionen, namentlich der Konstanzer Dompropstei sowie der Abteien Peterlingen (Payerne) und Münster. Diese Siedlungsplätze wuchsen – archäologisch nachgewiesen – im Laufe des 11. und 12. Jahrhunderts allmählich aufeinander zu.[9] Damit war eine etwas andere Ausgangssituation als etwa in Hagenau oder Schlettstadt[10] gegeben, wo ein Herrscherhof bzw. Kloster einen distinkten Nukleus bildeten. Die raren Dokumente über die frühe Phase der Colmarer Stadtwerdung und der Gemeindebildung zwischen Herrschaft und Genossenschaft ergeben folgendes Bild: Durch die Vogtei weltlicher Großer über die genannten Grundherren-Höfe rückte der als Markt- und Umschlagplatz wachsende Ort bis um 1200 zunehmend in das herrschaftliche Interessenfeld der Dagsburger Grafen, der Staufer und anderer Herren. Diese markierten ihre Position am Ort mit eigenen Dienstleuten, die dann gewissermaßen als ‚erste' Colmarer in den Quellen erscheinen: Denn unter den um 1200 in Colmar wirkenden, kaum einmal namentlich bezeichneten *ministri*, *custodes*, *milites*, *ministeriales* oder *officiales* verschiedener Herren waren es wohl diejenigen der hochadligen Vögte, ab 1212 dann vor allem der Staufer, welche aus der in ihren herrschaftlichen Zuordnungen unterschiedenen, jedoch durch Nachbarschaft verbundenen Bewohnerschaft Colmars die *Columbarienses burgenses* formierten und nach außen vertraten. Sie erscheinen ab diesem Jahr in gemeinschaftlichen Angelegenheiten als Akteure gegenüber den Ortsherren.[11]

Aus diesen frühen Dokumenten lässt sich ein Schlagabtausch zwischen dieser vor- oder frühstädtischen Führungsgruppe und insbesondere den Grundherren über den rechtlichen Charakter des Ortes und seiner Bewohner herauslesen. Dass der Peterlinger Propst in seiner Bestätigungsurkunde für eine Allmendveräußerung von 1212 nicht eine *universitas* oder *communitas*, sondern ‚nur' *burgenses* als Verkäufer ansprach, heißt nicht, dass es eine Frühform von Gemeinde noch nicht gab. Doch erkannte er jene als Korporation (noch) nicht an. In einer weiteren Allmendtransaktion im Jahr 1214 bezeichnete sich diese dann selbst als *communitas*

9 Dazu und zum Folgenden u.a. Bernhard Metz: Essai sur la hierarchie des villes médiévales d'Alsace (1200–1350), in: Revue d'Alsace 128 (2002), S. 47–100 [im Folgenden: Essai I]; 2e partie, in: ebd. 134 (2008), S. 129–167 [im Folgenden: Essai II], hier: Essai I, S. 68–73; Christian Wilsdorf: Comment Colmar devint ville (8e–13e siècles), in: Georges Livet (Hg.): Histoire de Colmar, Toulouse 1983, S. 29–52; die (bereits älteren) Ergebnisse der Stadtarchäologie bei Pierre Brunel: La formation urbaine de Colmar à l'épreuve de l'archéologie, in: Annuaire de la Société d'Histoire et d'Archéologie de Colmar 30 (1982), S. 17–27.

10 Auch der Fall Schlettstadts, wo sich ein ebenfalls mehrseitiges Interaktionsfeld zwischen der staufischen Stifterfamilie, dem Priorat St. Fides sowie den jeweiligen Herrschaftsvertretern und den Bewohnern entwickelte, kann hier nicht eigens behandelt werden; dazu eingehend Zeilinger: Stadt (wie Anm. 1).

11 Die älteren Monographien von Andreas Hund: Colmar vor und während seiner Entwickelung zur Reichsstadt, Diss. phil. Straßburg 1899; und Pierre-Yves Playoust: Aspects de la vie urbaine à Colmar au XIIIe et XIVe siècles. Thèse présentée à l'École nationale des Chartes, Paris 1961, sind weiterhin wichtig. Die Ergebnisse der Neubetrachtung durch Zeilinger: Stadt (wie Anm. 1), werden hier zusammengefasst dargelegt.

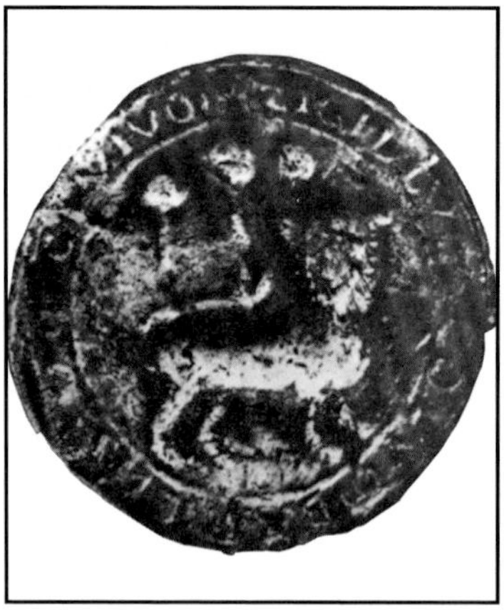

Abb. 1: Das erste Colmarer Siegel 1214, BEDOS: Corpus (wie Anm. 13), Nr. 213, S. 184.

und setzte im doppelten Sinne zur Bekräftigung ein Siegel noch ohne explizite Reichs- oder Stadtabbreviatur darunter.[12] Dieses erste Colmarer Gemeindesiegel trägt die Umschrift SIGILLUM COLVMBARIENSIUM CIVIVM. Wilfried Schöntag hat folgende heraldische Beschreibung geliefert: „ein nach rechts schreitender Leopard und im Hintergrund drei stilisierte Bäume"; Letztere deutet Bernhard Metz hingegen als ‚Kolben', was als Anspielung auf Columbaria/Kolbere/Colmar gesehen werden könne. Nach 1222 finden sich (Reichs-)Adler im Siegel zunächst nur als Bruchstücke. Ein vollständig erhaltenes königs- bzw. reichsstädtisches Siegel ist dann ab 1281 überliefert.[13]

Die beiden physischen Kristallisationsorte, aber auch die rechtlichen Vehikel der Colmarer Gemeinschaft waren die Allmende und der Kirchhof. Dass die frühe Gemeinde in diesen Jahren die Allmende trotz der eigentlich noch gegebenen Zuordnung zu den verschiedenen Hofrechtsverbänden offenbar schon gemeinschaftlich verwaltete und zum Teil sogar veräußern konnte, um aus dem Gewinn die Befestigung des Kirchhofs sozusagen als ‚Gemeindeburg', jedenfalls aber als Gemeinschaftsbau zu bezahlen, zeigt den beginnenden Verlust der Ortsherrschaft an.[14] Aber wer waren die Leute, die all das in Colmar betrieben? Das weniger in der Besitztransaktion als vielmehr in der Beglaubigung außergewöhnliche Dokument von 1214 kann in seiner Bedeutung für die soziale und politische Entwicklung Colmars kaum überschätzt werden: Denn *nos burgenses Columbarienses* bleiben nicht anonym, sondern es erscheinen 18 Personen mit Namen, von denen sich außerdem zehn als *milites* und acht als *burgenses* bezeichnen und damit von den anderen Gemeindegenossen abheben, die gleichwohl mit dem direkt anschließenden Passus *et per nos alii in communitate Columbariensium manentes* einbezogen werden.[15] Die 18 zuerst und namentlich Genannten bildeten offenbar bereits eine Führungsgruppe bzw. vielleicht sogar eine Vertretung der Gemeinde, der eine Elite mit teilweise reichsministerialischem und stauferparteilichem Hintergrund angehörte.[16]

Eine andere Deutungsnuance wäre hingegen, dass die beschriebene zweistufige Führungsgruppe sich die in der Allmende und vor allem mit *alii in communitate Columbariensium manentes* aufscheinende Gemeinde für sich instrumentalisiert haben könnte, um sie als Legitimationsbasis für ihr Handeln und ihre Interessen zu nutzen – was die Gegebenheit einer Gemeinde freilich voraussetzte. Ein weiterer Aspekt der Verkaufsurkunde von 1214 weist eben-

12 Paul Willem FINSTERWALDER (Bearb.): Colmarer Stadtrechte (Oberrheinische Stadtrechte. Dritte Abteilung: Elsässische Rechte III), Heidelberg 1938, Nr. 18–19, S. 19–21.

13 Brigitte BEDOS: Corpus des sceaux Français du Moyen Age, Bd. 1: Les sceaux des villes, Paris 1980, Nr. 213f., S. 184f.; Wilfried SCHÖNTAG: Kommunale Siegel und Wappen in Südwestdeutschland. Ihre Bildersprache vom 12. bis zum 20. Jahrhundert (Schriften zur südwestdeutschen Landeskunde, Bd. 68), Ostfildern 2010, S. 47 (Zitat); METZ: Essai I (wie Anm. 9), S. 70.

14 So bereits HUND: Colmar (wie Anm. 11), S. 70–78; PLAYOUST: Aspects (wie Anm. 11), S. 9, 203 und öfter, der hierfür treffend von „passage du gouvernement/du pouvoir" spricht.

15 FINSTERWALDER: Stadtrechte (wie Anm. 12), Nr. 19, S. 21.

16 Vgl. etwa Laurence BUCHHOLZER-RÉMY: Von der Herrschaft zur Gemeinde? Der Schultheiß, eine ambivalente Figur (Elsass, 12.–15. Jahrhundert), in: GRUBER u.a.: Mittler (wie Anm. 8), S. 177–200; Thomas BILLER/Bernhard METZ: Die Burgen des Elsaß. Architektur und Geschichte, 2 Bde., München 1995–2007, hierfür Bd. 2, besonders S. 27 f.

falls etwas in diese Richtung: Denn den Zisterziensern von Pairis wird auch Schutz für die Abwicklung und den Bestand des Geschäfts zugesprochen. Wer unter den Colmarer *burgenses* sollte in dieser Hinsicht auch anderes angedacht gewesen sein als die 18 Benannten, die wohl allein die Mittel und Übung zur Wahrnehmung gewissermaßen vogteilicher Aufgaben hatten? Dies wird umso sinnfälliger, als die Vogtei über Pairis für jene Jahre nicht nur in der Forschung nicht restlos geklärt ist, sondern wohl auch zeitgenössisch im Wechsel oder umstritten war.[17] Dafür spricht auch, dass sich Pairis gegen Ende desselben Jahres von dem in Basel weilenden König Friedrich noch eine Bestätigung über den Ankauf der Grundstücke *communium terrarum, quae almend vocantur, a burgensibus Columbariensibus* bestätigen ließ, der auch unter Einbeziehung des Konstanzer Niederhofs erfolgt sei.[18] Selbst wenn die Königsurkunde vor allem den „berechtigten Wünschen“ der Pairiser Mönche Rechnung trägt, ist zu diesem Zeitpunkt eine vermittelnde Intervention der Colmarer Gemeindeakteure wohl vorstellbar.

1226 fand ein Schiedsrichtergremium dann ein *compromissum* zwischen der *communitas* Colmars, die nunmehr eine *civitas* sein wollte, und dem Peterlinger Prior über die strittigen Rechte am Ort. Demnach wurde der Prior im Wesentlichen ausgezahlt.[19] Dieser Vertrag sagt durch die darin gespiegelten Konflikte um Allmende, Gerichtsherrschaft und Zoll viel mehr über das frühe Colmar aus als die bloße Ersterwähnung von Markt und Tuchhalle, die nur als Verschreibungsziele der kommunalen Ablösesumme für den Prior erscheinen. Die zu verzeichnende sukzessive Verdrängung der geistlichen Grundherren aus dem ‚öffentlichen' Raum Colmars, vor allem aus der Gerichtsbarkeit – hier wie andernorts „l'essentiel du pouvoir“[20] –, heißt aber auch hier nicht, dass sie als Herren in und um die Stadt bedeutungslos wurden. Ihre wenn auch teils geminderten Rechte bestanden nicht zuletzt im Umland fort und waren das ganze Spätmittelalter hindurch Gegenstand von weiteren Konfliktlagen und Aushandlungen.[21]

Doch geschah die Formierung der Gemeinde und die partielle Ablösung der geistlichen Ortsherren seit den 1210er Jahren eben nicht unter rein oder nur vorrangig kommunalen Vorzeichen. Sie wurde möglich durch das wieder verstärkte staufische Engagement seit der Durchsetzung Friedrichs II. im nordalpinen Reich und durch die Erfolge seiner Leute in der Region, die sich nicht allein in Colmar zuvorderst an Vogtei und Gerichtsbarkeit sowie an der ersten umfassenderen Ummauerung, aber eben auch an weiteren herrschaftlichen Stützpunkten im Umland ablesen lassen.[22] Dabei hatten die lokalen wie regionalen Vertreter der späten Stauferherrscher, zu denen neben den Schultheißen auch etliche, wenn nicht die meisten Mitglieder der frühen Führungsriege gehörten, eben oftmals zwei Standbeine – eines in der Herrschaft und der Herrschaftsteilhabe, auch über die Stadtmauern hinweg, und eines in der Gemeinde, wiewohl vor allem anfangs die Orientierung auch und gerade der *consules* hin zum

17 Die verschiedenen Möglichkeiten im Überblick bei Frank Legl: Studien zur Geschichte der Grafen von Dagsburg-Egisheim (Veröffentlichungen der Kommission für Saarländische Landesgeschichte und Volksforschung, Bd. 31), Saarbrücken 1998, S. 561 f.

18 Finsterwalder: Stadtrechte (wie Anm. 12) Nr. 20, S. 25.

19 Finsterwalder: Stadtrechte (wie Anm. 12), Nr. 25, S. 28–30.

20 Playoust: Aspects (wie Anm. 11), S. 199.

21 Hund: Colmar (wie Anm. 11), S. 33–35; Eugen Waldner: Rechte und Güter der Dompropstei von Konstanz in Colmar und Umgegend, in: Zeitschrift für die Geschichte des Oberrheins 48 (1894), S. 261–273.

22 Außer der in Anmerkung 9 genannten Literatur hierzu auch Frank Legl: (wie Anm. 17) besonders S. 530–535; sowie Jean-Yves Mariotte: Les Staufer et l'avouerie du Val-Saint-Grégoire, in: Archiv für Diplomatik 38 (1992), S. 135–143.

Herrscher und Stadtherrn als stark angenommen werden kann.[23] ‚Gemeinde' war auch in Colmar oft genug Vielfalt in nur vermeintlicher Einheit. Doch spricht auch das erste Siegel von 1214 im Grunde diese zwei Standbeine an, indem mit den Bäumen bzw. Kolben der Ort und der Leopard (oder doch Löwe?) als herrschaftsbezeichnendes Tier gewissermaßen für die Staufer aufgeführt werden. Jedenfalls, so weit kann man in der Argumentation wohl gehen, waren die Personen, die zu dieser Zeit die Stadt regierten, herrschaftspraktisch geübt und versiert und brachten die entsprechenden Techniken in die frühe Gemeinde bzw. deren Führungsgruppe mit ein.

Hinsichtlich der Stellung der Gemeinde gegenüber den Staufern ist noch hervorzuheben, dass jene die Gemeinde als Ganzes kaum einmal adressiert oder gar ausdrücklich anerkannt haben, sondern vornehmlich deren Führungsgruppe, den Rat und damit gewissermaßen ‚ihre' Leute am Ort. Auch liegt keine staufische Stadterhebung im eigentlichen Sinne vor, sondern eine nur nachfolgend erschließbare, sukzessive rechtliche Ausstattung und Absicherung.[24] Nicht nur wegen der relativen Kürze der eindeutigen staufischen Suprematie am Ort ist die Beschreibung als genuine ‚Stauferstadt' u.a. für Colmar mithin fragwürdig. Auffällig ist hingegen die weitgehende Stabilität in den Führungsgruppen von 1214 bis in die Regierungszeit des ohnehin an staufische Herrschaftskonzepte anschließenden Rudolf von Habsburg hinein.[25]

Von den danach waltenden, nicht selten gewalttätigen Parteiungs-Verwerfungen in Colmar kann hier nicht eingehender gehandelt werden. Nicht zuletzt in den Texten der Colmarer Dominikanerchronistik[26] sehen wir die Stadt freilich noch profilierter als in der diplomatischen Überlieferung als ein höchst aufgeladenes, multipolares Aktionsfeld, das die Stadtherren, deren jeweilige Gegner, lokale wie regionale Herrschaftsvertreter und politische Anhänger, die jeweilige Opposition inner- und außerhalb des Stadtadels, sonstige Bürger und Bewohner sowie andere Gruppen aufwies, zu denen nicht zuletzt die Welt- und Ordenskleriker zu zählen sind. Zum Beispiel nach der Doppelwahl von 1314 formierten sich rasch entsprechende Fraktionen in der Stadt, nämlich die habsburgtreuen ‚Roten' gegen die zu Ludwig dem Bayern haltenden ‚Schwarzen'. Zur Beendigung dieses veritablen Bürgerkriegs wurde 1331 ein neutrales ‚Novemvirat' eingesetzt, das die militanten Anhänger beider Parteiungen der Stadt verwies.[27] In dem dazu aufgesetzten Akkord wurde unter anderem auch bestimmt, dass nun

23 Vgl. die Literatur in Anmerkung 16 sowie Henri DUBLED: Quelques réflexions sur les ministeriales en Alsace, in: Archives de l'Église d'Alsace N. S. 3 (1949/50), S. 375–382.

24 Die etwa von Hella FEIN: Die staufischen Städtegründungen im Elsaß (Schriften des Wissenschaftlichen Instituts der Elsaß-Lothringer im Reich an der Universität Frankfurt, Bd. 23), Frankfurt am Main 1939, S. 25, für die 1210er und 1220er Jahre ausgemachte „Stadterhebung Colmars" ist als Ausdeutung der Überlieferung eben ein zeittypisches Konstrukt.

25 Dazu u.a. Franz-Reiner ERKENS: Zwischen staufischer Tradition und dynastischer Orientierung: Das Königtum Rudolfs von Habsburg, in: Egon BOSHOF/Franz-Reiner ERKENS (Hgg.): Rudolf von Habsburg 1273–1291. Eine Königsherrschaft zwischen Tradition und Wandel, Köln 1993, S. 33–58.

26 Siehe u.a. Erich KLEINSCHMIDT: Die Colmarer Dominikaner-Geschichtsschreibung im 13. und 14. Jahrhundert. Neue Handschriftenfunde und Forschungen zur Überlieferungsgeschichte, in: Deutsches Archiv für Erforschung des Mittelalters 28 (1972), S. 371–496; Annette KEHNEL: Rudolf von Habsburg im Geschichtswerk der Colmarer Dominikaner, in: Reinhardt BUTZ/Jörg OBERSTE (Hgg.): Studia Monastica. Beiträge zum klösterlichen Leben im christlichen Abendland während des Mittelalters (Vita regularis, Bd. 22), Münster 2004, S. 211–234.

27 Im Überblick WILSDORF: Colmar (wie Anm. 9), S. 54–58; sowie nun Christoph SCHMIDBERGER: Städtische Führungsgruppen im Konflikt. Zur Struktur und Funktion persönlicher Beziehungen in Colmar im 13. und 14. Jahrhundert, Stuttgart 2015.

keine Seite mehr ihren *partrok*, ihre Parteiungsfarben tragen dürfe.[28] Die materielle Kultur in der Colmarer Führungsschicht konnte also auch entzweien.

III.

Etwas anders stellt sich die Situation in Mülhausen dar: Dort sind die staufischen Besitzungen, Interessen und Tätigkeiten am Ort bis in die 1220er Jahre hinein noch schwächer belegt als in Colmar. Die von der älteren Forschung gezogenen Schlüsse erweisen sich daher zum Teil als etwas gewagt. Doch lässt sich immerhin annehmen, dass die Vogtei über den beträchtlichen Straßburger Besitz am Platz bereits im 12. Jahrhundert den Staufern übertragen war. Im Zuge der Konflikte zwischen dem Bischof von Straßburg als zunehmend starkem Fürsten auch im Oberelsass und Philipp von Schwaben wurden vor allem die staufischen Vogtei-Rechte aufgegeben oder eingezogen. Friedrich II. und seine Leute im Land beanspruchten diese jedoch nach 1215 wieder.[29]

Aus dieser Situation stammen mehrere sehr interessante Stücke, die – wie so oft – der Forschung bislang vorrangig zur Entnahme von Erstnennungen bzw. Siedlungsbegriffen dienten. Hier soll vor allem auf das erste dieser Dokumente eingegangen werden, das einen Streit zwischen den beiden Ortsherren behandelt, der einmal nicht mit der Klinge ausgefochten, sondern einem Schiedsrichter-Triumvirat zur Schlichtung übertragen wurde: In einem 1221 erzielten Akkord bestimmten die drei Vermittler – wohl kaum ohne vorherige Abstimmung mit den Parteien –, dass Mülhausen neben anderen *villae* mit allen Zugehörungen Besitz der Straßburger Kirche sei, mit Ausnahme der als staufische Allode reklamierten (!) Besitztitel.[30] Die eigentliche Besonderheit dieses Dokuments liegt aber in dem folgenden *Declaramus etiam* der Schiedsrichter: Der Straßburger Kirche seien nämlich alle Dienst- und Lehnsleute zu restituieren und auf das bischöfliche Gericht allein zu verpflichten, welche Freiheitsschenkung des Kaisers auch bestehen möge. Ausgenommen werden davon nur diejenigen Dienst- und Lehnsleute in den betreffenden Orten, die dort *residentiam continuam* [...] *more civium* hätten und behalten wollten. Diese dürften nämlich an ihrem jeweils gewählten Ort verbleiben, solange sie die Dienste und Schuldigkeiten gegenüber dem Bischof leisteten. Keiner unter ihnen oder irgendjemand sonst dürfe gegen den Willen des Bischofs zum Bürger oder Beisassen einer *villa*, eines *burgus* oder einer *civitas* des Kaisers aufgenommen werden.

28 Finsterwalder: Stadtrechte (wie Anm. 12), Nr. 68, S. 79–82, Zitat S. 81.

29 Große Verdienste um die Erforschung der Frühgeschichte Mülhausens hat Marcel Moeder mit vielen Arbeiten erworben, siehe u.a.: Marcel Moeder: La Genèse d'une ville impériale. Études sur l'Histoire de Mulhouse aux XIIe au XIIIe siècles [5 Teile], in: Bulletin du Musée Historique de Mulhouse 52 (1932), S. 7–66; 53 (1933), S. 9–66; 54 (1934), S. 23–90; 55 (1935/36), S. 19–76; 56 (1936/37), S. 11–69; Ders.: Les institutions de Mulhouse au Moyen Âge (Publications de l'Institut des Hautes Études Alsaciennes, Bd. 6), Strasbourg/Paris 1951. In jüngerer Zeit hingegen v.a. Odile Kammerer: Réseaux de villes et conscience urbaine dans l'Oberrhein (milieu XIIIe siècle – milieu XIVe siècle), in: Francia 25/1 (1998), S. 123–176; Dies.: Urbanisme à Mulhouse au Moyen Âge et aux temps modernes, in: Annuaire historique de Mulhouse 20 (2009) S. 99–102 – um nur zwei ihrer Arbeiten hervorzuheben. Außerdem auch hier wichtig: Metz: Essai II (wie Anm. 9), S. 141–146.

30 Eduard Winkelmann (Bearb.): Acta imperii inedita saeculi XIII et XIV. Urkunden und Briefe zur Geschichte des Kaiserreichs und des Königreichs Sizilien, 2 Bde., Innsbruck 1880–1885 [ND Aalen 1964], hier Bd. 1, Nr. 603, S. 482–484.

Was hier vermutlich auf Drängen der bischöflichen Seite auch gegen die vermeintliche kaiserliche Förderung von bzw. Einmischung in Städten entschieden wurde, zeigt in frappierender Weise sozialen, aber auch politischen Wandel in dieser Region an: Denn es wird darin durch die beteiligten Herren im Umkehrschluss attestiert, dass wohl nicht wenige Ministerialen dem Bischof und der Kathedralstadt Straßburg den Rücken gekehrt, sich in anderen Orten niedergelassen hatten und dort eben *more civium* lebten. Diese Beschreibung des Übergangs aus der zum Teil noch (formal) unfreien, hochkirchlich-höfischen Lebenswelt in eine neue, freiere könnte durchaus einen ähnlichen sozial- und stadtgeschichtlichen Bedeutungsrang beanspruchen wie Ottos von Freising berühmtes Diktum „Denn sie lieben die Freiheit so sehr" über die oberitalienischen Kommunarden ein gutes Jahrhundert zuvor.[31]

Dass dieses Abkommen und weitere darauf folgende Schriftstücke der Fürsten noch ohne (korporative) Einbeziehung der Mülhäuser Einwohnerschaft geschlossen wurden, ist vielleicht auf den Status der Herren am Ort zurückzuführen. Anders als in Colmar waren es nicht die Vertreter von Außenstellen kirchlicher Institutionen, sondern die Funktionsträger der beiden größten Mächte in der Region, die das Terrain beanspruchten. Die Gemeinde und ihre Führungselite traten 1236 bezeichnenderweise in dem Moment auf den Plan bzw. als Ausstellerin in die Überlieferung ein, als – durch königliche Schenkung – mit den Deutschordensrittern eine dritte Kraft den weiteren Stadtraum zu besetzen suchte: Dazu ist ein Dokument aus dem Jahr 1236 aufschlussreich,[32] bezeichnenderweise das älteste des Stadtarchivs, in dem *universi burgenses in Mulhusen* Folgendes bekannt geben: König Heinrich habe für sein Seelenheil und zur Unterstützung des Heiligen Landes den Ritterbrüdern des Deutschen Ordens die Freiheit gewährt, in Mülhausen, *in aqua ciuitatis eiusdem*, eine Mühle zu errichten. Darüber hätten jene vom König auch besiegelte Urkunden erhalten und vorgezeigt, welche die Mülhäuser (!) beschlossen, in der Kirche *in publico* verlesen zu lassen. Daraufhin hätten sie nach gemeinsamem Ratschlag aller auf dem für die Deutschordensritter bezeichneten Platz selbst eine Mühle erbaut. Als die Ritterbrüder aber mit Friedrich II. in die Stadt einzogen, also wohl während des berühmten Zuges des Kaisers über die Alpen 1235, hätten sie Klage erhoben. Man sei dann übereingekommen, dass ihnen eine Hälfte der Mühle mit allem Recht zugestanden werde. Nun aber habe man, wiederum nach einstimmigem Ratschlag aller Bürger, die andere Hälfte der Mühle für 42 Mark Silber verkauft, so dass diese nun, was damit bestätigt werde, den Deutschordensrittern zur Gänze gehöre. Und weil die Stadt Mülhausen kein gemeinschaftliches Siegel habe, seien zur Bekräftigung die Siegel des Bischofs und des Domkapitels von Basel angehängt. Es folgt eine enorme Reihe von 62 Zeugen, darunter die Schultheißen von Colmar, Kaysersberg und Mülhausen, in denen man zum Teil auch weitere Angehörige der Mülhäuser Oberschicht sehen kann.[33]

Dieses Dokument wird hier so ausführlich referiert, obwohl weder das Rechtsgeschäft an sich noch die daran Beteiligten allein genommen von übergroßer Bedeutung sind. Geradezu erstaunlich sind hingegen vor allem die geschilderten Vorgänge, die Interaktion in der Stadt und über diese hinaus: Denn demnach widersetzte sich die Mülhäuser Gemeinde, vermutlich

31 Vgl. das Meisterwerk zum Thema von Knut SCHULZ: „Denn sie lieben die Freiheit so sehr ...". Kommunale Aufstände und Entstehung des europäischen Bürgertums im Hochmittelalter, 2. verb. Aufl., Darmstadt 1995.

32 Xavier MOSSMANN (Hg.): Cartulaire de Mulhouse, Bd. 1, Strasbourg 1883, Nr. 9, S. 5 f. Zu diesem Stück ausführlich MOEDER: La genèse II (wie Anm. 29), S. 47–50.

33 Vgl. die prosopographische Liste von Ernest MEININGER: Les prévôts impériaux de Mulhouse, in: Bulletin du Musée Historique de Mulhouse 28 (1904), S. 5–60, hierfür S. 15.

nebst einiger staufischer Dienstleute vor Ort, einer königlichen Verfügung auf einer öffentlichen, also möglichst Konsens und Identität stiftenden Versammlung in der Kirche und in der Folge durch die gemeinsame Bautätigkeit. Die frühe Stadtgemeinde agierte, zumindest in ihrer eigenen, freilich elitengesteuerten Darstellung, angeblich einmütig, um die Einschränkung nicht zuletzt ihrer Allmende abzuwehren – die Mühlen im mittelalterlichen Mülhausen lagen sämtlich extramural am Stadtgraben zu den Bachläufen hin.[34] Man wollte wohl keine weiteren auswärtigen Herren mit eigenen Rechten am Platz wissen. Möglicherweise ist die Zeugenliste dieses Austrags deshalb so lang und bezog mit den Schultheißen einiger Schwesterstädte auch vormalige bzw. aktuelle staufische Funktionsträger mit ein, weil man das gegenüber dem faktischen Stadtherrn doch unerhörte Vorgehen nachhaltig beilegen und dies auch gegenüber dem Herrscherhof absichern wollte.[35]

Mülhausen weist wie Colmar ebenfalls lange Zeit eine Führungsschicht mit dezidiert ministerialischem bis altadligem Herkommen auf, die den Schultheißen bemerkenswert oft aus ihren eigenen Reihen stellte und später wenig Einflussnahme des Landvogts in die Stadt hinein zuließ. Ihre Beziehungs- und Kommunikationslinien waren am Oberrhein und darüber hinaus dicht gelegt.[36] Das auch daraus resultierende Selbstbewusstsein der Führungsgruppe manifestierte sich in den schweren politischen, kirchenrechtlichen und sogar militärischen Auseinandersetzungen zwischen 1261 und 1271, in denen die Stadt bzw. ihre Elite es sich geradezu herausnahm, gegen den Straßburger Bischof (und die Kurie) gewissermaßen selbst einen Stadtherrn, nämlich Rudolf von Habsburg, auszuersehen.[37] Die Ablehnung einer erneuerten Stadtherrschaft des Bischofs von Straßburg lag allem Anschein nach in alter Staufertreue, neuer Habsburgernähe und dem Interesse an großer Handlungsfreiheit begründet. Rudolf von Habsburg schaltete sich nun verstärkt als Schutzmacht der Stadt ein und siegelte auch deren Schriftsätze, bis die Stadt sich im Sommer 1266 ein eigenes Siegel zulegte.[38] Dessen Bildprogramm im 13. Jahrhundert kann man mit einem Schmunzeln auch so lesen, dass das die Stadt bezeichnende Mühlrad den Reichsadler freundlich in die Mitte nimmt. Hier – wie schon in Colmar – zeigt sich das für viele kommunale Siegel jener Zeit gültige Prinzip, dass neue Korporationen, etwa städtische Gemeinden oder Gremien, aus einer Mischung von traditionellen und neuen Mustern auch im materiellen Sinne des Wortes ein eigenes Bild von sich ‚schnitzten'.[39]

34 François J. Himly: Atlas des villes médiévales d'Alsace (Publications de la Fédération des Sociétés d'Histoire et d'Archéologie d'Alsace, Bd. 6), Nancy 1970, S. 90 f.

35 Diese Vermutung bei Moeder: La genèse II (wie Anm. 29), S. 50; Wolfgang Maier: Stadt und Reichsfreiheit. Entstehung und Aufstieg der elsässischen Hohenstaufenstädte (mit besonderer Berücksichtigung des Wirkens Kaiser Friedrichs II.), Diss. phil. Freiburg (CH), Zürich 1972, S. 69, hebt immerhin das erstüberlieferte Auftreten der Bürgerschaft „als selbstständig handelndes Organ" hervor.

36 Marcel Moeder: Le patriciat de Mulhouse du XIIIe au XVe siècle, in: Jean Schlumberger (Hg.): La Bourgeoisie alsacienne. Études d'histoire sociale (Publications de la Société Savante d'Alsace et des Régions de l'Est, Bd. 5), Strasbourg 1954, S. 35–48; Ders.: Les Relations de Mulhouse avec le Bailli provincial d'Alsace au Moyen Âge, in: Bulletin de la Société d'Histoire et de Sciences Naturelles de Mulhouse 4 (1937), S. 15–21; Kammerer: Réseaux de villes (wie Anm. 29); für die weiteren Kreise am Oberrhein etwa Sigrid Schmitt: Städtische Gesellschaft und zwischenstädtische Kommunikation am Oberrhein. Netzwerke und Institutionen, in: Peter Kurmann/Thomas Zotz (Hgg.): Historische Landschaft – Kunstlandschaft? Der Oberrhein im späten Mittelalter (Vorträge und Forschungen, Bd. 68), Ostfildern 2008, S. 275–306.

37 Außer den vorgenannten Anmerkungen siehe ausführlich bei Zeilinger: Stadt (wie Anm. 1).

38 Mossmann: Cartulaire, Bd. 1 (wie Anm. 32), Nr. 33, 47 und 57 (erste Überlieferung des Siegels 1267 mit der teils abgenutzten Umschrift S. [UNIVE]RSITATIS DE M[ULNHUSE]N); vgl. Bedos: Corpus (wie Anm. 13), Nr. 476, S. 361, mit einem bzw. dem Typar des 13. Jahrhunderts.

39 Vgl. Markus Späth: Art for New Corporations: Seal Imagery of French Urban Communities in the Thirteenth Century, in: Solway: Coins (wie Anm. 7), S. 331–346, hier S. 332; Ders. (Hg.): Die Bildlichkeit korporativer Siegel im Mittelalter.

IV.

Doch wo bleibt dabei nun die titelgebende Schriftlichkeit, die bisher nur en passant Berücksichtung fand? Die für die frühe Urbanisierung des Oberelsass hier vorrangig untersuchte Interaktion zwischen Herrschaft und Gemeinde zeigt für die Entwicklung einer Siedlung hin zur Stadt und für die Entstehung von Führungsgruppen auf, dass die Aushandlungssituationen, geronnen in den meist nachfolgenden Verschriftlichungen, oftmals wesentlich gehaltvoller sind als die darin auch enthaltenen zentralörtlichen Faktoren und Einzelnennungen. So können die untersuchten Kommunikations- und Verschriftlichungsprozesse mit ihren zeitlichen Abfolgen, ihren räumlichen Übergängen und ihren wechselnden Formen und Gegenständen der Aushandlung den Verlauf von Urbanisierung und innerstädtischer Gruppenbildung wenigstens in gewissen Aspekten präziser aufzeigen und erklären. In dem Schriftlichkeits- und Überlieferungsvorsprung der (werdenden) Städte gegenüber den noch ländlicheren Siedlungen vereinigen sich im Grunde alle möglichen Verdichtungsprozesse von Urbanisierung, nicht zuletzt die Ausbildung städtischer Führungsgruppen. Schriftlichkeit – und daran anhängend auch Siegelführung – in der Stadt war sowohl ein rechtspraktisches Angebot an das Umland als auch, den Herren gegenüber, zudem die Behauptung (partieller) Selbstverwaltung. Urbanisierung erweist sich nämlich in der einzelnen Stadt wie in der Fläche des Raums nicht zuletzt in der ansteigenden Dichte wie in der Dispersion von Rechts-, Verwaltungs- und Schriftlichkeitspraktiken.[40] Diese Elemente und Vorstellungen von ‚Ordnung' entzogen die darin längst erprobten Eliten der Städte im Untersuchungszeitraum immer mehr dem alten Monopol von Kirche und Hof und adaptierten sie. Urbanisierung bedeutet in der Fläche also auch die verbreitete, wenngleich nicht unbeschränkte Übernahme von Praktiken des öffentlichen und privaten Lebens, welche die Zeitgenossen nun als ‚urban' wahrnahmen. Diese Praxis von sozusagen ‚öffentlicher' Schriftlichkeit und damit einhergehend später auch der Siegelgebrauch in und aus der Stadt zeigen, wie Mathias Kluge jüngst eindrucksvoll für Augsburg, aber auch darüber hinaus für den Südwesten herausgearbeitet hat, dann nicht zuletzt auch die zunehmende reichspolitische Bedeutung der Städte ab der Mitte des 13. Jahrhunderts an.[41] Dafür steht danach auch die allmählich entstehende städtische, oft genug ratsnahe Chronistik, wie etwa die der Colmarer Dominikaner.[42] Schon Isidor von Sevilla wusste: Men-

Kunstgeschichte und Geschichte im Gespräch, Köln/Weimar/Wien 2009; Brigitte BEDOS-REZAK: Towns and Seals: Representation and Signification in Medieval France: in: Brian PULLEN/Susan REYNOLDS (Hgg.): Town Life and Culture in the Middle Ages and Renaissance. Essays in Memory of J.K. Hyde (Bulletin of the John Rylands University Library in Manchester, Bd. 72/3), Manchester 1990, S, 35–47. Im Blick über die verschiedenen Ausdrucksformen städtischen Selbstverständnisses jüngst Elisabeth GRUBER: Bilder, Ansichten und Einschätzungen von Stadt im lateinischen Westen Europas, in: DIES. u.a.: Städte (wie Anm. 29), S. 257–271, hier besonders S. 270 f.

40 Außer der in Anmerkung 5 genannten siehe etwa auch Odile KAMMERER: Pratiques et normalisation législatives dans les villes du Sud-Ouest de l'Empire (XIIe–XVe siècles), in: Jean-Marie CAUCHIES/Eric BOUSMAR (Hrsg.): „Faire bans, edictz et statuz": Légiférer dans la ville médiévale. Sources, objets et acteurs de l'activité législative communale en Occident, ca. 1250–1550. Actes du colloque international tenu à Bruxelles les 17–20 novembre 1999, Brüssel 2002, S. 489–512; Hagen KELLER: Mündlichkeit – Schriftlichkeit – symbolische Interaktion. Mediale Aspekte der ‚Öffentlichkeit' im Mittelalter, in: Frühmittelalterliche Studien 38 (2004), S. 277–286.

41 KLUGE: Macht (wie Anm. 5); außerdem als jüngeres Beispiel aus der vielfältigen Literatur zur Entstehung und Funktionsweise städtischer Ratsgremien: Gerold BÖNNEN: Ratsherrschaft und Autorität – Zur Funktionsweise städtischer Herrschaftspraxis im 13. Jahrhundert, in: Hubertus SEIBT/Werner BOMM/Verena TÜRCK (Hgg.): Autorität und Akzeptanz. Das Reich im Europa des 13. Jahrhunderts, Ostfildern 2013, S. 91–106.

42 Siehe Anm. 26.

schen, nicht Steine machen Städte aus[43] – und man möchte ergänzen: ebenso innerstädtische Schriftlichkeit und Siegel, die von den Führungsgruppen nicht nur pragmatisch, sondern auch ganz bewusst als Medien eingesetzt wurden.

43 Wallace Martin Lindsay (Hg.): Isidori Hispalensis Episcopi Etymologiarum sive Originum libri XX, 2 Bde., Oxford 1911 [ND ebd. 1957], hier Bd. 2, lib. XV, II.

Rathäuser als Orte kommunaler Selbstdarstellung

in südwestdeutschen Reichstädten im 15. Jahrhundert (unter besonderer Berücksichtigung von Augsburg)

Jörg Rogge

Die Rathäuser in den südwestdeutschen Reichsstädten sind in sehr unterschiedlichen Zusammenhängen und Kontexten als Orte der kommunalen Selbstdarstellung zu fassen. In vielen Städten waren die aus Stein errichteten Rathäuser während des 15. Jahrhunderts ein wichtiges Zentrum der politischen Entscheidungsfindung. Am und im Rathaus wurden zudem die zwei Grundprinzipien der stadtbürgerlichen politischen Kultur deutlich gemacht: das Prinzip der Teilhabe der Bürger an der Entscheidungsfindung und das Prinzip der Herrschaft des Rates über die Gemeinde. Diese Prinzipien sind auch für die bauliche Gestaltung der Rathäuser von Bedeutung gewesen.

Im Folgenden wird zunächst am Beispiel des gotischen Rathauses von Augsburg veranschaulicht, dass Rathäuser eine bauliche und damit finanzielle Daueraufgabe des Rates und der Gemeinde waren. Im zweiten Teil werden einige Aspekte der Funktion und Bedeutung der Rathäuser für die politische Kultur in den Reichsstädten behandelt.

I. Das Rathaus als Baustelle

Das städtische Rathaus war ein Funktionsbau, der instand gehalten werden musste und dessen Raum an die sich im Zeitverlauf ändernden Bedürfnissen des Rates und der Verwaltung angepasst werden musste. Deshalb war die Arbeit für den Erhalt oder gar die Verbesserung der Bausubstanz, eine notwendige Daueraufgabe, um das Rathaus für seine vielfältigen Funktionen in einem guten Zustand zu erhalten.[1]

Das gilt auch für das gotische Rathaus in Augsburg, das 1614 abgebrochen und durch den Neubau von Elias Holl ersetzt wurde.[2] Die Augsburger Chronisten des späten Mittelalters interessierten sich auch für den baulichen Zustand des Rathauses. Vor allem die Ausbesserung von Schäden – durch Unwetter oder Brände verursacht – wurde von den Chronisten notiert, aber manchmal auch Arbeiten zur Instandhaltung und Vergrößerung des Rathauses oder dessen Ausstattung. Allerdings haben sich die wenigsten Chronisten mit ausführlichen Beschreibun-

1 Grundlegend dazu: Gerhard Fouquet: Bauen für die Stadt. Finanzen, Organisation und Arbeit in kommunalen Baubetrieben des Spätmittelalters, Köln/Wien/Weimar 1999.

2 Zum gotischen Rathaus siehe Julius Baum: Das alte Augsburger Rathaus, in: Zeitschrift des Historischen Vereins für Schwaben 33 (1907), S. 63–73; Eberhard P. Hilbich: Das Augsburger spätgotische Rathaus und seine Stellung unter den süddeutschen Rathausbauten, Diss. TH München 1968; Peter Heiss: Rathäuser in Bayerisch-Schwaben. Von ihren Anfängen bis zum Beginn des 19. Jahrhunderts, Diss. TU München 1987, S. 31–41.

gen der Arbeiten am Rathaus aufgehalten. Ein unbekannter Autor notierte für das Jahr 1457: *Item desselben jars ward das rauthaus gar zugericht und darnach gemalet.*[3]

Deshalb muss man noch andere Überlieferung heranziehen, um sich ein ungefähres Bild von den Baumaßnahmen und der Ausstattung des Rathauses machen zu können. Besonders hilfreich sind dabei die Rechnungen der Baumeister des Augsburger Rates.[4] In den Baumeisterbüchern wurde festgehalten, für welche Arbeiten am und im Rathaus bzw. für welche Ausstattungsgegenstände für das Rathaus der Rat Geld ausgegeben hat. Die Bemerkungen der Chroniken, ergänzt um die Informationen aus den Baumeisterbüchern, sind eine gute Materialgrundlage für einen Überblick über Baumaßnahmen am Augsburger Rathaus und dessen Ausstattung.

Das Augsburger Rathaus war insbesondere in den Jahren 1414 bis 1418 eine Baustelle. Die Ratsstube erhielt in den Jahren 1414,[5] 1415[6] und 1418 Fenster. Im Jahr 1418 wurden ebenfalls für das neue Backhaus (seit 1389 am Perlachberg) neue Fenster geliefert und eingebaut[7] und das Gefängnis unter dem Rathaus renoviert.[8] Noch im Jahr 1418 bezahlte der Rat Heinrich Liebhart und dessen Helfer für den Ausbau des Rathauses – sie hatten über der Treppe ein weiteres Zimmer aufgesetzt.

Im Jahr 1429 ließ der Rat vier Wappen auf Rathausfenster malen und 1432 wurde in der Ratsstube ein Gemälde angebracht. Ob es sich dabei um ein Gerechtigkeitsbild gehandelt hat, wie z. B. Hilbich angenommen hat, ist nicht zu belegen.[9] Im Jahr 1438 beschloss der Rat, einen von dem Großen Ratssaal zugänglichen Erker an die Fassade zu bauen.[10]

Eine zweite intensive Bauphase hat um die Mitte des 15. Jahrhunderts stattgefunden. Im Jahr 1449 wurden im Rathaus Decken gewölbt, die Fenster (neu) verglast und weitere Türen einge-

3 Anonyme Chronik 991–1483, in: die Chroniken der deutschen Städte vom 14. bis in das 16. Jahrhundert, Bd. 22, Leipzig 1892, S. 445–529, hier: S. 505. Im Folgenden zitiert als CDS. Das Interesse an diesen Maßnahmen rührt wohl daher, dass die Chronisten in diesen Häusern die Manifestationen der stadtbürgerlichen politischen Kultur gesehen haben und in ihren Texten festhalten wollen, dass sie z. T. mit erheblichen finanziellen Aufwand in einem guten Zustand gehalten worden sind.

4 Stadtarchiv Augsburg, Bestand Baumeisterbücher. Im Folgenden zitiert als StAA BMB. In einem von der DFG geförderten und von mir geleiteten Projekt, werden die BMB von 1320 bis 1466 für eine online Edition vorbereitet. Siehe dazu auch www.historische.kulturwissenschaft.uni-mainz.de/1089.php. Die Bände online unter www.augsburger-baumeisterbuecher.de. Simone WÜRZ, Methoden der Digital Humanities in der Bearbeitung und Erforschung mittelalterlicher Rechnungsbücher. Möglichkeiten und Grenzen am Beispiel der digitalen Edition der Augsburger Stadtrechnungsbücher, in: Stefan PÄTZOLD/Marcus STUMPF (Hgg.), Mittelalterliche und frühneuzeitliche Rechnungen als Quellen der landesgeschichtlichen Forschung, Münster 2016, S. 101–113.

5 StAA BMB 23, 1414 fol. 41v: Item 35 gld haben wir geben umb xiijC schiben vnd dauon tzü machen die gleser in der grosen Rautstuben und umb die wauppen darinne dem hirnen dem Cramer und dem pürlin dem glaser (25. November). – Die Abkürzungen in den Zitaten aus den BMB wurden aufgelöst, die Schreibung von (=s) und v (= u) normalisiert, Groß- und Kleinschreibung beibehalten. Folgende Recheneinheiten kommen vor: gld = Gulden, lb = Libra (Pfund), d = denare (Pfennige), ß = Schilling, gr = Groschen.

6 StAA BMB 24, 1415 fol. 52v: Item 23 ß d dem Judman mauler von machen die geferten gleser in der grosen stuben (27. Oktober).

7 StAA BMB 26, 1418 fol. 46r: Item 94 lb d umb Glaswerck maister petern vnd dem pürlin umb Glaswerck uff daz Rauthuse und in daz new gewelb in der waibel hiuser und in daz new peckenhuse (29. Oktober).

8 StAA BMB 26, 1418 fol. 28r: Item 38 lb und 18 ß d maister partholome Murer und den sinen von puwen an dem Rauthuse und in der vancknüsse (18. September).

9 HILBICH: Rathaus (wie Anm. 2), S. 22.

10 Burkhart ZINK: Chronik, in: CDS 5, Leipzig 1866, S. 1–330, hier: S. 163.

baut.[11] Wahrscheinlich wurde im Zuge dieser Baumaßnahmen das zweite Obergeschoß aufgesetzt.[12] Nachts hat ein Wächter das Rathaus bzw. die Baustelle bewacht.

Im Jahr 1455 sind Glaserarbeiten am Rathaus durchgeführt worden[13] sowie Malerarbeiten durch Peter Kaltenhofer. Allerdings ist nicht bekannt, was der Maler an das Rathaus angebracht hat.[14] Im Jahr 1456 wurde der Rathausturm sowohl ausgebessert als auch erhöht.[15] Einen Glockenturm gab es seit 1406: *vor der rauthauß gemacht mit der stundgloggen.*[16] Türme unterschiedlicher Größe hatten auch die Rathäuser in Ulm, ab 1445 auf 45 Meter erhöht und Überlingen, wo es seit 1513 den „Pfennigturm" gab. Möglicherweise sollten sie den Anspruch des Rates auf Herrschaft im Stadtraum symbolisieren und auch in optische Konkurrenz zu den Kirchtürmen oder den Bauten der reichen Familien (Geschlechtertürme) stehen.[17]

Eine Generalrenovierung erhielt das Augsburger Rathaus in den Jahren 1515/16. Im Jahr 1515 wurde die große Ratsstube mit einer Holzdecke ausgestattet, die wiederum mit Schnitzereien (61 Rosen) versehen wurde, außerdem wurden die Fenster bemalt.[18] Im Jahr darauf wurden die Außenwände bemalt und der Turm, in dem die Sturmglocke hing, aufgestockt. Wilhelm Rem notierte sich: *Und man malet das Rathaus an der seitten gegen dem Fischmarckt und hinumb bis an thuren, und den thuren malt man auch; das kost als zu malen 900fl und 20fl zu tringkgelt.* Auch die Uhr am Rathaus wurde für 365 Gulden erneuert, und zusätzliche 105 ungarische Dukaten kamen für die Zahlen und Zeiger dazu.[19]

Mit den Malerarbeiten war Georg Preu betraut worden, der in seiner Chronik schreibt, dass die Arbeiten von 23. Mai bis 22. September gedauert haben. Preu leitete die Arbeiten, an denen auch Ulrich Apt und Ulrich Mauermüller sowie vier Gesellen und vier Lehrlinge beteiligt waren.[20] Die Außenbemalung sollte Schlachtszenen und genealogische Figuren darstellen – das genaue Programm ist nicht überliefert. Der Stadtschreiber Konrad Peutinger wollte von Kaiser Maximilian die Erlaubnis einholen, eine habsburgische Genealogie an die Fassade malen zu dürfen. Es ist nicht bekannt, wie der Kaiser reagiert hat und ob die Bemalung in dieser Form

11 Anonyme Chronik 991-1483, in: CDS 22 (wie Anm. 3), S. 502; Erhard WAHRAUS, Chronik, in: CDS 4, Leipzig 1865, S. 21–332, hier: S. 325: Anno 1449 jar ward das rauthauß gewelbt und baid tür gemacht.
StAA BMB 47, 1449 fol. 62r: Item 17 gld 2 gr Maister Mangen von der Rautstuben zemaulen.

12 HEISS: Rathäuser (wie Anm. 2), S. 34.

13 StAA BMB 52, 1455, fol. 55v: Item 10 gr zway venster in dem Rauthus an der stieg (4. Mai); StAA BMB 52, 1455 fol. 56r: Item 4 gld 19 lb 14 ß d petern glasen vmb glaswerk uff das schüchhus und uf das Rauthus (18. Mai).

14 Ob zu dieser Zeit auch schon eine komplette Rathausbemalung erfolgte, muss offen bleiben. Wohl gibt es ein Bild des Rathauses in Johann Hartliebs Alexandergeschichte (München BSB Cgm 581), in dem ein Giebel bemalt ist, allerdings ist das Motiv nicht zu erkennen; dazu Katharina BULL: Zum Thema Stadt in den Miniaturen der Augsburger Alexander-Handschrift CGM 581 der Bayerischen Staatsbibliothek, in: Lieselotte E. SAURMA-JELTSCH/Tobias FRESE (Hgg.), Zwischen Mimesis und Vision. Zur städtischen Ikonographie am Beispiel Augsburgs, Berlin 2010, S. 101–126, hier S. 115–16.

15 Johannes FRANK: Augsburger Annalen, in: CDS 25, Leipzig 1896, S. 295-340, hier S. 313–314; StAA BMB 55, 1457, fol. 15v: Item 6 lb d dem freyen umb schmidwerk zum gloggenturm uf dem Rauthus und andersthwa vermacht (20. August).

16 Erhard WAHRAUS, Chronik, in: CDS 4 (wie Anm. 11), S. 317. Laut dem BMB 18 aus dem Jahr 1406 sind die Arbeiten an dem Glockenturm vor allem von einem Meister Hans, einem Zimmerman und seien Gesellen ausgeführt worden.

17 Bernd ROECK: Rathaus und Reichsstadt, in: Bernhard KIRCHGÄSSNER/Hans-Peter BECHT (Hgg.): Stadt und Repräsentation, Sigmaringen 1995, S. 93–114, hier S. 104.

18 Wilhelm REM: Chronica newer geschichten, in: CDS 25, Leipzig 1896, S. 1–265, hier S. 45; die Fensterscheiben wurden von Hans Burkmaier entworfen und die Arbeiten von zwei Glasern ausgeführt. Die Räume wurden zudem mit Möbeln ausgestattet, sowie mit Teppichen und Polstern; dazu das BMB 1515. Eine Zusammenstellung der Ausgaben für die Malerarbeiten 1516 bei Johannes WILHELM: Augsburger Wandmalerei 1368–1530. Künstler, Handwerker und Zunft, Augsburg 1983, S. 677f.

19 Wilhelm REM: Chronica, in: CDS 25 (wie Anm. 18), S. 63–64.

20 Ausführlich auch: Die Chronik des Augsburger Malers Georg PREU des Älteren, in: CDS 29, Leipzig 1906, S. 3–94, hier S. 22.

ausgeführt wurde.[21] In der Gerichtsstube im Hauptgeschoss des Rathauses hing vermutlich seit 1516/17 eine Darstellung von Salomons Urteil.[22] Im Juli 1517 fingen vier Männer 550 Fledermäuse im Rathaus womit vermutlich die Renovierungsarbeiten abgeschlossen wurden.[23]

Aus den Rechnungen der Baumeister kann man außerdem entnehmen, dass das Rathaus auch im Winter bei Schnee und Eis erreichbar sein sollte. Sauberkeit und Zugänglichkeit im Winter wurden durch Tagelöhner sichergestellt, die Schnee räumen mussten.[24] Ein weiterer wichtiger Aspekt war die Sicherheit, denn im Rathaus wurden die Dokumente des Rates und der Verwaltung aufbewahrt. Das Archiv mit den zentralen Dokumenten der Verfassung, die wiederum Grundlage für das politische Zusammenleben der Bürger waren, sollte geschützt werden und zugleich auch der Arkanbereich der Finanzen abgeschlossen sein. Deshalb gaben die Baumeister Geld für Schmiedearbeiten an den Rathaustüren aus. Die Schmiede haben zum Beispiel 1451 mehrere neue Schlösser an der Rathaustür beziehungsweise an der Tür zum Obergeschoß anbringen lassen.[25] Und 1455 wurde die Tür zum Raum mit dem Stadtsiegel mit Eisenbeschlägen verstärkt.[26]

Im Hinblick auf die Ausstattung der Ratsstuben lässt sich keine Extravaganz feststellen. Vielmehr wurde Geld für praktische Dinge ausgegeben, etwa für Öfen in den Stuben:[27] 1415 erhielt die Kleine Ratsstube einen Ofen, 1416 wurde auch die Große Ratsstube mit eine Ofen ausgestatte.[28] In den Jahren 1455 und 1464 wurden die Öfen ausgebessert und überholt.[29] Außer den Öfen wurden im Laufe der Jahre weitere Gegenstände für die Ratsstuben angeschafft: 1440 zwei Kästen und 1449 eine weitere Kiste für die neue Ratsstube, in denen vermutlich Dokumente aufbewahrt wurden.[30] Die Augsburger Ratsherren kauften im Jahr 1459 neue Tische für die Ratsstube[31] und 1464 wurde den Baumeistern in ihrer Stube eine neue Truhe

21 Julius Baum: Das gotische Rathaus von Augsburg, in: ders., Altschwäbische Kunst, Augsburg 1923, S. 9–19, hier S. 65.

22 Baum: Rathaus (wie Anm. 21), S. 18–19.

23 Wilhelm Rem: Chronica, in: CDS 25 (wie Anm. 18), S. 76.

24 StAA BMB 64, 1464 fol. 76r: Item 3 gr zwain tagwerkern trungen schne uß dem Rauthushofe (12. Februar). StAA BMB 64, 1464 fol. 76v: Item 4,5 gr drey tagwerkern so schne uß dem Rathus hofe getragen hand (12. Februar). StAA BMB 66, 1466 fol. 78r: Item 3 gr zwain tagwerkern schne uß dem Rathus hofe zetragen (12. Januar).

25 StAA BMB 48, 1451 fol. 33r: Item 24 gr umb 1 Schloß an den gang und ze henken die Rathaus tür 3 ß trinkgelt und 2 Behmisch umb Schmidwerk (4. April). StAA BMB 48, 1451 fol. 33v: Item 6 lb 8 d für ein sloß am Rathaus (24. Oktober); Item 4 lb 14 ß 1d umb 6 band zu der Stiegtur am Rauthus (7. November); Item 6,5 lb von an der Rauthaus Stiegtür umb sloß band; für Schmidwerk; trinkgelt (5. Dezember).

26 StAA BMB 52, 1455 fol. 11v: Item 3 gld umb die Rauthustür by dem Sigel und 20 gr umb allerlay schmidwerk (5. Oktober). StAA BMB 52, 1455 fol. 11r: Item 6 gld 1 lb 8 ß vmb die ysinn tuür im Rauthus und umb annder schmidwerk dem fryen. (4. Mai).

27 StAA BMB 48, 1451 fol. 33v: Item 1 lb umb ain ysenbret für der neuen Stuben ofen (17. Oktober).

28 StAA BMB 24, 1415 fol. 49v: Item 2 gld ainem von Bairn der den Ofen machet in der Clainen Rautstuben (8. oder 15. September). StAA BMB 24, 1415 fol 52v: Item 16 lb d dem offner von dem ofen in der Clainen Rautstuben indez zoöttels stuben den ofen / den offen tzü in der Jüdin frawen huse tzü der Schülmaisterin uff dem perlach turn in dem Eysen vnd tzü der Sternin (27. Oktober). StAA BMB 25, 1416 fol. 59r: Item 1 lb umb varw tzü den Öfen in den Rautstuben (23. Februar). StAA BMB 25, 1416 fol. 60r: Item 4 gld den ofen tzü machen in der grosen Raut stuben vnd umb kacheln (23. Februar).

29 StAA BMB 52, 1455 fol. 59r: Item 20 lb 4 gr dem hafner von den öfen uff dem Rathus ze machen und ze trinkgelt (7. September); StAA BMB 64, 1464 fol. 83r: Item 4 gld vom newen öfen in der Rautstuben die kachlen ze 4 d verrechnet dem claß hafner by sant Margareten bezalt und 2 lb 14 ß d ze bleyen die andern öfen (26. August).

30 StAA BMB 42, 1440 fol. 94v: Item 6,5 g dem häflin Kistler umb zwen kasten in die newen stuben (7. August); StAA BMB 47, 1449 fol. 25r: Item 8 gr Ottn winter von ainem Kastlin inder Rautstuben zubeschlahen (31. August); StAA BMB 47, 1449 fol. 61v: Item 12 gr umb ain Kastlin in die Rautstuben.

31 StAA BMB 57, 1459, fol. 55v: Item 2 lb 13 ß 2 d umb zwey tisch uff daz Rauthus dem glüer bezalt (11. März).

eingebaut,[32] sowie ein Sessel angeschafft.[33] Im Jahr 1466 erwarb der Rat einen neuen Tisch sowie vier Trinkgläser für das Rathaus.[34] Die Beleuchtung der Ratsstube und der anderen Räume erfolgte mit Unschlittkerzen (Talg).

In den Rechnungen gibt es keine Hinweise auf eine übermäßige Ausstattung der Räume und Ratsstuben zum Zwecke der Repräsentation oder zur Veranschaulichung des politischen Selbstverständnisses des Rates. Erst im Zusammenhang mit dem Umbau in den Jahren 1516/17 wurde die Ratsstube mit Teppichen und vier Tafelbildern ausgestattet. Die hier erwähnten Baumaßahmen sowie die Anschaffungen und Ausstattung des gotischen Rathauses sind jedoch auch eine Form der kommunalen Selbstdarstellung und wohl auch der Ausdruck eines gewissen politischen Selbstverständnisses. Das Rathaus sollte für die Bürger zugänglich sein, die Baumaßnahmen dienten der Instandhaltung, nicht der Darstellung des Rates als Obrigkeit. Die Ausstattung war funktional und es gab keinen sonderlichen Luxus für die Ratsherren.

Dieser Umgang mit dem Rathaus in Augsburg ist eine basale Form der kommunalen Selbstdarstellung. Im Folgenden soll nun die Funktion von Rathäusern im Kontext der Kommunikation zwischen Rat und Gemeinde thematisiert werden.

II. Rathäuser als Schauplätze der politischen Kultur in Reichsstädten

Ganz grundsätzlich kann man festhalten, dass Rathäuser zum Inventar gebauter Kennzeichen der Städte gehörten – wie auch die Mauern als Kennzeichen für die Wehrhaftigkeit und den Bereich der städtischen Friedensordnung und die Kirchen als bauliche Manifestation der Bürgerschaft als Glaubens- und Heilsgemeinschaft gelten.[35] Die Rathäuser waren jedoch auch Orte und Räume der politischen Kommunikation und Selbstdarstellung der Stadtbürger. In der Forschung wird betont, dass das Rathaus „die räumlich-institutionelle Verdichtung kommunaler Existenz schlechthin" sei.[36] Diese Wertung beruht auf der Beobachtung, dass die stadtbürgerliche politische Kultur auf den Plätzen vor den Rathäusern, sowie in den verschiedenen Räumen und Sälen in den Rathäusern facettenreich gelebt und praktiziert wurde. Dazu gehören die Sitzungen der Ratsgremien in den Häusern genauso wie die jährlichen Wahlen neuer Ratsherren und die Versammlungen von Bürgen vor den Rathäusern, um den jährlichen Bürgereid zu schwören. In Ulm legten die Bürger am 23. April ihren Eid auf die Verfassung ab, in Ravensburg zunächst am 25. Juni, später am 23. April. In Isny[37] wie auch in Kaufbeuren und

32 StAA BMB 64, 1464 fol. 81r: Item 5 gr dem kistler umb 1 truchtlin in die Bumaister stuben undern Bank (8. Juli).

33 StAA BMB 64, 1464 fol. 87r: Item 14 d umb ainen sessel uff daz hus (2. Dezember).

34 StAA BMB 66, 1466 fol. 79v: Item 1,5 gld rheinisch dem Kistler Schwegler umb ainen newen tisch uf daz Rathus. StAA BMB 66, 1466 fol. 84r: Item 7 gr umb vier trinkgleser uf daz haus. Mer 3 gr umb ain brunnensail uff daz Rathaus.

35 Ulrich Meier: Repräsentation und Teilhabe. Zur baulichen Gestalt des Politischen in der Reichstadt Dortmund (14. bis 16. Jahrhundert), in: Nils Büttner u. a. (Hgg.): Städtische Repräsentation. St. Reinoldi und das Rathaus als Schauplätze des Dortmunder Mittelalters, Bielefeld 2005, S. 227–247, hier S. 227–228. Ulrich Meier/Klaus Schreiner: Bürger- und Gottesstadt im späten Mittelalter, in: Peter Lundgreen (Hg.): Sozial- und Kulturgeschichte des Bürgertums. Eine Bilanz des Bielefelder Sonderforschungsbereichs (1986–1997), Göttingen 2000, S. 43–84.

36 Gerd Schwerhoff: Verortete Macht. Mittelalterliche und frühneuzeitliche Rathäuser als institutionelle Eigenräume städtischer Politik, in: F. J. Felten u. a. (Hgg): Institution und Charisma. FS für Gert Melville zum 65. Geburtstag, Köln/Weimar/Wien 2009, 216–228, Zitat auf S. 218.

37 Rolf Kiessling: Städtischer Republikanismus. Regimentsformen des Bürgertums in oberschwäbischen Stadtstaaten im ausgehenden Mittelalter und der beginnenden Frühneuzeit, in: Peter Blickle (Hg.): Politische Kultur in Oberschwaben, Tübingen 1993, S. 175–205, hier S. 183.

Memmingen[38] am 1. Mai. Vor und auf den Rathäusern protestierten bekanntlich auch unzufriedene Bürger mit verschiedenen Formen des öffentlichen Protestes gegen Entscheidungen des Rates.

Die Rathäuser waren zweifellos die zentralen Orte für das politische Leben in einer spätmittelalterlichen Stadt – allerdings nicht die einzigen. Weitere wichtige Orte für die politische Kultur in den Städten waren die Zunfthäuser und Trinkstuben (Nebenzentren der Macht), aber auch die Kirchen und Kirchplätze. Dort, ebenso wie auf den Straßen, begegneten sich Bürger, um u. a. über politische Themen zu sprechen, zu diskutieren und zu streiten. Die politische Kultur war geprägt durch Anwesenheit. Nicht die Schrift, sondern die Kommunikation mittels Gesten, Ritualen und Mündlichkeit dominierte in den Städten. In den vormodernen Städten sei – so Rudolf Schlögl – von einer Kultur der Anwesenheit auszugehen.[39] Deshalb war die politische Kultur in den Städten geprägt durch verschiedene Formen der performativen Darstellung ihrer wesentlichen Aspekte. Zur Darstellung dieser Kultur und vor allem des Selbstverständnisses der politischen Eliten haben – so eine verbreitete Annahme – auch die Rathäuser einen wichtigen Beitrag geleistet. Sie sind die Orte, an denen dieses Selbstverständnis in vielfältiger Form zum Ausdruck gebracht worden ist. Fünf dieser Funktionen von Rathäusern werden nachfolgend teils ausführlicher behandelt, um ihre Bedeutung als Orte der kommunalen Selbstdarstellung qualifizieren zu können: 1. Politische Affirmation und die Demonstration von Konsens, 2. Legitimation der Ratsherrschaft in den Reichsstädten, 3. „Politik machen" auf dem Rathaus; Steuereinnahmen, 4. Feiern und 5. Gericht und Gefängnis.

1. Politische Affirmation und die Demonstration von Konsens

Von zentraler Bedeutung war das Rathaus in den Städten an den politischen hohen Feiertagen. Also immer dann, wenn der Konsens zwischen Rat und Gemeinde, den Herrschern und Beherrschten zum Wohle der Wahrung des Gemeinen Nutzens demonstrativ zelebriert wurde. Am Rathaus, im Rathaus und um das Rathaus herum vollzogen sich die ritualisierten Bestandteile des politischen Prozesses bei den Wahl- und Schwörtagen oder auch den Huldigungsritualen.[40] Bei diesen Gelegenheiten wurden die Körper der Ratsherren und der Bürger sowie Dinge, also das Rathaus bzw. die Räume im Rathaus bzw. bestimmte Einrichtungsgegenstände, durch Interaktionskommunikation so arrangiert, dass sich daraus die Stadt als politischer und sozialer Körper formte.[41]

Manchmal wurden sogar die normalerweise arkanen politischen Räume in den Rathäusern demonstrativ geöffnet. Denn während die regulären Ratssitzungen in geschlossenen Räumen stattfanden und die Ratsherren mit Eid beschworen hatten, aus diesen Sitzungen

38 Wolfgang Petz: Reichsstädte zur Blütezeit. Alltag und Kultur im Allgäu und in Oberschwaben 1350–1550, Kempten 1989, S. 105.

39 Rudolf Schlögl: Vergesellschaftung unter Anwesenden. Zur kommunikativen Form des Politischen in der vormodernen Stadt, in: ders. (Hg.): Interaktion und Herrschaft. Die Politik der frühneuzeitlichen Stadt, Konstanz 2004, S. 9–60, hier S. 28; ders.: Vergesellschaftung unter Anwesenden in der frühneuzeitlichen Stadt und ihre (politische) Öffentlichkeit, in: Gerd Schwerhoff (Hg.): Stadt und Öffentlichkeit in der Frühen Neuzeit, Köln/Weimar/Wien 2011, S. 29–37.

40 Beispiele dafür u. a. bei Jörg Rogge: Kommunikation, Herrschaft und politische Kultur. Zur Praxis der öffentlichen Inszenierung und Darstellung von Ratsherrschaft in Städten des deutschen Reiches um 1500, in: Rudolf Schlögl (Hg): Interaktion und Herrschaft. Die Politik der frühneuzeitlichen Stadt, Konstanz 2004, S. 381–407.

41 Schlögl: Vergesellschaftung und ihre Öffentlichkeit (wie Anm. 39), S. 33.

nichts öffentlich zu machen, wurde dieses Prinzip bei den politischen Ritualen bewusst außer Kraft gesetzt. In Basel etwa wurden bei der jährlichen feierlichen Ratswandlung Fenster und Türen am Rathaus geöffnet.[42]

Da die Herrschaft der Räte in den Städten auf dem Konsens und der Zustimmung der Bürgergemeinde beruhte, dienten diese Praktiken dazu, den Konsens der Bürgergemeinde mit dem Rat zu erneuern bzw. die bestehende Herrschaftsform zu bestätigen. In Augsburg fanden die Ratswahlen im Januar statt – sie waren so organsiert, dass sich während dieser Zeit die sozial und wirtschaftlich heterogene Stadtgesellschaft in eine politische Gemeinde transformieren konnte, an der alle Bürger gleichberechtigt teilhatten.[43]Allerdings tendierte das Selbstverständnis der Stadträte im ausgehenden 15. Jahrhundert in Richtung Obrigkeit. Unter dem Schlagwort der Besserung oder Reformation drängten die Räte den genossenschaftlichen Gedanken zur Herrschaftslegitimation zugunsten eines Herrschaftsverständnisses zurück, nachdem sich die Ratsherren als eine von der Gemeinde abgehobene Obrigkeit verstanden, die ihre politische Autorität und das Recht zur Herrschaftsausübung von Gott und dem Kaiser ableitete.[44]

2. Legitimation der Ratsherrschaft in den Reichsstädten

Die Freiheit und relative Autonomie der Reichstädte wurde von den Königen bzw. eher abstrakt vom Reich garantiert. Die Verbindung zum Reich und damit zu den Königen wurde in verschiedenen Formen zum Ausdruck gebracht. Wichtig waren die Huldigungen der Stadtbürger an den König, wenn dieser persönlich in der Stadt anwesend war. In Augsburg stellte sich der König dazu in den seit 1438 am Rathaus befindlichen Erker. Nach der Huldigung bestätigten die Könige die Rechte und Pflichten der Reichstadt Augsburg.[45] Eine zweite Form mit der sich die Räte und Bürger als Glieder des Reiches am Rathaus dargestellt haben, sind einschlägige Bildprogramme. Mit dem 1492–1494 ausgemalten Großen Rathaussaal (Jakob Russ, 1455–1525) von Überlingen hat sich ein sehr plastisches Beispiel für ein Bildprogramm erhalten, mit dem der Rat demonstrierte, dass er seine Herrschaftsberechtigung vom König/ Kaiser ableitete.[46] Der Rathaussaal wird geschmückt durch einen umlaufenden Figurenfries

42 Stephan Albrecht: Mittelalterliche Rathäuser in Deutschland. Architektur und Funktion, Darmstadt 2004, S. 17–19; zu Basel: Rudolf Wackernagel: Geschichte der Stadt Basel, Band 2.1, Basel 1911, S. 223–27.

43 Jörg Rogge: *Ir freye wale zu haben*. Möglichkeiten, Probleme und Grenzen der politischen Partizipation in Augsburg zur Zeit der Zunftverfassung (1368–1548), in: Klaus Schreiner/Ulrich Meier (Hgg.): Stadtregiment und Bürgerfreiheit. Handlungsspielräume in deutschen und italienischen Städten des Späten Mittelalters und der Frühen Neuzeit, Göttingen 1994, S. 244–277. Grundsätzliche Überlegungen zur konsensgestützten Herrschaft in vormodernen Städten von Meier/Schreiner: Bürger- und Gottesstadt (wie Anm. 35), S. 55–61.

44 Jörg Rogge: Für den Gemeinen Nutzen. Politisches Handeln und Politikverständnis von Rat und Bürgerschaft in Augsburg im Spätmittelalter, Tübingen 1996, S. 285; ders.: Reformieren und Regulieren. Semantik und Praxis von Reformen in spätmittelalterlichen Städten, in: Historisches Jahrbuch 128 (2008), S. 7–23.

45 Dazu Daniela Kah: Die Sichtbarkeit des Reiches in der „wahrhaft königlichen Stadt" Augsburg im späten Mittelalter, in: Helge Wittmann (Hg.): Reichszeichen. Darstellungen und Symbole des Reiches in Reichsstädten, Petersberg 2015, S. 55–72, hier S. 62; Zitat aus Anonyme Chronik, in: CDS 22 (wie Anm. 3), S. 523: *Dasselben jars [1473] kam kaiser Fridirch mit seinem sun gen Augspurg [...] und das folck schwour dem kaiser auf dem rathaus und auf dem Berlach, und er stuond in dem erker auf dem rathaus.*

46 Ulrich Knapp: Architektur als Symbol. Reichsstädtische Neubauten oberschwäbischer Reichsstädte um 1500 am Beispiel der Freien Reichsstadt Überlingen, in: Rathäuser und andere kommunale Bauten (Jahrbuch für Hausforschung 60), Marburg 2010, S. 273–290. Das Rathaus, dessen älteste Teile aus der Mitte des 14. Jahrhunderts stammen, ist der bedeutendste Profanbau Überlingens. Nachdem die Reichsstadt Überlingen Sitz und Stimme auf den Reichstagen erhalten hatte, erweiterte man 1490–1494 den bestehenden Bau. Die Fassade des neuen Teils ist zur Hofstatt

aus Lindenholz, der in seiner Art einzigartig ist: 41 Holzfiguren zeigen die Stände des Heiligen Römischen Reichs – vom Kaiser und König über die Kurfürsten, Grafen, Herzöge, Ritter, Reichsstädte bis zum Bauern. Darüber hinaus sind die heiligen Nikolaus und Michael als Patrone der Stadt und des Reichs zu sehen. An der östlichen Längsseite stehen die Skulpturen der drei geistlichen Kurfürsten, von vier Markgrafen (Meißen, Mähren, Baden, Brandenburg), vier Landgrafen (Thüringen, Hessen, Leuchtenberg, Elsass) und vier Grafen. An der westlichen Längsseite sind die vier weltlichen Kurfürsten, vier Burggrafen, vier Freiherren und vier Ritter zu sehen. An der Eingangsseite des Ratssaals sind die Wappen von vier Städten (Metz, Augsburg, Aachen, Lübeck) und vier Bauern (Konstanz, Köln, Trier, Regensburg) angebracht. An der Stirnseite zwischen den großen Fenstern stehen Figuren von Friedrich III. und Maximilian I. Im Rathaussaal ist also das Reich in Form der Quaternionen gegenwärtig – und umgekehrt wird den Ratsherren beim Betrachten klar, dass ihre Stadt Teil des Reiches ist und sie ihre Herrschaftsgrundlage dem Reich resp. Königen verdanken.[47]

3. „Politik machen" auf dem Rathaus

Die Rathäuser hatten aber nicht nur eine kommunikative Funktion und dienten auch nicht nur als Schauplatz für politische Rituale. In den Sälen und Schreibstuben auf diesen Häusern wurde die Stadt verwaltet und auch und vor allem Politik gemacht. Das geschah in ganz unterschiedlichen Formen und Formaten. Die Kleinen Räte trafen sich, um die Tagespolitik zu besprechen, die Amtsleute zu instruieren und Entscheidungen in Bezug auf die Außenpolitik, die städtische Infrastruktur, Finanzen/Steuern und Justiz und Innenpolitik zu treffen. Alle diese Maßnahmen hatten Folgen für das Leben der Bürger und Einwohner. Es ist immer wieder auch auf den Rathäusern zu Begegnungen zwischen den Ratsherren und Abgesandten der Bürger gekommen, um spezielle Anliegen zu verhandeln oder dringende Wünsche aus der Gemeinde zu Gehör zu bringen. Dabei musste es nicht zwangsläufig zu Konflikten kommen. Bei manchen grundlegenden Entscheidungen behielten es sich die Ratsherren offensichtlich vor, ihre Bürger auf das Rathaus zu rufen, um diese aktiv in die jeweiligen Prozesse einzubeziehen. In Augsburg kamen kurz vor Weihnachten 1379 „arm und reich" auf dem Rathaus zusammen und beschlossen, dass die Pfarrer und Klöster ihren Besitz in der Stadt künftig versteuern müssen (nur die Chorherrenhäuser nicht).[48] Und 1387 haben wiederum „arm und reich"(also alle Einwohner mit Bürgerrecht) auf dem Augsburger Rathaus beschlossen, die Kellerhälse (überdachte Kellereingänge) und anderes auf der Reichsstraße abzubrechen; *das schwuren 400 man*, schreibt der Chronist Burkhart Zink.[49]

Das Rathaus war auch der Ort, an dem die Neubürger aufgenommen wurden – jedenfalls in Augsburg. Dort trafen die Kandidaten auf die Baumeister, denen sie das Bürgergeld zahlen

hin mit Rustika-Quadern nach italienischem Renaissance-Vorbild verblendet. 1513 entstand der so genannte Pfennigturm, der als reichsstädtische Münze und zur Aufbewahrung des Stadtschatzes diente.

47 Zu den Quaternionen und deren Bedeutung für das politische Selbstverständnis im 15. Jahrhundert siehe Ernst Schubert, Die Quaternionen. Entstehung, Sinngehalt und Folgen einer spätmittelalterlichen Deutung der Reichsverfassung, in: Zeitschrift für Historische Forschung 20 (1993), S. 1–63, zu Überlingen S. 11.

48 Chronik des Burkhart Zink, in: CDS 5 (wie Anm. 10), S. 25.

49 Chronik des Burkhart Zink, in: CDS 5 (wie Anm. 10), S. 33.

mussten um danach von den Baumeistern in die Bürgerschaft aufgenommen zu werden.[50] Doch nicht nur das Bürgergeld, auch Steuern wurden auf den Rathäusern gezahlt. In Kempten saßen dazu vier Einnehmer zusammen mit dem Stadtschreiber vom 11. November (St. Matin) bis zum 13. Dezember (St. Lucie) jedes Jahres im Rathaus und warten auf die Steuerzahler: *und wer nit kompt und sin stür richt, der müß uff das rauthuß; und hat er nit zu bezalen, so fürt man dieselben all in einen keller in vangknuß, uund bliben da ligen, bis sy zalung thünd.* Dieses Verfahren hatten die Kemptener dem Freiburger Stadtschreiber Johannes Gottschalk 1476 mitgeteilt.[51] In Nürnberg brachten die Steuerpflichtigen ihre Steuern auf das Rathaus, wo es von drei Einnehmern und zwei Schreibern in Empfang genommen wurde.[52] Auch in Augsburg haben die Bürger auf dem Rathaus ihre Steuern bezahlt. Wilhelm Rem notierte in seiner Chronik zum 6. Dezember 1516: *da steuerten hie auff dem Ratthaus 365 menschen, und under in allne gab kainer 1 guldin zu steuer; sie zalten all under aim gulden.*[53]

In diesen Situationen ist das Rathaus der Ort, an dem sich die Bürger als Mitglieder der „Leistungsgemeinschaft Stadt“ fühlen können. Jeder zahlte seine Steuern laut der jeweils gültigen Steuerordnung, damit der Rat mit diesem Geld für die gesamte Gemeinschaft agieren konnte. Die Steuertage auf den Rathäusern ergänzten somit die Wahl- und Schwörtage im Hinblick auf ihre öffentlich integrative Funktion. Das Rathaus war der Ort, an dem demonstriert wurde, dass der Rat ein von der Gemeinde beauftragtes Organ der Selbstverwaltung war. Es war aber auch der Ort, an dem die Ratsherren sich von den Bürgern ihre Treue bestätigen ließen und an dem die Bürger mit der Steuer einen materiellen Beitrag für die Stadt und das Gemeinwesen leisten mussten.

4. Feste

Weithin bekannt ist, dass Rathäuser häufig in den Chroniken erwähnt werden, wenn sie im Mittelpunkt von Feiern standen: wenn die Städte hochrangige Gäste hatten, wurde das Rathaus zum Tanzhaus, die Ratsstuben zu Festsälen. Für die Chronisten war es immer bemerkenswert, dass bei diesen Gelegenheiten das Rathaus ganz besonders bewacht und gesichert werden musste. Es war in dieser Zeit auch ein Ort, an dem die hohen Herrschaften tanzten und feierten – die meisten Bürger aber davon ausgeschlossen blieben.[54]

50 Claudia Kalesse: Bürger in Augsburg. Studien über Bürgerrecht, Neubürger und Bürgen anhand des Augsburger Bürgerbuchs I (1288–1497), Augsburg 2001, S. 109–113.

51 Tom Scott (Hg.): Die Freiburger Enquete von 1476, Freiburg 1986, S. 15.

52 Scott (Hg.), Enquette (wie Anm. 51), S. 28: *Der sind zwen von alten burgern und koufflüten, der dritt ist von den handwercken und siczt by der thür, lst die lüt uß und in. Dabei siczent zwen schriber, und wenn man ainen in nympt, so siczent die zwen alten gegen einander oben und unden bye im tisch und habent ein tüch uff, das uff dem tisch lit, darunder leit ein yeder sin stürb y dem eyd, so er geschworen hat.*

53 Wilhelm Rem, Chronica, in: CDS 25 (wie Anm. 18), S. 66–67.

54 Jörg Rogge: Geschlechtergesellschaften, Trinkstuben und Ehre. Bemerkungen zur Gruppenbildung und den Lebensordnungen in den Führungsschichten mittelalterlicher Städte, in: Gerhard Fouquet (Hg.): Geschlechtergesellschaften, Zunft-Trinkstuben und Bruderschaften in spätmittelalterlichen und frühneuzeitlichen Städten, Ostfildern 2003, S. 99–128, S. 122 zu Konstanz und Ulm; Gerrit Jasper Schenk: Zeremoniell und Politik. Herrschereinzüge im spätmittelalterlichen Reich, Köln 2003.

5. Gericht und Gefängnis

Viele Rathäuser hatten im Obergeschoss eine Gerichtsstube und verfügten im Untergeschoss oder Keller über ein Gefängnis. Sie waren also sowohl Orte der Legislative als auch der Judikative und Exekutive. In Augsburg waren unter dem Rathaus Zellen, in denen immer wieder Feinde der Stadt inhaftiert waren aber auch eigene Ratsherren, wie Ulrich Tendrich, der 1462 in die Stadtkasse gegriffen hatte. Im Mai 1531 wurde in Augsburg nach vier Jahren ein Gefangener aus dem Gefängnis geholt, der danach auf der Ratstreppe dem Wiedertäufertum abgeschworen hat.[55] In Kempten befanden sich Arrestzellen unter der westlichen Rathaustreppe.[56] Das Rathaus war der Ort, an dem demonstriert wurde, dass die Kommune darauf ausgerichtet war, den Stadtfrieden zu wahren und Übeltäter bzw. Friedensstörer entsprechend zu belangen.

Im kommunalen Selbstverständnis war das Rathaus also auch ein Ort, an dem die politische und rechtliche Einheit der Gemeinde dargestellt wurde: politische Partizipation, Beratung und Regierung, Rechtsprechung und Friedenswahrung sowie die Demonstration des Konsenses zwischen Rat und Bürgerschaft fanden hier ihren Platz. So konnte der Stadtpatriotismus und das Gemeinschaftsgefühl beschworen und gestärkt werden, obwohl sich auf und am Rathaus auch die politischen Führungsgruppen feierten.

III. Fazit

Vielleicht wird manche/r Leser/in Ausführungen zur Architektur (Bauformen) der Rathäuser und ihre politische Ikonographie vermissen. Schließlich gilt ja, dass in den Rathäusern der Gedanke der *universitas civium* in Stein gebaut und an den Wänden, Fassaden sowie in den Stuben materialisiert und symbolisiert wurde. Auffällig ist aber, dass die politische Ikonographie an den Rathäusern mit dem Rekurs auf gerechte Herrschaft und die damit verbundenen Tugenden in einer Zeit verstärkt auftritt, in der die Idee der genossenschaftlich legitimierten Herrschaft der Räte durch die herrschaftlich legitimierte abgelöst wird.

Die politische Ikonographie (Gerechtigkeitsbilder, Allegorien, Wandbemalung) in den südwestdeutschen Reichsstädten und an ihren Rathäusern repräsentiert eine Verfassung und politische Kultur, die nach den Regimentsänderungen durch Karl V. um 1550, vor allem eine patrizisch-oligarchische Form hatte. Zünfte spielten als politische Einheiten und für die Organisation der politischen Partizipation in den Reichsstädten keine Rolle mehr. Die Stadträte regierten nicht länger auf der Grundlage autonomer Selbstverwaltung, sondern aufgrund von beauftragter Selbstverwaltung. Damit wurde eine politische Entwicklung verfestigt, die schon Ende des 15. Jahrhunderts auch in den Reichsstädten mit Zunftverfassung zu erkennen ist: Der Rat wird zur Obrigkeit, die Legitimation der Ratsherrschaft wird nicht mehr von der Gemeinde sondern vom Kaiserrecht abgeleitet. Dazu kommt, dass seit dem letzten Drittel des 15. Jahrhunderts eine Änderung der Politikkonzeption der Räte erkennbar ist. Es ging ihnen um die

55 Preu: Chronik, in: CDS 29 (wie Anm. 20), S. 49.

56 Beate Grenzenberg: Die Geschichte des Rathauses, in: Josef Höss (Hg.): Das Rathaus zu Kempten im Wandel der Geschichte, Kempten 1987, S. 36–144, hier S. 63.

Zusammenarbeit mit den regionalen politischen Kräften (Fürsten, Prälaten, Ritter) um ihre Recht und Freiheiten zu behaupten.[57] Bestimmt wurde dieser politische Kurs von kleinen Führungsgruppen in den Ratsgremien, die sich um 1500 als Obrigkeiten verstanden und die Bürger als Untertanen.[58] Mit den Um- und Neubauten der Rathäuser im 16. Jahrhundert sowie den an den Fassaden und in den Stuben angebrachten (meist unspezifisch-allegorischen) Bildprogrammen, versuchten die politischen Eliten der Städte die Nähe zu den adeligen Eliten im Reich darzustellen.[59] In den Jahren bis ca. 1470/80 symbolisierten die Rathäuser ein anderes kommunales Selbstverständnis. Während dieser Zeit gab es in den Reichsstädten noch Zunftverfassungen und der Stadtrat regierte im Auftrag der Bürgergemeinde – und schuldete dieser auch Rechenschaft. In welcher Weise diese kommunal-genossenschaftliche Idee von konsensualer Herrschaft an den Rathäusern dargestellt wurde, ist heute kaum noch zu fassen, denn von den Materialen der Rathäuser des 15. Jahrhunderts ist wenig erhalten und die Chronisten der Zeit beschrieben die Ausstattung der Rathäuser nur selten – vermutlich auch deshalb, weil es nicht viel zu beschreiben gab.

Im Hinblick auf die Repräsentation der genossenschaftlich-kommunalen Ideen waren neben dem Rathaus im 15. Jahrhundert die Siegel und Wappen von besonderer Bedeutung. Denn damit konnten die Reichsstädte relativ einfach und preiswert ihre Stellung als Teil des Reiches deutlich machen.[60] In Esslingen wurde das Große Stadtsiegel (Reichsadler) im 15. Jahrhundert für Besieglungen im Zusammenhang mit diplomatischen Beziehungen eingesetzt.[61] In Biberach zeigte das Sekretsiegel den Biber und den Reichsadler, im Großen Stadtsiegel wurde dem Wappentier Biber um 1475 eine Krone auf den Kopf gesetzt, um den Reichsbezug zu veranschaulichen.[62] In Augsburg befand sich der Reichsadler seit etwa 1500 am Perlachturm[63] und in Ravensburg wurde um 1400 an der Außenwand des Rathauses das zweiteilig Stadtwappen angebracht: es bestand aus einem Reichsadler und der Abbildung eines Stadttores.[64] Eine auf der Grundlage des genossenschaftlichen *universitas civium* Gedankens beruhende politische Ordnung benötigte keine aufwendige politische Ikonographie am und im Rathaus.

Im 15. Jahrhundert waren die Rathäuser der Reichsstädte in erster Linie funktionale Zweckbauten. Diese Bauten waren die Orte an denen die Idee der genossenschaftlichen Kommune zum Ausdruck gebracht wurde. Dazu benötigte man eine Glocke und gute Arbeitsbedingungen in der Stuben – keine extravagante Ausstattung. Das Rathaus diente offensichtlich dem Gemeinwohl: Gesetze erlassen, Recht sprechen, Friedensbrecher im Gefängnis inhaftieren und Steuern einnehmen.[65] Kurzum: die Rathäuser brachten die Idee der genossenschaftli-

57 Jörg ROGGE: Ratspolitik in oberschwäbischen Reichsstädten als praktizierter Republikanismus? Beobachtungen und Überlegungen für die Zeit von der Gründung des Schwäbischen Städtebundes bis zum Ende des 15. Jahrhunderts, in: Peter BLICKLE (Hg.): Verborgene republikanische Traditionen in Oberschwaben, Tübingen 1998, S. 59–79.

58 ROGGE: Kommunikation (wie Anm. 40), S. 406.

59 ROECK: Rathaus (wie Anm. 17), S. 105; MEIER/SCHREINER: Bürger- und Gottesstadt (wie Anm. 35), S. 62–63.

60 Wilfried SCHÖNTAG: Kommunale Siegel und Wappen in Südwestdeutschland. Ihre Bildersprache von 12. bis zum 20. Jahrhundert, Ostfildern 2010, S. 71–79.

61 Volker STECK: Das Siegelwesen der südwestdeutschen Reichsstädte im Mittelalter, Esslingen 1994, S. 15.

62 STECK: Siegelwesen (wie Anm. 61), S. 53–54.

63 KAH: Sichtbarkeit (wie Anm. 45), S. 59.

64 Alfons DREHER: Geschichte der Reichsstadt Ravensburg und ihrer Landschaft von den Anfängen bis zur Mediatisierung 1802, Band 1, Weißenhorn 1972, S. 144.

65 Auch in Esslingen wurde dies baulich durch das Rathaus am Markt deutlich gemacht, siehe Joachim J. HALBEKANN: Zur Geschichte des Alten Rathauses und der kommunalen Großbauten in Esslingen, in: Heinrich Schickhardt und Esslingen am Neckar. Ausgewählte Beiträge anlässlich der Erneuerung des Alten Rathauses 1995–2002, Esslingen 2003, S. 18– 31.

chen Bürgergemeinde dadurch zum Ausdruck, dass sie diese Funktionen erfüllen konnten und es auch taten. Diese Aspekte waren den zeitgenössischen Führungsgruppen wie auch den Beobachtern wichtig. In den Städten des Reiches hat sich keine abstrakte politische Theorie entwickelt. Die Ratsherren und Bürger waren vor allem damit beschäftigt, die anstehenden konkreten politischen Probleme zu bearbeiten und möglichst auch zu klären. Ein zentraler Ort dafür waren auch in den Reichsstädten die Rathäuser. Dieser Aspekt der politischen Kultur, den man handlungsorientiert nennen kann, hat die Aufmerksamkeit der Chronisten und Beobachter gefunden. Sie betonen die Bedeutung der Rathäuser als ein wichtiges Element, mit dem die politische Ordnung in den Städten sichtbar gemacht wurde. Dabei heben sie hervor, wie sich die Bürger diese Häuser durch ihr politisches Handeln, und indem die Bürgergemeinde als Auftraggeberin und Legitimationsinstanz der Ratsherrschaft agiert hat, immer wieder angeeignet haben.[66]

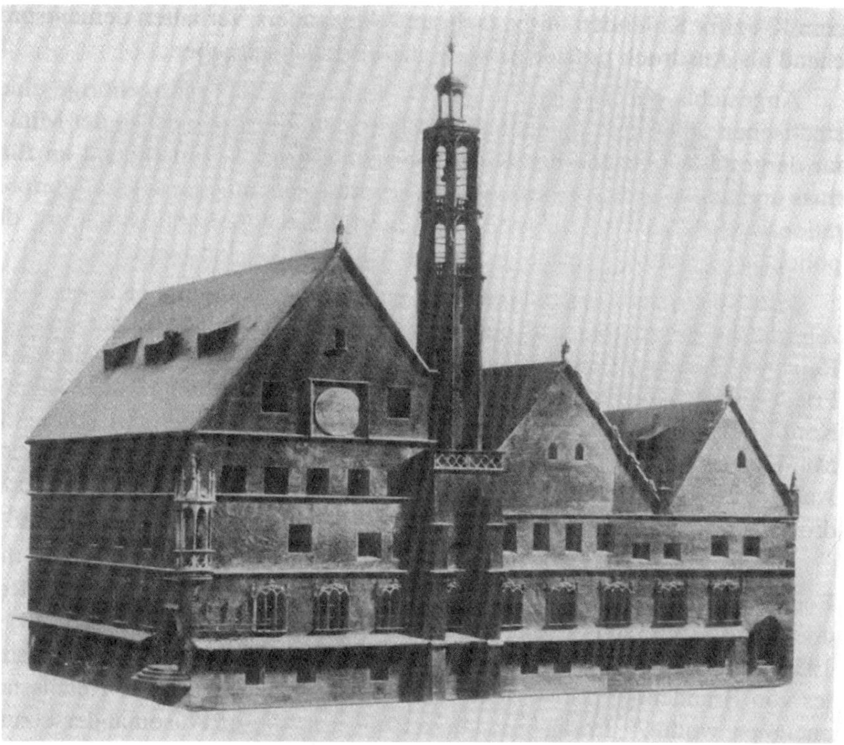

Abb. 1 Holzmodell des Alten Augsburger Rathauses,
Augsburg, Maximilianmuseum, in: Saurma-Jeltsch/Frese (Hgg.): Mimesis (wie Anm. 14), S. 117

66 Karl-Siegbert Rehberg: Präsenzmagie und Zeichenhaftigkeit. Institutionelle Formen der Symbolisierung, in: Gerd Althoff (Hg.): Zeichen-Rituale-Werte, Münster 2004, S. 19–36, hier S. 31.

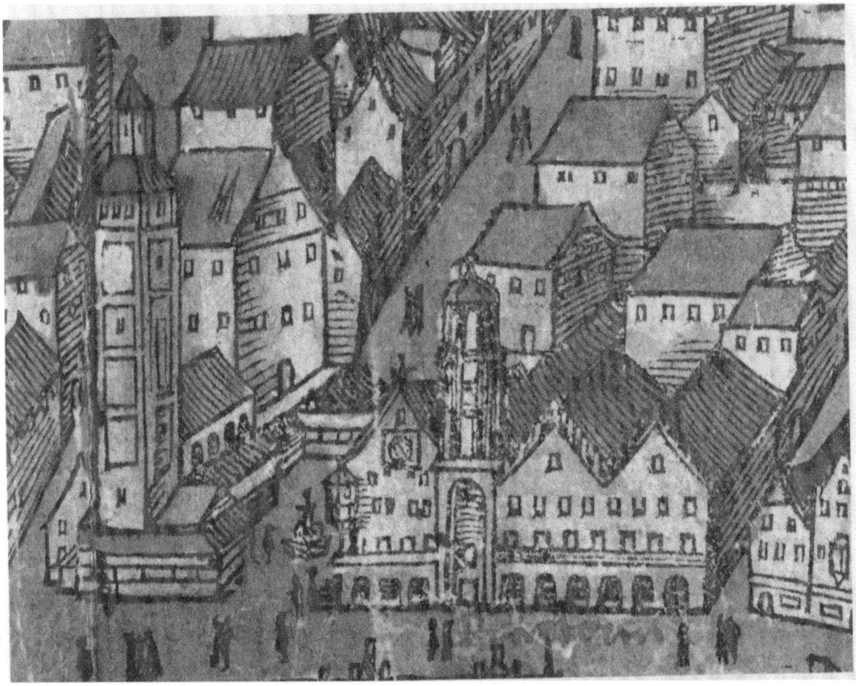

Abb. 2 Perlach-Turm und Altes Rathaus,
Jörg SELD: Vogelschau-Plan der Stadt Augsburg von Westen (Detail), Augsburg, Städt. Kunstsammlungen, Inv.-Nr. G 26455, in: SAURMA-JELTSCH/FRESE (Hgg.): Mimesis (wie Anm. 14), S. 41)

Die Selbstdarstellung reichsstädtischer Eliten im Ulmer Münster

Eva Leistenschneider

Ulm gehörte im ausgehenden Mittelalter zu den politisch und ökonomisch führenden Reichsstädten Süddeutschlands. Vor allem der Textilhandel hatte seit dem 14. Jahrhundert zu einem raschen wirtschaftlichen Aufstieg geführt, in dessen Folge die Stadt auch eine kulturelle Blütezeit erlebte.

Die politische Ordnung wurde, nach den Auseinandersetzungen zwischen Zünften und Patriziat, seit Mitte des 14. Jahrhunderts durch eine Zunftverfassung geregelt:[1] Im so genannten *Kleinen Schwörbrief*, der Stadtverfassung von 1345, hatten die Zünfte erstmals den Zugang zum Rat erkämpft, in dem sie künftig die Mehrheit der Ratsherren stellten: Siebzehn Vertreter aus den Reihen der Zünfte standen vierzehn Patriziern gegenüber. Der *Große Schwörbrief* von 1397 baute diese politische Dominanz der Zünfte weiter aus: Im Großen Rat waren dreißig Zünftige und zehn Patrizier vertreten; gleichzeitig garantierte die neue Ordnung den Zünften eine Beteiligung an allen wichtigen Obrigkeitsaufgaben der Stadtverwaltung. Wichtige Ämter wie das des Bürgermeisters wurden jedoch weiterhin aus den Reihen des Patriziats besetzt. Auch die Stelle des Münsterpfarrers lag vor der Reformation meist in den Händen eines Geistlichen aus einer Ulmer Patrizierfamilie.[2]

Dieser politischen Machtverteilung, die durch die Zunftverfassung garantiert wurde, stand die gesellschaftliche Realität der ständisch geprägten Stadtgesellschaft gegenüber: Das Patriziat bildete die soziale Oberschicht, die sich durch Standesprivilegien, Konnubium mit dem Landadel und einer adelsähnlichen Lebensweise „nach unten" abzugrenzen suchte. Die wohlhabendsten Patrizierfamilien erwarben Güter außerhalb der Stadt und errichteten dort Landsitze.[3] Die wichtigste Einnahmequelle waren Einkünfte aus Grundbesitz und anderen Besitzrechten, ergänzt durch Ämter in Verwaltung oder Justiz. Die Frage nach der wirtschaftlichen Betätigung von Angehörigen der Ulmer Geschlechter bedarf noch einer genaueren Untersuchung. Engagement im Handel lässt sich – oft über auswärtige Handelsgesellschaften und aus Ulm abgewanderte Familienmitglieder – durchaus nachweisen, doch führten allzu offensichtliche ökonomische Aktivitäten zum sozialen Prestigeverlust in der Reichsstadt.[4] Einige zünftige Kaufleute waren daher manchen weniger wohlhabenden Patrizierfamilien in finanzieller Hinsicht durchaus überlegen. Die ökonomische und die soziale Oberschicht der Reichsstadt waren nicht zwingend deckungsgleich, während das politische Führungsorgan, der Rat, mit den Ratsherren aus kleineren, eher handwerklich geprägten Zünften auch Personen umfasste, die weder zur gesellschaftlichen noch zur finanziellen Elite der Stadt gehörten.

1 Für die kritische Lektüre des vorliegenden Texts und für wichtige Hinweise danke ich Frau Dr. Gudrun Litz, Haus der Stadtgeschichte – Stadtarchiv Ulm.
Zu den Zunftkämpfen und den beiden Schwörbriefen Hans Eugen Specker: Ulm. Stadtgeschichte, Ulm 1977, S. 44–56; Stefan Lang: Die Patrizier der Reichsstadt Ulm. Stadtherren, Gutsbesitzer und Mäzene, Ulm 2011, S. 18–27.

2 Vgl. Lang: Patrizier (wie Anm. 1), S. 62–64.

3 Vgl. Lang: Patrizier (wie Anm. 1), S. 86–93.

4 Vgl. Lang: Patrizier (wie Anm. 1), S. 21–23.

Im Mittelpunkt der folgenden Betrachtungen steht das Ulmer Münster zwischen dem Baubeginn 1377 und der Einführung der Reformation in Ulm im Jahr 1530. Als einzige Pfarrkirche spielte das Münster eine zentrale Rolle im religiösen Leben der Reichsstadt. Gleichzeitig war es architektonisches und künstlerisches Prestigeprojekt der Bürgerschaft: Der monumentale Bau war visueller Ausdruck des Selbstbewusstseins der Stadt und ihrer beanspruchten Bedeutung im Alten Reich. Hier entfaltete sich das Repräsentationsbestreben der städtischen Eliten in besonderem Maße.

Von der einst reichen künstlerischen Ausstattung des Münsters ist – wie auch im Falle der übrigen Ulmer Kirchen und Klöster – nur ein geringer Teil erhalten. Die Entscheidung der Ulmer zugunsten der reformatorischen Lehre im Jahr 1530 und die Entfernung religiöser Bildwerke im Folgejahr führten zum Verlust eines Großteils der mittelalterlichen Artefakte. Die Frage, welche Einzelpersonen oder gesellschaftlichen Gruppen sich wo innerhalb der Pfarrkirche mit welchen künstlerischen Mitteln inszenierten, ist daher aus heutiger Sicht nur noch mit Einschränkungen zu beantworten.

1377 legten die Ulmer den Grundstein einer neuen Pfarrkirche an zentraler Stelle der Stadt. Die alte Pfarrkirche befand sich nördlich außerhalb der Stadtmauern und unterstand kirchenrechtlich dem Kloster Reichenau.[5] Sie wurde bereits kurz nach Beginn des Neubaus abgerissen. Schon der Beschluss, in der Stadt und mit städtischen Finanzmitteln eine neue Kirche zu errichten, war ein Akt reichsstädtischer Selbstdarstellung: Er erfolgte auf Initiative des Rats, der für die Verlegung der Pfarrkirche bzw. für den Abriss der alten, der Reichenau unterstellten Anlage die Genehmigung des dortigen Abts und des zuständigen Konstanzer Diözesanbischofs benötigte und auch erhielt.[6] Die Gründe für die Verlegung der Kirche in den Mauerring sind vielfältig. Die ungeschützte Lage vor den Mauern erschwerte den Gottesdienstbesuch im Falle einer Belagerung.[7] Eine noch bedeutendere Rolle aber wird das Souveränitätsstreben des Ulmer Rates in kirchenpolitischer Hinsicht gespielt haben: Die neue Kirche war im Gegensatz zur alten Anlage faktisch weder eine Gründung des Klosters Reichenau, noch befand sie sich auf klostereigenem Grund und Boden. Auch die Finanzierung erfolgte unabhängig von der Reichenau: Die benötigten Geldmittel kamen zum einem vom Rat als dem zentralen politischen Organ der Stadt, zum andern aus vielen Stiftungen, Schenkungen und materiellen Vermächtnissen der Einwohner. Ablässe zugunsten des Münsters erbrachten wichtige zusätzliche Einnahmen.[8] Der Chronist Felix Fabri, Mönch in der Ulmer Niederlassung der Dominikaner, vermerkte in seinem um 1488/89 entstandenen *Tractatus de civitate Ulmensi* voller Stolz, dass diese Pfarrkirche „in einer so kleinen Stadt ohne die Werbung von Pilgern, ohne Hilfe und Bettelei“[9], alleine durch das finanzielle Engagement der Einwohner entstehen konnte.

5 Vgl. Herrmann TÜCHLE: Die mittelalterliche Pfarrei, in: Hans Eugen SPECKER/Hermann TÜCHLE (Hgg.): Kirchen und Klöster in Ulm. Ulm 1979, S. 12–38; Reinhard WORTMANN: Das Ulmer Münster, Stuttgart 1972, S. 5f.; Barbara TREU: Dem Herzen ewig nah. Die Geschichte des Ulmer alten Friedhofs, Ulm 2014, S. 11–19.

6 Vgl. Hans Peter KÖPF: Lutz Krafft, der Münstergründer, in: Hans Eugen SPECKER/Reinhard WORTMANN (Hgg.): 600 Jahre Ulmer Münster, Stuttgart 1977, S. 9–58, hier S. 52f.; TÜCHLE: Pfarrei (wie Anm. 5), S. 17f.

7 1376, ein Jahr vor Baubeginn des Münsters, belagerten die Truppen Kaiser Karls IV. Ulm. Diese Belagerung kann jedoch nicht alleiniger Grund für den Neubau gewesen sein, da die Genehmigung des Klosters Reichenau zu diesem Zeitpunkt bereits eingeholt worden war. Vgl. KÖPF: Lutz Krafft (wie Anm. 6), S. 52.

8 Vgl. z. B. Schätze der Stadtgeschichte. Das Archiv der Stadt Ulm, Ulm 2015, S. 64f.

9 Felix FABRI: Tractatus de civitate ulmensi, hg., übers. u. komment. v. Volker REICHERT, Konstanz 2012 (Bibliotheca suevica 35), S. 74f. Der lateinische Originaltext lautet: [...] *quod in tam parva civitate sine peregrinorum advocacione, sine adiutorio et mendicacione tantum edificium erigere ausi sunt,* [...].

Obwohl die Zustimmung des Abts der Reichenau zur Verlegung der Pfarrkirche nominell gesucht wurde, dürfte sich mit dem gesamten Vorgang daher von Beginn an das Ziel verbunden haben, alle kirchenherrlichen Rechte des Klosters in städtische Hand zu bringen. 1446, knapp siebzig Jahre nach der Grundsteinlegung, wurde dieses Ziel schließlich auch vollständig erreicht.[10]

Das Engagement des Rats und der Einwohnerschaft und die daraus resultierende Rolle als „Bauherren" fand sichtbaren Ausdruck auch in der Feier der Grundsteinlegung am 30. Juni 1377 – zumindest in der Form, in der sie der bereits erwähnte Felix Fabri in seinem *Tractatus de civitate Ulmensi* überliefert hat. Fabri war kein Augenzeuge; seine ausführliche und viel zitierte Beschreibung der Grundsteinlegung entstand mehr als hundert Jahre nach dem Ereignis. In seinem gesamten *Tractatus* erweist sich Fabri als ausgesprochener Bewunderer des patrizischen Standes und Verteidiger von dessen gesellschaftlichen Führungsanspruchs in der Stadt. So erstaunt es kaum, dass er den Akt der Grundsteinlegung nicht allein als das Werk der Ulmer Ratsherren schildert, sondern dabei vor allem die führende Rolle betont, die Mitglieder der ältesten und einflussreichsten Patrizierfamilien – der Ehinger, der Krafft und der Besserer – bei der Inszenierung gespielt haben sollen. Sie sind die einzigen, die namentliche Erwähnung finden:

> *Mit der Zustimmung des Rates stieg der edle Herr Ludwig Krafft, der damals das Bürgermeisteramt inne hatte, mit einigen vornehmen Herren in den tiefen Graben beim Fundament, um den riesigen Stein zu übernehmen, der auf Anordnung der Handwerker durch eine scharfe Zange gehalten darüber in der Luft hing. Zur dritten Tagesstunde also, [...], begannen sie, nicht die Handwerker, sondern die vornehmsten Ulmer Bürger, den Felsen in die Grube zu senken; einige von ihnen zogen am Rad oder hielten es fest, andere hatten ein Seil in der Hand. Aber Johannes Ehinger, der bedeutende Herr, genannt Habfast, und der Stadthauptmann Konrad Besserer, sowie die übrigen hohen Herren, standen über dem Graben, faßten den Stein mit ihren Händen und dirigierten ihn nach unten in die Hände Ludwig Kraffts, des Bürgermeisters, und der anderen, die in der Grube warteten.*[11]

Ludwig (Lutz) Krafft, den Felix Fabri umstandslos zum Bürgermeister macht, war in Wahrheit zum Zeitpunkt der Grundsteinlegung im Juni 1377 Alt-Bürgermeister; seine Amtszeit war bereits im April abgelaufen. Die Gründe, die zu seiner prominenten Rolle bei der Grundsteinlegung geführt haben, sind ungeklärt. Felix Fabri hat sie jedoch nicht nur erdacht: Die maßgebliche Beteiligung Lutz Krafft an der feierlichen Zeremonie verewigen im Ulmer Münster gleich zwei Reliefs (Abb. 1, Abb. 2).[12] Im äußeren Gewände des südöstlichen Münsterportals, dem Brautportal, präsentiert Krafft der Gottesmutter und ihrem Sohn das Modell der zu erbauenden Marienkirche. Der göttlichen Gnade empfohlen wird er von seinem Schutzheiligen, dem Evangelisten Johannes, der durch den reliefierten Adler kenntlich gemacht ist.[13] Gerade im

10 Köpf: Lutz Krafft (wie Anm. 6), S. 54.

11 Felix Fabri: Tractatus de civitate ulmensi (wie Anm. 9), S. 72f.: *De consensu autem consulatus insignis vir Ludwicus Kraft, pro tunc magistratum civium tenens, in defossum fundamenti descendit cum quibusdam de optimatibus ad suscipiendum saxum grandem, quod disposicione artificum desuper in sublime mordaci bydente suspensum erat. Hora ergo tercia diei, [...], inceperunt submittere saxum in foveam non artifices, sed maiores natu Ulmenses, quorum aliqui rotam trahebant vel tenebant, aliqui funem manu habebant. Magnificus autem vir Iohannes Echinger dictus Habfast et Conradus Besserer, civitatum capitaneus, et ceteri magnates supra fossam stantes lapidem manibus tangebant et dirigebant deorsum ad manus Ludwici Kraftz, magistri civium, et ceterorum in fovea expectancium.*

12 Zu den beiden Reliefs vgl. einführend Köpf: Lutz Krafft (wie Anm. 6); Joachim Gaus: Dedicatio Ecclesiae. Zum Grundsteinlegungsrelief im Münster zu Ulm, in: Hans Eugen Specker/Reinhard Wortmann (Hgg.): 600 Jahre Ulmer Münster, Stuttgart 1977, S. 59–85; Kunstwerk des Monats 5/1990, Ulmer Museum (Margret Ribbert).

13 Die Grabkapelle der Familie Krafft in der Kirche der Ulmer Dominikanerniederlassung war dem Hl. Johannes Evangelista geweiht. Vgl. Ribbert in Kunstwerk des Monats 5/1990, Museum Ulm.

Vergleich mit der Schilderung Felix Fabris spitzt die Inschrift des Reliefs die Rolle Ludwig Kraffts bei der Grundsteinlegung noch deutlich zu: Hier kommt ihm und nur ihm alleine die Würde dessen zu, der *von haissen des rates wegen hie ze ulm* [...] *de[n] erste[n] fu[n]dame[n]tstai[n]* gelegt habe.[14] Ausdrücklich betont wird die Ermächtigung durch den Rat. Es ist jedoch nicht das Wappen der Reichsstadt Ulm oder dasjenige des Inhabers der Patronatsrechte, des Klosters Reichenau, das auf dem Relief erscheint, sondern Kraffts eigene Insignien nebst der Helmzier. Eine ähnliche Bildsprache zeigt auch das zweite Relief. Es befindet sich innerhalb des Münsters, am dritten östlichen Pfeiler auf der Südseite des Mittelschiffs, oberhalb eines von Lutz Krafft gestifteten (nicht mehr existierenden) Altars. Hier sind es Lutz Krafft und seine Frau Elisabeth Ehinger, die dem Baumeister das Modell der Kirche auf den gebeugten Rücken setzen, begleitet von den Wappen ihrer Familien und einer Inschrift, die fast gleichlautend ist mit jener des ersten Reliefs.

Zur Entstehung (und zum Auftraggeber) beider Werke existieren keine Quellen; sie können aber erst unter dem zweiten Münsterbaumeister Michael Parler (1383 bis 1387 in Ulm tätig) versetzt worden sein, der nach der weitgehenden Vollendung des Chors die östlichen Bereiche des Langhauses ausführte.[15] Sie nutzen eine etablierte Ikonografie für den Stiftungsakt sakraler Bauten. Ihre Bildsprache macht Lutz Krafft zum Stifter des Münsters und seine im Namen der Gemeinschaft vorgenommene Handlung zum individuellen Frömmigkeitsakt, aus dem sich Verdienste im Sinne einer „Jenseitsvorsorge" ableiten lassen.

Auch Johannes Ehinger, der im Bericht Felix Fabris ebenfalls namentlich genannt wird, stand dem hundert Jahre nach der Grundsteinlegung schreibenden Chronist im Münster an prominentem Ort bildlich vor Augen. Seine lebensgroße Figur aus Stein befindet sich, im Gebet kniend, im Norden neben dem Eingang zum Chor (Abb. 3).

Bei allen drei Werken – den beiden Reliefs ebenso wie dem steinernen Beter – kann ausgeschlossen werden, dass sie in der Pfarrkirche ohne grundsätzliche Billigung der städtischen Obrigkeit möglich waren. Lutz Krafft und Johannes Ehinger, die den führenden Patrizierfamilien der Stadt entstammen und denen wohl bei der Inszenierung der Grundsteinlegung eine besondere Rolle zugestanden worden war, wurde auch eine herausgehobene Form der persönlichen Selbstdarstellung im Ulmer Münster gewährt, die sie visuell in den Rang von Stiftern erhob. Aus Sicht der Familien Krafft und Ehinger formulieren die Werke Aussagen über Bedeutung und beanspruchte Führungsrollen des jeweiligen Geschlechts, die sich aus dem Verdienst ihrer Mitglieder für das Münster und die Stadtgesellschaft ableiten.

Der Bau des Münsters begann 1377 im Osten mit dem Chor, der bereits vor der Jahrhundertwende weitgehend fertiggestellt und nutzbar war.[16] Im Chor war der Münsterklerus unter flachen Grabplatten bestattet.[17] Die künstlerische Ausstattung des Chors beauftragte und finanzierte hingegen vor allem die städtische Obrigkeit, vertreten durch das dazu von ihr eingesetzte Gremium, das Pfarrkirchenbaupflegamt. Gebildet wurde es von drei Ratsherren,

14 Die vollständige Inschrift lautet: *an[n]o d[o]mi[ni] MCCCLXXVII a[n] de[m] zinstag der der lest tag was des manatz junii nach der su[n]nen ufgang dri stund von haissen des rates wegen hie ze ulm lait ludwig kraft kraftz am kor[n]mar[k]t selige[n] sun de[n] erste[n] fu[n]dame[n]tstai[n] an diser pfarr kirchen.* Am Brautportal ist heute eine Kopie des Reliefs eingelassen; das stark verwitterte Original befindet sich im Museum Ulm.

15 Vgl. GAUS: Dedicatio (wie Anm. 12), S. 60 (mit Bezug auf das Relief im Kircheninneren).

16 WORTMANN: Ulmer Münster (wie Anm. 5), S. 8–11.

17 Max BACH: Die Grabdenkmale und Totenschilde des Münsters zu Ulm, in: Württembergische Vierteljahreshefte für Landesgeschichte, N.F. 2. Jg. (1893), S. 129–151, hier S. 131–135.

von denen zwei Patrizier waren, während der dritte die Zünfte vertrat. Dem Pfarrkirchenbaupflegamt oblag die Kontrolle über den Bau und seine Finanzierung. Der Baumeister war den Pfarrkirchenbaupflegern verantwortlich; stiftungswillige Bürger schlossen mit ihnen die entsprechenden Stiftungs- oder Schenkungsverträge.

Die Pfarrkirchenbaupfleger vergaben ab den 1460er Jahren eine Reihe von Kunstaufträgen zur Ausstattung des Münsterchors (Abb. 4).[18] Es entstanden nach und nach ein repräsentatives Sakramentshaus am Choreingang, der Dreisitz und das Chorgestühl, das monumentale Hochaltarretabel (das 1531 der Bildentfernung zum Opfer fiel) sowie ein weiterer, ebenfalls nicht erhaltener Dreisitz für den zelebrierenden Priester und seine beiden Diakone beim Levitenamt.[19] Auch die Verglasung des Achsfensters im Chor dürfte Teil dieser Kampagne gewesen sein.[20] Nach Abschluss der Arbeiten, gegen Ende des 15. Jahrhunderts, hatte der Chor eine neue, künstlerisch höchst anspruchsvolle Gestaltung erhalten, die seiner Funktion als liturgischem und repräsentativem Hauptbereich der Kirche visuellen Ausdruck verlieh. Bis heute machen die hier zahlreich ins Auge fallenden Wappen deutlich, dass der Chor in seiner Ausstattung in erster Linie „Hoheitsgebiet“ der Gesamtheit der Ulmer Bürgerschaft war, vertreten durch die Pfarrkirchenbaupfleger und den Rat: Das ligierte AM des Pfarrkirchenbaupflegamts und/oder der schwarz-weiße Ulmer Schild finden sich am Dreisitz, am Chorgestühl und auf dem zentralen Glasfenster; auch der zerstörte Priestersitz war auf diese Weise gekennzeichnet.

Während das liturgische Mobiliar des Chors im Auftrag des Pfarrkirchenbaupflegamts entstand, wurde die Verglasung der hohen Chorfenster auch anderen Stiftern überlassen. Der Rat belegte alleine das bereits erwähnte, um 1480 im Zusammenhang mit der übrigen Chorausstattung geschaffene zentrale Fenster, das im untersten Register zwei Mal das Ulmer Wappen in Kombination mit dem Doppeladler des Heiligen Römischen Reichs zeigt. Etwa zeitgleich stiftete die reiche Kramerzunft die mit ihrem Wappen versehene Farbverglasung für das nördlich angrenzende Fenster.[21] Bereits in der ersten Jahrhunderthälfte hatte die Weberzunft Frömmigkeit und Statusdenken mit der Finanzierung eines Glasfensters im Südosten des Chors demonstriert.[22] Auch außerhalb des Chors gibt es im Münster noch Glasfenster, die auf die Schenkung einer Zunft zurückgehen: 1408 entstand im nördlichen Seitenschiff das Marner-Fenster [23], während die Schneider und Tuchscherer, die Zimmerleute, die Fischer, die Schmiede und erneut die Weber jeweils mit vergleichsweise schlichten und wohl kostengünstigeren Fensterstiftungen im Obergaden des Langhauses vertreten sind.[24] Alle genannten

18 Über die Ausstattung des Münsterchors vor diesem Zeitraum ist nichts sicher überliefert. Für die gelegentlich geäußerte Annahme, einige in der Staatsgalerie Stuttgart verwahrte Tafeln gehörten zum ersten Hochaltarretabel des Ulmer Münsters, gibt es keinen tragfähigen Beleg. Vgl. zu den Tafeln Elsbeth Wiemann: Altdeutsche Malerei, Stuttgart 1989, S. 11f.

19 Zur Chorausstattung als Auftrag des Rats vgl. Gerhard Weiland: Die Quellen zur Chorausstattung des Ulmer Münsters 1467–1504, in: Brigitte Reinhard/Stefan Roller (Hgg.): Michel Erhart und Jörg Syrlin d.Ä., Ulm 2002, S. 36–43; Eva Leistenschneider/Evamaria Popp: Der spätmittelalterliche Dreisitz des Ulmer Münsters und die Skulpturen des „Vespertoliumsmeisters“, in: Ulm und Oberschwaben, Bd. 60 (2017), S. 117–142.

20 Vgl. zum Ratsfenster Hartmut Scholz: Die mittelalterlichen Glasmalereien in Ulm. Corpus Vitrearum Medii Aevi, Deutschland Band I: Schwaben, Teil 3, Berlin 1994, S. 84–110.

21 Vgl. zum Kramerfenster Scholz: Glasmalereien (wie Anm. 20), S. 84–96 und S. 110–125.

22 Vgl. Scholz: Glasmalereien (wie Anm. 20), S. 64–74. Die Stifter der übrigen mittelalterlichen Chorverglasung sind nicht mehr zu ermitteln.

23 Vgl. Scholz: Glasmalereien (wie Anm. 20), S. 187–196.

24 Vgl. Scholz: Glasmalereien (wie Anm. 20), S. 221–230 und S. 177.

Fenster zeigen in ihrer Ikonografie Wappen oder charakteristische Werkzeuge der stiftenden Zunft.

Die Zünfte tauchen im Ulmer Münster ausschließlich als Stifter von Glasfenstern auf; andere Kunstaufträge, die auf die Initiative einer Zunft zurückgehen, sind weder erhalten noch dokumentiert. Zwar stiften, wie noch zu zeigen sein wird, einzelne Zunftmitglieder individuelle Altäre und Seelenmessen; als Korporation unterhielt jedoch keine Zunft einen eigenen Altar im Ulmer Münster.[25]

Im Langhaus des Münsters – vor Pfeilern, Säulen und Wandabschnitten – befanden sich bis zur Reformation die Altäre wohlhabender Stifter. Ihre genaue Anzahl ist aufgrund der teils widersprüchlichen Quellen nicht mehr zu ermitteln; zählt man auch die Altäre in den Kapellen, der Sakristei und dem Chor mit, bewegte sich die Gesamtzahl aller Münsteraltäre in der Größenordnung von etwa fünfzig.[26] Die Altartische im Langhaus wurden nach 1530 in Folge der Einführung der Reformation entfernt; die zugehörigen Mess-Stiftungen und Kaplan-Stellen aufgehoben. Nicht für alle in den Quellen dokumentierten Mess-Stiftungen lässt sich aus heutiger Sicht eindeutig nachweisen, auf welchen Altar sie gestiftet wurden. Die meisten Altäre wurden im Zuge der jeweiligen Stiftung errichtet und geweiht und waren damit während des Bestehens der Stiftung de facto Altar der Stifterfamilie und ihrer Nachfahren. In einigen Fällen sind hingegen auch „Mehrfachbelegungen" eines Altars mit verschiedenen Stiftungen und Kaplan-Stellen nachweisbar. Dies betrifft im Langhaus vor allem die wenigen Messen, die erst weit in der zweiten Hälfte des 15. Jahrhunderts gestiftet wurden – zu einem Zeitpunkt also, als die räumlichen Möglichkeiten für neue Altäre weitgehend ausgeschöpft gewesen sein dürften.[27] Die meisten Mess-Stiftungen liegen zeitlich zwischen dem Baubeginn 1377 und der Mitte des 15. Jahrhunderts; danach wurden nur noch vereinzelt neue Stiftungen realisiert.[28]

Der gesellschaftliche Rang des jeweiligen Stifters oder der Stifterin ist nicht in allen Fällen mit Eindeutigkeit feststellbar. Dennoch lassen jene Fälle, in denen dies möglich ist, zumindest grundlegende Äußerungen zu: Die Altar- und Mess-Stiftungen im Ulmer Münster spiegeln demnach die politische Realität der Reichsstadt Ulm wider. Patrizier und zünftige Stifter sind gleichermaßen vertreten.[29] Dreiundzwanzig patrizischen Stiftern stehen neunzehn Stifter gegenüber, für die ein zünftiger Kontext anzunehmen ist. Unter ihnen dominieren die Angehörigen der reichen Zünfte wie die Kaufleute und die Kramer; aber auch ein Kürschner und ein Marner haben im Münster Messen für das eigene Seelenheil gestiftet.[30] Hinzu kommen auswärtige Adlige und Kleriker sowie verschiedene Fälle, in denen keinerlei Aussage zum Stand des Stifters mehr möglich ist.

25 Überliefert ist hingegen eine Stiftung der Marner für die Kirche des Ulmer Barfüßerklosters, für deren Franziskusaltar die Zunft 1510 ein (nicht erhaltenes) Flügelretabel bei dem Maler Martin Schaffner und dem Bildschnitzer Daniel Mauch bestellte. Vgl. Artikelbuch der Ulmer Marner, Germanisches Nationalmuseum Nürnberg, HS 2860, fol. 46. Siehe auch Susanne WAGINI: Der Ulmer Bildschnitzer Daniel Mauch (1477–1540). Leben und Werk, Stuttgart 1995, S. 127, Quelle 4.

26 Vgl. Hermann TÜCHLE: Die Münsteraltäre des Spätmittelalters. Stifter, Heilige, Patrone und Kapläne, in: 600 Jahre Ulmer Münster, Stuttgart 1977, S. 126–182, hier S. 127.

27 Als Beispiele sind die Mess-Stiftung des Hans Bältzinger aus dem Jahr 1468 auf einen vermutlich 1413 errichteten Altar sowie die Messe des Bartholomäus Sträler von 1516 auf einen etwa hundert Jahre älteren Altar zu nennen. Vgl. zu diesen Stiftungen TÜCHLE: Münsteraltäre (wie Anm. 26), S. 166 und S. 169.

28 Vgl. die Übersicht über die Stiftungen bei TÜCHLE: Münsteraltäre (wie Anm. 26), S. 136–180.

29 Die Zahlen basieren auf einer Auswertung der von TÜCHLE: Münsteraltäre (wie Anm. 26) aufgeführten Stifter.

30 Vgl. TÜCHLE: Münsteraltäre (wie Anm. 26), Nr. 16 und Nr. 26.

Der Anteil von Patriziern und Zünftigen unter den Stiftern im Ulmer Münster unterliegt keiner zeitlichen Schwerpunktbildung. Von Anfang an lassen sich unter den Stiftern Kleriker, Patrizier und wohlhabende Zünftige gleichermaßen feststellen. Auch hinsichtlich des Altarstandorts scheint es keine eindeutige Bevorzugung bestimmter Bereiche oder soziale Gruppenbildungen gegeben zu haben – dies legen jene Fälle nahe, in denen die Stiftung einem eindeutig lokalisierbaren Altar zweifelsfrei zugeordnet werden kann. Deutlich wird lediglich – wie zu erwarten – eine Verteilung der Altäre entsprechend des Baufortgangs: Die späteren Altarstiftungen wurden weiter im Westen des Langhauses realisiert. Die jüngste *Patrizier*-Altarstiftung ist jene der Ehinger, die 1461 einen Altar am Kanzelpfeiler stifteten.[31] Die weiter westlich gelegenen Altäre gehören, sofern sie sich zuordnen lassen, zu Kaufmanns- und Kramerfamilien wie beispielsweise den Schleicher, den Gienger oder den Rottengatter, deren ökonomischer Aufstieg sie erst nach der Mitte des 15. Jahrhunderts zu Stiftern und Kunstmäzenen im Münster werden lässt. Der Standort der Langhausaltäre sagt also weniger über die Privilegien bestimmter städtischer Eliten oder über eine gezielte Verteilung des Kirchenraums nach gesellschaftlichen Kriterien aus. Vielmehr spiegelt er in hohem Maß die wirtschaftliche Entwicklung bestimmter Familien wider, die erst mit steigendem Wohlstand in der städtischen Pfarrkirche durch liturgische und materielle Stiftungen in Erscheinung treten können und so vornehmlich Altäre im Westen des Baus belegen.

Für einige Seitenschiffsfenster sind farbige Verglasungen mit Stifterwappen belegt.[32] Zwar sind diese spätmittelalterlichen Verglasungen nicht oder allenfalls in Fragmenten erhalten; die Fenster, in die sie eingesetzt waren, lassen sich jedoch in einen direkten Bezug bringen zum Stifter bzw. zur Stifterfamilie von in unmittelbarer Nähe gelegenen Langhaus-Altären. Wiederum sind Patrizier und Zünftige vertreten. Die Patrizierfamilien Karg, Krafft, Roth und Strölin finanzierten farbige Fenster in den östlichen Jochen des nördlichen und südlichen Seitenschiffs, wo auch die jeweiligen Familienaltäre lagen. Für die Greck, die der Chronist Felix Fabri einer Art Zwischenstand zwischen Patriziern und Zünftigen zurechnet,[33] sowie für die zünftigen Kaufmannsfamilien Schleicher, Lupin und Gienger sind Fensterstiftungen in der Nähe ihrer Altäre in den westlichen Bereichen des Münsters nachweisbar.[34] Da die zugehörigen Altar-Stiftungen in der Regel später erfolgten als diejenigen der genannten Patrizierfamilien, kann man auch hier aus der räumlichen Verteilung keine Aufteilung des Münsters nach gesellschaftlichem Stand ableiten.

Die Stiftung eines Altars ging im Ulmer Münster in vielen Fällen zusammen mit der kostspieligen Stiftung einer farbigen Fensterverglasung in der Nähe des Altars – und vermutlich auch weiterer künstlerischer Objekte wie Retabel, textiler Altarschmuck und liturgische Geräte. Die Frage nach der Selbstdarstellung der verschiedenen sozialen Gruppen im Spiegel dieser Werke lässt sich infolge der immensen Verluste, die die Bildentfernung im Münster 1531 nach sich zog, nur noch eingeschränkt untersuchen. Einzelbeobachtungen sind jedoch möglich und zeigen, dass sich das Bild, das sich bereits bei den Mess-Stiftungen und den Fensterverglasungen ergeben hat, übertragen lässt: Die ökonomische Elite der Reichsstadt ist mit auf-

31 Vgl. Tüchle: Münsteraltäre (wie Anm. 26), Nr. 12.

32 Vgl. zu den im Folgenden erwähnten Fenstern in Scholz: Glasmalereien (wie Anm. 20) die Einträge zu den Fenstern Nord VI und Nord XVII sowie zu den Fenstern Süd VI, Süd VIII, Süd IX, Süd X, Süd XIII, Süd XV und Süd XVI.

33 Felix Fabri: Tractatus de civitate ulmensi (wie Anm. 11), S. 214–216.

34 Vgl. Scholz: Glasmalereien (wie Anm. 20), S. 185 sowie S. 4 (Übersichtsplan).

wendigen Kunstwerken vertreten; und die zünftigen Stifter fallen hinsichtlich Qualität und repräsentativem Anspruch nicht hinter die Vertreter des Patriziats zurück: So stifteten die Rottengatter, zünftige Kaufleute, mit der großen Wandmalerei des Jüngsten Gerichts am Chorbogen eines der augenfälligsten Kunstwerke des Münsters, versehen mit der Jahreszahl 1471 und dem Rottengatter'schen Wappen.[35] Erhalten hat sich auch das Altarretabel, mit dem der reiche Kaufmann Laux Hutz den Altar der Hutz im Ulmer Münster geschmückt wissen wollte (Abb. 5).[36] Das 1521 entstandene Retabel zeigt die Heilige Sippe: Im Schrein befindet sich die geschnitzte Hauptgruppe mit Maria und der Hl. Anna, auf den Flügeln hingegen die von Martin Schaffner gemalten Darstellungen der Maria Salomas und der Maria Cleophas mit ihren jeweiligen Familien. Schaffner hat ihnen, auf den selbstbewussten Wunsch des Auftraggebers hin, die Gesichtszüge von Mitgliedern der Familie Hutz und der durch Heirat mit ihnen verbundenen Gienger und Lupin verliehen, die nun als Teil der Heiligen Familie der zentralen Szene im Altarschrein bewohnen und auf göttliche Erlösung hoffen dürfen.

Das Münster spiegelt die Realität der politischen Zunftverfassung wider; Vertreter beider Gruppen – der Patrizier wie der Zünfte – scheinen in fast gleichem Maße und mit teils kostspieligen Stiftungen präsent gewesen zu sein. Die große Mehrheit der zünftigen Stifter rekrutiert sich aus den einkommensstärksten Berufsgruppen, vor allem den Kaufleuten. Ebenso waren nicht alle Patrizierfamilien, die vom späten 14. bis ins frühe 16. Jahrhundert in Ulm nachweisbar sind, mit liturgischen oder materiellen Stiftungen im Münster vertreten. Die „Bürgerkirche" Ulms, das Münster, präsentierte sich vor allem als eine Kirche der ökonomischen Elite, die vermögend genug war, eine Altarpfründe einzurichten und / oder Kunstwerke zu stiften.

Interessant sind vor diesem Hintergrund die Bestrebungen einzelner Patrizier-Familien, sich im Münster medial „nach oben" abzusetzen und mit einer baulich klar separierten Grabkapelle nicht nur räumliche, sondern auch soziale Distinktion zu schaffen:

Den Münsterchor flankieren zwei Kapellen – die Besserer-Kapelle im Süden und die Neithardt-Kapelle im Norden. Beide Kapellen wurden von Mitgliedern des Ulmer Patriziats als Familien-Oratorien und -grablegen gestiftet. Sie gehören nicht zur ursprünglichen architektonischen Planung des Münsters, sondern wurden 1429/30 (Besserer-Kapelle) bzw. 1437 (Neithardt-Kapelle) nachträglich an den bereits vollendeten Chor angebaut. Gleiches gilt für die Kapelle der Patrizier-Familie Roth, die 1447 vor dem fünften Langhausjoch zwischen die äußeren Strebepfeiler des südlichen Seitenschiffs eingefügt wurde.[37] Das Münster berücksichtigte in seiner baulichen Anlage die Möglichkeit separater Kapellenräume zunächst nicht; es gab keine von vorneherein im Bau vorgegebenen Kapellen z. B. am Chorrund oder den Seitenschiffen. Offenbar bestand zunächst nicht der Wunsch, einzelnen Mitgliedern der Stadtgesellschaft Gelegenheit zu einem besonders herausgehobenen individuellen Auftritt zu geben.

35 Zu der Wandmalerei vgl. Rudolf PFLEIDERER: Münsterbuch. Das Ulmer Münster in Vergangenheit und Gegenwart, Ulm 1907, S. 52–61; WORTMANN: Ulmer Münster (wie Anm. 5), S. 47–49.

36 Zum Hutz-Altar vgl. Manuel TEGET-WELZ: Martin Schaffner. Leben und Werk eines Ulmer Malers zwischen Spätmittelalter und Renaissance, Ulm 2008, S. 442–463.

37 Die von Hans Roth gestiftete Kapelle wurde 1817 wegen ihres schlechten baulichen Zustands abgerissen. Zur Roth'schen Kapelle vgl. PFLEIDERER: Münsterbuch (wie Anm. 35), S. 159; LANG: Patrizier (wie Anm. 1), S. 154.

Die drei genannten, nachträglich angebauten Kapellen blieben die Ausnahme, was ihre repräsentative Wirkung noch deutlich gesteigert haben dürfte.

Die älteste Kapelle – auf die an dieser Stelle exemplarisch genauer eingegangen werden soll – ist diejenige der Besserer, die vom frühen 14. Jahrhundert bis weit über das Ende der reichsstädtischen Zeit hinaus zu den angesehensten und einflussreichsten Ulmer Familien zählten (Abb. 6). Ihren Status haben die Besserer offenkundig genutzt, um sich in der neuen Pfarrkirche einen prominenten und privilegierten Platz für die fromme Memoria, aber auch zur Sichtbarmachung ihres gesellschaftlichen Status zu sichern. Die Stiftung der Kapelle datiert ins Jahr 1414, zu einem Zeitpunkt, als der Chor baulich fertiggestellt und der Baufortgang bereits die ersten östlichen Joche des Langhauses umfasste.[38] Die bauliche Ausführung erfolgte erst 1429/30, ca. 15 Jahre nach der Stiftung. Die Kapelle wurde an die südliche Flanke des Chors angebaut und ist über einen Durchgang im Chorgestühl zugänglich. Sie diente – wie die Neithardt- und die Roth'sche Kapelle – der Lesung von Seelenmessen und als Begräbnisstätte.[39] Ihre Ausstattung wurde über die Jahrhunderte hinweg beständig verändert und erweitert; sie umfasste Grabplatten, Epitaphien, Totenschilde sowie gemalte Portraits von Familienmitgliedern.[40] Das Museum Ulm verwahrt drei Gedenktafeln, die sich lange Zeit in der Kapelle befanden. Eine der Tafeln zeigt Wilhelm Besserer (gest. 1504) mit seinen Söhnen und Schwiegersöhnen in ewiger Anbetung, während auf dem zugehörigen Gegenstück Besserers Ehefrau Agathe Vöhlin mit Töchtern und Schwiegertöchtern dargestellt ist.[41] Die Ikonografie der beiden Bilder betont – neben dem religiösen Aspekt des frommen Stifterbildes – Status und Bedeutung der Familie, die nicht zuletzt durch zahlreiche vorteilhafte Eheschließungen befördert wurden. Vor allem aber stellt sie das Rittertum Wilhelm Besserers in den Vordergrund – eine Bildsprache, derer sich auch die dritte, hier ausführlicher vorgestellte Tafel bedient (Abb. 7).[42] Dargestellt sind drei Mitglieder der Familie Besserer im Gebet, ergänzt im rechten Bildteil durch ihre ebenfalls betenden Gattinnen. Die großformatige Holztafel befand sich seit 1531 nachweislich in der Besserer-Kapelle; 1927 hing sie „an der Nordwand über dem Eingang" der Kapelle.[43] Wilhelm Besserer ist rechts in besonders kostbarer Rüstung verewigt. 1475 führte er das Ulmer Kontingent im Reichsheer Kaiser Friedrichs III., das die von Truppen des burgundischen Herzogs Karl dem Kühnen belagerte Stadt Neuss befreite – worauf der erste Satz der

38 Zur Besserer-Kapelle vgl. Wortmann: Ulmer Münster (wie Anm. 5), S. 75–79; Lang: Patrizier (wie Anm. 1), S. 154.

39 Die Frage des Begräbnisprivilegs im Münster ist bislang nicht eingehender untersucht. Auch für die genannten Kapellen ist offen, welche Familienmitglieder dort bestattet wurden. Eine Liste der Grabplatten und Totenschilde aus dem Münster findet sich bei Bach: Grabdenkmale (wie Anm. 17), doch beweisen die Grabplatten nicht zwingend immer ein Begräbnis im Münster, da sie nachträglich vom Münsterfriedhof oder aus anderen Kirchen dorthin überführt worden sein können.

40 Den Zustand im Jahr 1907, der zahlreiche Artefakte aus verschiedenen Jahrhunderten einschließt, schildert Pfleiderer: Münsterbuch (wie Anm. 35), S. 130–139.

41 Vgl. zu den beiden Tafeln Max Ernst: Drei Votivtafeln des Wilhelm Besserer, Hauptmann des schwäbischen Bundes, in der Besserer-Kapelle des Ulmer Münsters, in: Verein für Kunst und Altertum in Ulm und Oberschwaben, 25 (1927), S. 61–70; Gerald Jasbar/Erwin Treu: Bildhauerei und Malerei vom 13. Jahrhundert bis 1600. Kataloge des Ulmer Museums, Kat. 1, Ulm 1981, Kat.-Nr. 123 A u. B.

42 Die Tafel wurde vermutlich kurz nach Wilhelm Besserers Tod 1504 in Auftrag gegeben. Ursprünglich war sie für die Allerheiligenkapelle, auf dem Friedhof nordöstlich der Stadt, bestimmt, die kurz nach 1372 errichtet worden war zum Gedächtnis an die in der Schlacht von Altheim gefallenen Ulmer (vgl. Treu: Dem Herzen ewig nah (wie Anm. 5), S. 24f.) Infolge der Reformation in Ulm wurde sie 1531 oder 1532 abgebrochen (Treu: Dem Herzen ewig nah (wie Anm. 5), S. 31f.). Die Besserer überführten die Tafel bei dieser Gelegenheit in ihre Familienkapelle am Münster, worauf eine aus dem 18. Jh. stammende Inschrift auf einer Holzergänzung am oberen Tafelrand hinweist. Zur Tafel s. Ernst: Drei Votivtafeln (wie Anm. 41), Hartmut Bockmann: Die Stadt im späten Mittelalter, München 1986, S. 188, Nr. 294; Jasbar/Treu: Bildhauerei (wie Anm. 41), Kat.-Nr. 124.

43 Ernst: Drei Votivtafeln (wie Anm. 41), S. 61; vorher auch Pfleiderer: Münsterbuch (wie Anm. 35), S. 138.

Inschrift über Wilhelm Besserers Darstellung ausdrücklich hinweist.[44] Von 1488 bis 1499 war er Hauptmann der Städte im Schwäbischen Bund. Maximilian I. ehrte Wilhelm Besserer 1495 in Worms mit der Erhebung in den Rang eines *Ritters vom güldenen Sporn*.[45] Zu dieser Auszeichnung gehörte das Recht, goldene Sporen und andere vergoldete Rüstungsteile zu tragen, was der Maler im Bild konsequent umgesetzt hat. Auf der Bildtafel wird Wilhelm Besserer ergänzt von zwei Vorfahren, die ihrerseits im Schwäbischen Städtebund führende Rollen gespielt und in den militärischen Auseinandersetzungen des Bundes den Tod gefunden hatten: Links sein Urgroßvater Heinrich Besserer, gefallen 1372 in der Schlacht von Altheim, in der Mitte Konrad Besserer, der als Städtehauptmann sein Leben 1388 bei Döffingen verlor. In Ausweis ihrer militärischen Aktivitäten sind beide ebenfalls bewaffnet und in Rüstung verewigt. Wappen und Helmzier weisen alle drei Personen als Mitglieder der Familie Besserer aus. Während Heinrich und Konrad jedoch Fahnen in den Farben der Reichsstadt Ulm tragen, wird Wilhelm mit der Reichsflagge gezeigt (der Brustschild des Adlers mit den Wappenhälften Österreich und Ungarn ist Ergebnis einer späteren Übermalung).[46] Die Tafel behauptet in ihrer Ikonografie nichts grundsätzlich Ungebührliches und müht sich dennoch sehr augenfällig um Statuserhöhung der Familie in Anlehnung an adlige Bildsprache und Werte. Der Ritter Wilhelm Besserer ist – nach die Aussage der Tafel – Höhepunkt dieser Familiengeschichte, bewegt sich aber in historischer Kontinuität bedeutender Vorfahren. Neben dem individuellen Verdienst werden Aspekte wie Tradition, Abkunft und Geschichte im Bild gleichsam zur „Nobilitierung“ der eigenen Sippe eingesetzt. Motive wie Rüstung und Helmzier gehören zum Bildrepertoire dieses „Stadtadels“, das auch in der künstlerischen Ausstattung der Familienkapellen am Münster zum Einsatz kam. Ihre Bedeutung als Statussymbol in Abgrenzung zu anderen ständischen Gruppen der Stadtgesellschaft spiegelt sich auch in der Tatsache, dass die Familie offenbar im Raum oberhalb der Kapelle „Waffen und Helme der bis 1510 verstorbenen Besserer“ aufbewahrte. So überlieferte es eine Inschrift an der Wand unmittelbar unterhalb der oben beschriebenen Gedächtnistafel, die der Münsterpfarrer Rudolf Pfleiderer 1907 noch dort lesen konnte.[47]

Das Ulmer Patriziat unterhielt Grabkapellen nicht nur am Münster. Der Patrizier Heinrich Rembold ließ 1457 eine freistehende, dem Hl. Valentin geweihte Kapelle auf dem Friedhof südlich des Münsters errichten.[48] In der Ulmer Dominikanerkirche hatten die Krafft, die Geßler und die Ungelter jeweils eine Kapelle, die Ehinger sogar zwei.[49] Die Krafft verfügten überdies über eine eigene Haus- und Grabkapelle unmittelbar neben dem Krafft'schen Familiensitz an einer der repräsentativsten Straßen der Stadt. Diese 1355 den Heiligen Drei Königen geweihte Anlage war über einen Durchbruch mit dem Wohnhaus der Krafft verbunden.[50]

44 *An[n]o d[o]m[ini] MCCCCLXXV jar ist keyser Fridrich mit sambt dem heyligen Reych vor nisß gelegen da Ich Wilhalm Bösserer deren von Ulm Hauptman gewesen.*

45 ERNST: Drei Votivtafeln (wie Anm. 41), S. 67. Zum *eques auratus* vgl. Eberhard SCHMITT: Die „Ritter vom Güldenen Sporn“: Eine Leistungselite der Zeit Kaiser Karls V., in: Stephan DILLER (Hg.): Kaiser Karl V. und seine Zeit. Bamberg 2000, S. 136–141.

46 Vgl. ERNST: Drei Votivtafeln (wie Anm. 41), S. 63. Eine nachträglich ergänzte Inschrift am oberen Rand erwähnt „Renovierungen“ der Tafel 1531 und 1721 im Auftrag der Familie Besserer.

47 PFLEIDERER: Münsterbuch (wie Anm. 35), S. 139.

48 PFLEIDERER: Münsterbuch (wie Anm. 35), S. 202–206.

49 Vgl. Julius ENDRISS: Die Dreifaltigkeitskirche in Ulm. Baugeschichte und Beschreibung, in: Württembergische Vierteljahreshefte für Landesgeschichte, N. F. 20 (1911), S. 328–412 (hier S. 351–355). Von der Dominikanerkirche ist nur der Chor erhalten.

50 Vgl. LANG: Patrizier (wie Anm. 1). S. 168f.

Das Bemühen einiger Ulmer Patrizierfamilien, das Totengedenken in eigenen Kapellen zu konzentrieren, erscheint in diesem Zusammenhang wie eine Orientierung an adligen Vorgaben. Der Versuch, einen Ort zu etablieren, an dem über mehrere Generationen hinweg Vertreter der Familie bestattet werden, trägt ein deutlich genealogisches Moment, das die lange Tradition der betreffenden Familie in der Reichsstadt, aber auch ihren beanspruchten gesellschaftlichen Status deutlich macht. Künstlerische Ausstattungsobjekte wie die exemplarisch vorgestellte Gedenktafel des Wilhelm Besserer konnten mit ihrer Bildsprache diesen postulierten Anspruch weiter verstärken.

Familienkapellen mit sepulkraler Funktion waren in Ulm kein rechtlich verbrieftes Privileg der Patrizier, wenngleich sie in der Reichsstadt de facto ein Phänomen des Patriziats waren.[51] Ähnliches gilt auch für eine andere Form der Totenmemoria: Im Ulmer Münster haben sich 134 Totenschilde erhalten, die mit Wappen und Inschrift an einen Verstorbenen erinnern.[52] Der älteste Schild datiert aus der Mitte des 14. Jahrhunderts, der jüngste aus dem Jahr 1738. Derartige Totenschilde scheinen in Ulm Vorrecht der Patrizier gewesen zu sein; kein einziger Totenschild einer Person nicht-patrizischer Abkunft ist überliefert. In diesem Zusammenhang erscheinen Wappen und Helmzier der Geschlechter wiederum als quasi nobilitierendes Motiv (Abb. 8). Die ältesten Schilde sind von rechteckigem Format und bemalt, ab dem Ende des 15. Jahrhunderts verändert sich die bevorzugte Form zugunsten des Tondos; gleichzeitig treten Wappen und Helmzier nun oft plastisch aus dem Ensemble hervor. Totenschilde erhielten ausschließlich Männer; Frauen erschienen allenfalls mit ihren Wappen als kleinformatige Ergänzung auf den Schilden der jeweiligen Ehemänner.

Heute hängen die meisten Totenschilde des Münsters nicht mehr an ihrer ursprünglichen Stelle: Bei einer Umgestaltung des Innenraums anlässlich des Reformationsjubiläums 1817 wurden sie abgenommen und an den Wänden in neuen Gruppen zusammengestellt.[53] Ältere Beschreibungen des Münsters vor 1817 verorten sie hingegen vor allem an Säulen und Pfeilern, bzw. an Balken, die zwischen diesen Stützen angebracht waren und die heute nicht mehr existieren.[54] Viele dieser Schilde dürften sich – wo dies räumlich möglich war – in der Nähe des oder eines Familienaltars befunden haben, oder aber, sofern der zu erinnernde Tote im Münster bestattet worden war, in der Nähe seines Grabes.

Vor allem nach 1526 wirkten die Totenschilde als „verlängerter Arm" des Patriziats in die Pfarrkirche: In diesem Jahr entschied der Ulmer Rat, dass künftig niemand mehr, ohne Ansehen von Geschlecht, Verdienst oder sozialem Status, innerhalb der Stadtmauern begraben werden dürfe, weder in den Kirchen noch auf den innerstädtischen Friedhöfen.[55] Der städtische Friedhof, der nun für alle Ulmer Einwohner verbindliche Ruhestätte wurde, befand sich nördlich außerhalb der Stadtmauern. Zumindest die patrizischen Geschlechter konnten vermittels ihrer Totenschilde jedoch weiterhin im wichtigsten innerstädtischen Sakralraum visuell präsent bleiben. Den Schilden kommt in diesem Sinn gleichsam Epitaph-Funktion zu;

51 Überlieferte Ausnahme ist die Kapelle, die der Ulmer Stadtarzt Johann Stockar in der Ulmer Dominikanerkirche stiftete. Vgl. Endriss: Dreifaltigkeitskirche (wie Anm. 49).

52 Zu den Totenschilden im Ulmer Münster vgl. Bach: Grabdenkmale (wie Anm. 17); Albrecht Rieber: Totenschilde im Ulmer Münster, in: Hans Eugen Specker/Reinhard Wortmann (Hgg.): 600 Jahre Ulmer Münster, Stuttgart 1977, S. 330–376; Lang: Patrizier (wie Anm. 1), S. 161f.

53 Vgl. Rieber: Totenschilde (wie Anm. 52), S. 346.

54 Vgl. Rieber: Totenschilde (wie Anm. 52), S. 339–346.

55 Vgl. Treu: Dem Herzen ewig nah (wie Anm. 5), S. 30f.

gleichzeitig waren sie ein wichtiges Mittel der patrizischen Distinktion im Sozialgefüge der Stadt.

Die Ulmer Pfarrkirche ist in ihrem „Gründungsmythos“ eine Bürgerkirche, die ihre Entstehung der Spendenbereitschaft der gesamten Einwohnerschaft verdankte. Liturgische Stiftungen und Schenkungen künstlerischer Ausstattung realisierten der Rat, die Zünfte, Kleriker und Bürger Ulms, sofern sie über das nötige Vermögen verfügten. In dieser Hinsicht war das Münster die Kirche der ökonomischen Oberschicht: Wer es sich leisten konnte, stiftete Messen und Kunstwerke für das Seelenheil und das weltliche Renommee in der Stadtgesellschaft. Dieser „Geldadel“ umfasste vor allem die wohlhabendsten Patrizierfamilien und die finanzstärksten Vertreter der Kaufleute und der Kramer; einige weniger begüterte Familien des Patriziats lassen sich unter den Stiftern im Münster ebenso wenig nachweisen wie die große Mehrheit der handwerklich orientierten zünftigen Bürger.

In diesem von der Zunftverfassung politisch hinterfangenen Umfeld wurden die wirtschaftlichen Aufsteiger aus den Reihen der Kaufleute zu Konkurrenten des Patriziats im städtischen Gesellschaftsgefüge. Die Patrizier scheinen hinsichtlich ihrer Präsenz im Ulmer Münster – überblickt man die dokumentierten Stiftungen und die erhaltenen oder durch Quellen belegten Kunstwerke – quantitativ nicht oder nur geringfügig besser abzuschneiden als die Zünfte oder deren Mitglieder. Aufgrund ihrer gesellschaftlichen Position standen ihnen jedoch andere, ungleich effektivere visuelle und repräsentative Strategien zur Verfügung, die dem nachfolgenden Stand verwehrt blieben: Sie betonten ihren Anspruch auf Vorrangstellung durch exklusive Standesprivilegien wie die Totenschilde, die, ebenso wie Grabplatten oder gemalte Bildtafeln mit Motiven wie Wappen, Helmzier oder Waffen die beanspruchte Adelsnähe sichtbar machten. Die bedeutendsten Patrizierfamilien nutzten außerdem Inszenierungen räumlicher oder bildlicher Art, die die lange andauernde Bedeutung des jeweiligen Geschlechts in der Geschichte der Reichsstadt betonten, die Kontinuität von Führungsrollen, genealogische Verbindungen oder das Alter der Familie als Teil des Patriziats herausstellten – Strategien, die den „neureichen“, ständisch unterlegenen und noch auf keine bedeutende Familientradition zurückblickenden Aufsteigerfamilien aus den Reihen der Zünftigen nicht möglich waren und so die gesellschaftliche Überlegenheit der Geschlechter im medialen Auftritt sicherten.

Wappenfolgen Mainzer Patrizier

„Szenarien“ ihrer Entstehung und Verwendung

Heidrun Ochs

Einleitung

Möchte man für das spätmittelalterliche Mainz der Frage nachgehen, wie und woran sich der Führungsanspruch der ratsfähigen Familien in der materiellen Kultur in unterschiedlichen Aushandlungsprozessen zeigt, dann scheint das 15. Jahrhundert dafür geradezu prädestiniert. Es sind vor allem jene Jahrzehnte zwischen 1410 und 1450, in denen es in der Rheinmetropole mehrfach innerstädtische Auseinandersetzungen gab und in denen die *alten Geschlechter*, wie das Patriziat in Mainz genannt wurde, und die *gemeinde* um die Herrschaft in der Stadt rangen. Das Kräfteverhältnis verschob sich mehrfach auf die eine oder andere Seite, in der Tendenz jedoch zugunsten der *gemeinde*. Letztere versuchten wiederholt, die politische Vorrangstellung des Patriziats aufzuheben und die Geschlechter aus dem städtischen Rat zu verdrängen.[1] Aus dieser Zeit sind zwei Wappenfolgen[2] aus dem patrizischen Umfeld überliefert: eine Papierhandschrift mit zwei Namenslisten, von denen eine zusätzlich mit den Wappen der genannten Personen versehen wurde, sowie eine Wandmalerei mit mehreren Wappen in ei-

1 Zu Mainz im Spätmittelalter, den innerstädtischen Auseinandersetzungen sowie dem Mainzer Patriziat vgl. vor allem Wolfgang Dobras: Art. Mainz, in: HRG 3 (2014), Sp. 1177–1184; Heidrun Ochs: Gutenberg und *sine Frunde*. Studien zu patrizischen Familien im spätmittelalterlichen Mainz (Geschichtliche Landeskunde, Bd. 71), Stuttgart 2014, S. 47–58, S. 147–218; Christoph Brix: Die politischen Konflikte in der Heimatstadt Johannes Gutenbergs 1411–44. Überlegungen zu den Parteien und ihren Zielen, in: Gutenberg-Jahrbuch 85 (2010), S. 95–111; Ders.: „Dan were ein einmudig rat gewesen, die stat were vor schult wol genesen“. Zur politischen Kultur des Mainzer Bürgertums in den Stadtkonflikten der ersten Hälfte des 15. Jahrhunderts, in: Mainzer Zeitschrift 104 (2009), S. 71–98; Ludwig Falck: Die Freie Stadt in ihrer Blütezeit 1244–1328, in: Franz Dumont/Ferdinand Scherf/Friedrich Schütz (Hgg.): Mainz. Die Geschichte der Stadt, Mainz am Rhein ²1999, S. 143–170; Michael Matheus: Vom Bistumsstreit zur Mainzer Stiftsfehde. Zur Geschichte der Stadt Mainz 1328–1459, in: Dumont/Schütz/Scherf: Mainz (wie Anm. 1), S. 171–204. Der Quellenbegriff der *gemeinde* wird im Gegensatz zum patrizisch besetzten Rat verwendet und bezeichnet die Gesamtheit der Zünfte. Vgl. Ochs: Gutenberg (wie Anm. 1), S. 154 Anm. 185.

2 So bezeichnen die Sammlung von Wappen etwa Hans-Rudolf Meier/Sabine Sommerer: Von der kollektiven Identität zur individuellen Ahnenprobe. Heraldik in der spätmittelalterlichen Profanraumdekoration, in: Eckart Conrad Lutz/Dominique Rigaux (Hgg.): Paroles de murs. Peinture murale, littérature et histoire au Moyen Âge = Sprechende Wände. Wandmalerei, Literatur und Geschichte im Mittelalter (Les cahiers du CRHIPA, Bd. 10), Grénoble 2007, S. 167–182, hier S. 169; Stephan Selzer: Adlige – Gruppen – Bilder. Eine Skizze zur zeichenhaften Verankerung von adeligem Herkommen und ritterlicher Leistung, in: Peter Scholz (Hg.): Adelsbilder von der Antike bis zur Gegenwart (Historische Zeitschrift. Bh. N.F., Bd. 58), München 2013, S. 58–84, hier S. 78; Werner Paravicini: Gruppe und Person. Repräsentation durch Wappen im späten Mittelalter, in: Otto Gerhard Oexle (Hg.): Die Repräsentation der Gruppen. Texte – Bilder – Objekte (Veröffentlichungen des Max-Planck-Instituts für Geschichte, Bd. 141), Göttingen 1998, S. 327–389, hier S. 370.

nem patrizischen Haus.[3] Wegen der zeitlichen Nähe stellt sich die Frage, ob die Wappenfolgen im Kontext dieser Vorgänge und Entwicklungen entstanden sein könnten. Waren sie eine Reaktion auf die innerstädtischen Vorgänge? Dienten sie der Inszenierung des Sozialprestiges und der Selbstdarstellung der patrizischen Familien? Haben die Mainzer Geschlechter die Wappen und Wappenfolgen als Teil der materiellen Kultur eingesetzt, um einen (bedrohten) Anspruch zu formulieren und deutlich zu machen?

Handschrift und Wandmalerei sind immer wieder beachtet, jedoch kaum eingehender untersucht worden. Das mag unter anderem durch die Überlieferung sowie die Qualität der Wappenzeichnungen begründet sein. Denn die inzwischen verlorene Wandmalerei ist nur in Nachzeichnungen und unvollständig überliefert, und die Zeichnungen der Wappen in der Handschrift werden als „ungeschickte, farblose Skizzen"[4] charakterisiert. So werden die Wappenfolgen in der stadtgeschichtlichen Forschung, insbesondere der Gutenberg-Forschung, meist für den Nachweis von Wappenbildern einzelner patrizischer Familien oder zur Untersuchung genealogischer Zusammenhänge herangezogen.[5] Auch für Heraldiker waren sie bislang nicht von Interesse. Doch lohnt sich vor dem Hintergrund der neuen Forschungen zur Heraldik und Materialität ein erneuter Blick auf die beiden Wappenfolgen.[6]

Wappen waren „frei gewählte, bleibende Kennzeichen von Personen, [...] Familien, Geschlechtern und Korporationen aller Art[, die] [...] nach bestimmten, alsbald festgelegten Regeln und Farben, Tinkturen ... gestaltet"[7] wurden. Im Mittelalter waren sie „Teil der [...]

3 Zur Wandmalerei siehe Joachim GLATZ: Wappendarstellung im Haus Molsberg bzw. Krummen Ring (Korbgasse 8). Kolorierte Zeichnung von Johann Lindenschmit Mainz 1828, in: Stadt Mainz (Hg.): Gutenberg. *Aventur* und *kunst*. Vom Geheimunternehmen zur ersten Medienrevolution. Katalog zur Ausstellung der Stadt Mainz anlässlich des 600. Geburtstages von Johann Gutenberg, 14. April–3. Oktober 2000, Mainz 2000, S. 58; DERS.: Mittelalterliche Wandmalerei in der Pfalz und in Rheinhessen (Quellen und Abhandlungen zur mittelrheinischen Kirchengeschichte, Bd. 38), Mainz 1981, S. 277; Joachim GLATZ (Bearb.): Mittelalterliche Wandmalerei in Mainz. Originale, Kopien, Dokumente, Mainz 1978, S. 60; Peter Thaddäus KESSLER: Die Wappen im Hause Molsberg zu Mainz, darunter ein noch nicht veröffentlichtes Wappen der Gensfleisch, in: Aloys RUPPEL (Hg.): Gutenberg-Festschrift, zur Feier des 25-jährigen Bestehens des Gutenbergmuseums in Mainz, Mainz 1925, S. 342–344. Zum Wappenbuch siehe Egon von BERCHEM/D. L. GALBREATH/Otto HUPP (Hgg.): Beiträge zur Geschichte der Heraldik (Schriftenreihe der Reichsstelle für Sippenforschung, Bd. 3), Ndr. d. Aufl. Berlin 1939, Neustadt an der Aisch 1972, S. 30; Carl HEGEL (HG.): Die Chroniken der mittelrheinischen Städte. Mainz, 2 Bände (Chroniken der deutschen Städte vom 14. bis ins 16. Jahrhundert, Bd. 17/18), 2. unv. Aufl. d. Ausg. Leipzig, 1881/1882, Göttingen 1968, hier Bd. 1 (künftig: CdtSt 17), S. XXf., Nr. 2.

4 BERCHEM/GALBREATH/HUPP: Beiträge (wie Anm. 3), S. 30.

5 Neben den in Anm. 3 genannten Arbeiten vgl. auch Wolfgang DOBRAS: Münzerhausgenossen und andere Geschlechter. Bemerkungen zur Mainzer Oberschicht in den Bürgerkämpfen des 15. Jahrhunderts, in: Mainzer Zeitschrift 94/95 (1999/2000), S. 95–109; OCHS: Gutenberg (wie Anm. 1), S. 37f.

6 Einen vergleichbaren Befund konstatiert etwa Matthias KIRCHHOFF: Macht – Ansprech – Memoria. Zur Gattung Gedenkbuch am Beispiel des Memorials Berthold III. Tuchers, in: Hartwin BRANDT u. a. (Hgg.): Erfahren, Erzählen, Erinnern. Narrative Konstruktionen von Gedächtnis und Generation in Antike und Mittelalter (Bamberger historische Studien, Bd. 9), Bamberg 2012, S. 59–81, hier S. 59f., für das Gedenkbuch des Berthold III. Tucher.

7 Ludwig BIEWER: Heraldik, in: Toni DIEDERICH (Hg.): Historische Hilfswissenschaften. Stand und Perspektiven der Forschung, Köln 2005, S. 67–87, hier S. 62; DERS.: Bemerkungen zum Stand der Wappenkunde im deutschsprachigen Raum, in: Archiv für Diplomatik 54 (2008), S. 285–308, hier S. 285. Konzise Einführungen geben u. a. Georg SCHEIBELREITER: Art. Heraldik, in: HRG 2 (2011), Sp. 948–951; Christoph Friedrich WEBER: Art. Wappen, in: Gert MELVILLE (Hg.): Enzyklopädie des Mittelalters, 2 Bände, Darmstadt 2008, hier Bd. 1, S. 261–263, hier S. 261; Markus SPÄTH: Art. Wappen, in: Werner PARAVICINI/Jan HIRSCHBIEGEL (Hgg.): Höfe und Residenzen im spätmittelalterlichen Reich. Ein dynastisch-topographisches Handbuch (Residenzenforschung, Bd. 15/2/1), Ostfildern 2005, S. 289–291; Václav Vok FILIP: Einführung in die Heraldik (Historische Grundwissenschaften in Einzeldarstellungen, Bd. 3), Stuttgart 2000; Thomas FRENZ: Art. Heraldik, in: LexMA 4 (1989), Sp. 2141–2144.

Lebenswirklichkeit"[8] und – so Werner Paravicini – omnipräsent und multifunktional.[9] Die Heraldik, die „Lehre von der Form und dem Gebrauch der Wappen"[10], hat sich lange Zeit auf die Sammlung und Beschreibung der Wappen sowie die formale Gestaltungslehre und die Aspekte des Wappenrechtes konzentriert.[11] Seit den 70er Jahren des letzten Jahrhunderts jedoch werden Wappen zunehmend mit neueren kultur- und kommunikationsgeschichtlichen Zugangsweisen untersucht.[12] Einen Meilenstein setzten die Forschungen von Michel Pastoureau, der „die heraldischen Phänomene umsichtig in der Geschichte [verankert] und [...] immer wieder auf die weit gespannten Möglichkeiten einer historischen Hilfswissenschaft Heraldik"[13] verweist.[14] Seitdem sind zahlreiche Arbeiten entstanden, die Wappen als historische Quelle in den Blick nehmen.[15] Jüngst hat sich die Forschung verstärkt dem Zeichenhaften,

8 Christoph Friedrich WEBER: Exempla im Schilde führen. Zur Funktionalität „redender Wappen" in der kommunalen Geschichtsschreibung des Trecento, in: Wolfgang ACHNITZ (Hg.): Wappen als Zeichen. Mittelalterliche Heraldik aus kommunikations- und zeichentheoretischer Perspektive, Berlin 2006, S. 147–166, hier S. 164f.

9 Vgl. PARAVICINI: Gruppe (wie Anm. 2), S. 347, der die „Omnipräsenz und Multifunktionalität der Wappen" hervorhebt.

10 FRENZ: Art. Heraldik (wie Anm. 7), hier Sp. 2141.

11 Zur Forschungsgeschichte und -stand vgl. Georg SCHEIBELREITER: Heraldik (Oldenbourg Historische Hilfswissenschaften), Wien/München 2006, S. 13–21; Ludwig BIEWER: Heraldik im deutschsprachigen Raum. Eine Momentaufnahme, in: Lorenz Friedrich BECK (Hg.): Wappen heute – Zukunft der Heraldik? Eine historische Hilfswissenschaft zwischen Kunst und Wissenschaft. Beiträge der gemeinsamen Tagung der Fachgruppe Historische Hilfswissenschaften des HEROLD und des HEROLDs-Ausschusses für die Deutsche Wappenrolle am 24. April 2009 im Archiv der Max-Planck-Gesellschaft in Berlin-Dahlem (Herold-Studien, Bd. 9), Limburg a.d. Lahn 2014, S. 125–137; Thorsten HUTHWELKER: Die Darstellung des Rangs in Wappen und Wappenrollen des späten Mittelalters (Rank, Bd. 3), Ostfildern 2013, S. 12–16; BIEWER: Heraldik (wie Anm. 7); DERS.: Bemerkungen (wie Anm. 7); SCHEIBELREITER: Art. Heraldik (wie Anm. 7). Dieser Schwerpunkt auf das Formale gilt lange auch für die Untersuchungen patrizischer Wappen: Joseph MILZ: Siegel und Wappen der alten Duisburger Schöffenfamilien im 13. und 14. Jahrhundert, in: Duisburger Forschungen 23 (1976), S. 12–22; Hanns JÄGER-SUNSTENAU: Anfänge der Wappenführung in Wiener Bürgerfamilie, in: Iván BERTÉNYI/László CZOMA (Hgg.): Genealogica et Heraldica. 19. Internationaler Kongreß für genealogische und heraldische Wissenschaften Keszthely 2.–6.10.1990. Kongreßberichte = 19th International Congress of Genealogical and Heraldic Sciences. Proceedings, Keszthely 1992, S. 143–148; Luise Freiin von COELS VON DER BRÜGGHEN: Das Wappenbuch des Aachener Schöffenstuhls, in: Zeitschrift des Aachener Geschichtsvereins 66/67 (1954/55), S. 72–107; Peter URBANEK: Die Kennzeichnung von Wappenfarben auf Siegeln der Regensburger Bürger im Mittelalter, in: Verhandlungen des Historischen Vereins für Regensburg und Oberpfalz 130 (1990), S. 171–184; DERS.: Wappen und Siegel Regensburger Bürger und Bürgerinnen im Mittelalter (bis 1486). Ein Katalog der Wappen und Siegel mit einer Untersuchung zum Siegelrecht und zum Wappen- und Siegelgebrauch (Regensburger Studien, Bd. 7), Regensburg 2003.

12 Für das folgende vgl. zusammenfassend HUTHWELKER: Darstellung (wie Anm. 11), S. 12–14; SCHEIBELREITER: Art. Heraldik (wie Anm. 7), Sp. 950f.

13 SCHEIBELREITER: Heraldik (wie Anm. 11), S. 20.

14 Bereits 1979 legte er das maßgebliche Werk zur Heraldik vor: Michel PASTOUREAU: Traité d'héraldique (Grands manuels Picard Bibliothèque de la sauvegarde de l'art français), Paris ³1997. Vgl. auch DERS.: Une histoire symbolique du Moyen Âge occidental (La librairie du XXIe siècle), Paris 2004, insbes. S. 213–265.

15 Stellvertretend seien hier genannt Georg SCHEIBELREITER: Wappenbild und Verwandtschaftsgeflecht. Kultur- und mentalitätsgeschichtliche Forschungen zu Heraldik und Genealogie (Mitteilungen des Instituts für Österreichische Geschichtsforschung Ergbd., Bd. 53), München/Wien 2009; PARAVICINI: Gruppe (wie Anm. 2); Kilian HECK: Genealogie als Monument und Argument. Der Beitrag dynastischer Wappen zur politischen Raumbildung der Neuzeit (Kunstwissenschaftliche Studien, Bd. 98), München 2002; Thorsten HUTHWELKER: Ordnungen in spätmittelalterlichen Wappenrollen, in: Anna-Maria BLANK (Hg.): Bild – Macht – UnOrdnung. Visuelle Repräsentationen zwischen Stabilität und Konflikt (Eigene und fremde Welten, Bd. 24), Frankfurt am Main 2011, S. 113–134; HUTHWELKER: Darstellung (wie Anm. 11); Christoph Friedrich WEBER: Eine eigene Sprache der Politik. Heraldische Symbolik in italienischen Stadtkommunen des Mittelalters, in: Zeitschrift für Historische Forschung 33 (2006), S. 523–564; DERS.: Exempla (wie Anm. 8); DERS.: Zeichen der Ordnung und des Aufruhrs. Heraldische Symbolik in italienischen Stadtkommunen des Mittelalters (Symbolische Kommunikation in der Vormoderne), Köln 2011; Anja EISENBEISS: Wappen und Bilder im Diskurs. Das Beispiel der Habsburger, in: ACHNITZ: Wappen (wie Anm. 8), S. 98–120; Hans Jürgen SCHEUER: Wahrnehmen – Blasonieren – Dichten. Das Heraldisch-Imaginäre als poetische Denkform in der Literatur des Mittelalters, in: ACHNITZ: Wappen (wie Anm. 8), S. 53–70; Ludwig BIEWER: Wappen als Träger von Kommunikation im Mittelalter. Einige ausgewählte Beispiele, in: Karl-Heinz SPIESS/Oliver AUGE (Hgg.): Medien der Kommunikation im Mittelalter (Beiträge zur Kommunikationsgeschichte, Bd. 15), Stuttgart 2003, S. 139–154; Torsten HILTMANN: Spätmittelalterliche Heroldskompendien. Referenzen adeliger Wissenskultur in Zeiten gesellschaftlichen Wandels (Frankreich und Burgund, 15. Jahrhundert) (Pariser Historische Studien, Bd. 92), München 2011; Detlev KRAACK: Von Wappen und Namen.

der Funktion und der Wahrnehmung von Wappen und Wappenfolgen anhand der vielfältigen Überlieferungskomplexe wie etwa Wappenbüchern, Fahnen oder Prunkräumen zugewendet.[16] Zugleich rückt die Materialität der Wappen in den Fokus. Wappen, die prinzipiell „nicht an ein einzelnes Trägermedium gebunden“[17] sind, werden in einem Medium bzw. Träger gestaltet, sichtbar, dauerhaft gespeichert und materialisiert.[18] Sie können somit als Teil der materiellen Kultur gelten, die hier mit Hans Peter Hahn als „Summe aller Gegenstände“ definiert werden soll, die „in einer Gesellschaft genutzt werden oder bedeutungsvoll sind.“[19] Insofern partizi-

Konstitution, Selbstdarstellung und Fremdwahrnehmung von Individuum und Gruppe im Spiegel der monumentalen Zeugnisse der spätmittelalterlichen Adelsreise, in: Andreas RANFT/Monika NEUGEBAUER-WÖLK (Hgg.): Menschenbilder – Menschenbildner. Individuum und Gruppe im Blick des Historikers. Werner Paravicini zum 60. Geburtstag (Hallische Beiträge zur Geschichte des Mittelalters und der Frühen Neuzeit, Bd. 2), Berlin 2002, S. 189–210; Sönke LORENZ: Graf Eberhard im Bart und seine Ahnenprobe. Zur Herrschaftsrepräsentation der Grafen von Württemberg im Spiegel der Heraldik, in: Zeitschrift für Württembergische Landesgeschichte 71 (2012), S. 83–106; Zenon PIECH: Die Wappen der Jagiellonen als Kommunikationssystem, in: Urszula Borkowska (Hg.): Hofkultur der Jagiellonendynastie und verwandter Fürstenhäuser = The culture of the Jagellonian and related courts (Studia Jagellonica Lipsiensia), Ostfildern 2010, S. 13–34; Birgit STUDT: Register der Ehre. Formen heraldischer und zeremonialer Kommunikation im späteren Mittelalter, in: Andreas BIHRER (Hg.): Adel und Königtum im mittelalterlichen Schwaben. Festschrift für Thomas Zotz zum 65. Geburtstag (Veröffentlichungen der Kommission für Geschichtliche Landeskunde in Baden-Württemberg B, Bd. 175), Stuttgart 2009, S. 375–392; Christof ROLKER: Die Richental-Chronik als Wappenbuch, in: Deutsches Archiv 71 (2015), S. 57–103; DERS.: Heraldische Orgien und sozialer Aufstieg. Oder: Wo ist eigentlich „oben“ in der spätmittelalterlichen Stadt, in: Zeitschrift für Historische Forschung 42 (2015), S. 191–224; Benedikt MAUER: Patrizisches Bewußtsein in Augsburger Chroniken, Wappen- und Ehrenbüchern, in: Werner RÖSENER (Hg.): Adelige und bürgerliche Erinnerungskulturen des Spätmittelalters und der frühen Neuzeit (Formen der Erinnerung, Bd. 8), Göttingen 2000, S. 163–176; Markus FRANKL: Alles nur Reklame? Zur Aktualität mittelalterlicher Heraldik, in: Dorothea KLEIN/Markus FRANKL/Franz FUCHS (Hgg.): „Überall ist Mittelalter“. Zur Aktualität einer vergangenen Epoche (Würzberger Ringvorlesungen, Bd. 11), Würzburg 2015, S. 221–256.

16 Vgl. etwa PASTOUREAU: Traité (wie Anm. 14), S. 246; EISENBEISS: Wappen (wie Anm. 8), S. 98; WEBER: Sprache (wie Anm. 15), S. 526, charakterisiert das „mittelalterliche Wappenwesen [als] ... eine Zeichensprache mit universaler Grammatik und vielen verschiedenen Dialekten“. Zu den Überlieferungswegen vgl. z. B. SPÄTH: Art. Wappen (wie Anm. 7); PARAVICINI: Gruppe (wie Anm. 2), S. 327–339; Wolfgang SCHMID: Ein Bürger und seine Zeichen. Hausmarken und Wappen in den Tagebüchern des Kölner Chronisten Hermann Weinsberg, in: Karin CZAJA (Hg.): Häuser, Namen, Identitäten. Beiträge zur spätmittelalterlichen und frühneuzeitlichen Stadtgeschichte (Spätmittelalterstudien, Bd. 1), Konstanz 2009, S. 43–64. Aus der Fülle der Literatur seien hier neben den in Anm. 15 genannten Arbeiten exemplarisch genannt PASTOUREAU: Traité (wie Anm. 14); Lutz FENSKE: Adel und Rittertum im Spiegel früher heraldischer Formen und deren Entwicklung, in: Josef FLECKENSTEIN (Hg.): Das ritterliche Turnier im Mittelalter. Beiträge zu einer vergleichenden Formen- und Verhaltensgeschichte des Rittertums (Veröffentlichungen des Max-Planck-Instituts für Geschichte, Bd. 80), Göttingen 1985, S. 75–160; Wilfried SCHÖNTAG: Kommunale Siegel und Wappen in Südwestdeutschland. Ihre Bildersprache vom 12. bis zum 20. Jahrhundert (Schriften zur südwestdeutschen Landeskunde, Bd. 68), Ostfildern 2010; Andreas RANFT: Adlige Wappen-, Turnier-, Haus- und Familienbücher. Zur Notationspraxis von Wappen- und Namenlisten, in: Heinz-Dieter HEIMANN (Hg.): Adelige Welt und familiäre Beziehung. Aspekte der „privaten Welt“ des Adels in böhmischen, polnischen und deutschen Beispielen vom 14. bis zum 16. Jahrhundert (Quellen und Studien zur Geschichte und Kultur Brandenburg-Preußens und des alten Reiches), Potsdam 2000, S. 115–133; MEIER/SOMMERER: Identität (wie Anm. 2); Hans BELTING: Wappen und Porträt. Zwei Medien des Körpers, in: DERS.: Bild-Anthropologie. Entwürfe für eine Bildwissenschaft (Bild und Text), München 2001, S. 115–142; ACHNITZ: Wappen (wie Anm. 8); Michael HECHT: Patriziatsbildung als kommunikativer Prozess. Die Salzstädte Lüneburg, Halle und Werl in Spätmittelalter und Früher Neuzeit (Städteforschung A, Bd. 79), Köln 2010, S. 214–254; Charlotte GUTSCHER-SCHMID: Bemalte spätmittelalterliche Repräsentationsräume in Zürich. Untersuchungen zur Wandmalerei und baugeschichtliche Beobachtungen anhand von Neufunden 1972–1980, in: Jürg E. SCHNEIDER/François GUEX/Charlotte GUTSCHER-SCHMID (Hgg.): Nobile Turegum multarum copia rerum. Drei Aufsätze zum mittelalterlichen Zürich, Zürich 1982, S. 76–127. Wenigstens auf eines der aktuellen Projekte, die sich mit Wappen, Wappenrollen und Heroldskompendien beschäftigen, sei hier verwiesen: http://www.uni-muenster.de/Geschichte/histsem/JPGHuSMA/forschen/projekt_meer.html [2. April 2016].

17 SPÄTH: Art. Wappen (wie Anm. 7), S. 290.

18 Martin SCHULZ: Ordnungen der Bilder. Eine Einführung in die Bildwissenschaft, Paderborn ²2009, S. 33; DERS: Bilder, in: Stefanie SAMIDA/Mafred K. H. EGGERT/Hans Peter HAHN (Hgg.): Handbuch materielle Kultur. Bedeutungen, Konzepte, Disziplinen, Stuttgart 2014, S. 184–188, hier S. 187.

19 Hans Peter HAHN: Materielle Kultur. Eine Einführung, Berlin ²2014, S. 18. Vgl. auch Manfred K. H. EGGERT: Kultur und Materielle Kultur, in: SAMIDA/EGGERT/HAHN: Handbuch (wie Anm. 18), S. 22–31, hier S. 27. Aus der Fülle der Studien zur materiellen Kultur sei hier zumindest verwiesen auf Herbert KALTHOFF/Torsten CRESS/Tobias RÖHL (Hgg.): Materialität. Herausforderungen für die Sozial- und Kulturwissenschaften, Paderborn 2016, insbes. die Beiträge von Theodore

pieren Wappen als Dinge an der „intersubjektiven Konstruktion sozialer Wirklichkeit in der Vergangenheit."[20] Für den Zugang zu Dingen bzw. Artefakten haben R. Schmitz-Esser und J. Keupp zuletzt einen „analytischen Dreischritt" vorgeschlagen, der (1) die „Geschichte des Objektes", (2) die „Geschichte im Objekt" sowie (3) die „Geschichte aus dem Objekt" untersucht.[21] So haben insbesondere jüngere Studien deutlich gemacht, dass die Bedeutung der Wappen aus dem Zusammenspiel von Zeichen, Träger und Kommunikationsakt erwächst.[22]

Im Folgenden soll versucht werden, vor dem Hintergrund der skizzierten neueren Ansätze dem Zusammenhang von Aushandlungsprozessen und Wappengebrauch patrizischer Familien im spätmittelalterlichen Mainz anhand der beiden Wappenfolgen nachzuspüren. Haben patrizische Familien im spätmittelalterlichen Mainz ihre Wappen gebraucht und eingesetzt, um ihre soziale Stellung und die Zugehörigkeit zu verschiedenen Gruppen zu demonstrieren und ihren Status zu behaupten? Um diesen Fragen nachzugehen, wird im Anschluss an eine kurze Charakterisierung der Mainzer Geschlechter zunächst die Wappenführung der patrizischen Familien beschrieben, um auf dieser Grundlage die beiden Wappenfolgen zu untersuchen.

Das Mainzer Patriziat im 14. und 15. Jahrhundert

Die Mainzer Geschlechter, wie das Patriziat von den Zeitgenossen genannt wurde, scheinen genau jenen unabhängigen, reichen und vornehmen Patriziern zu entsprechen, die das 19. Jahrhundert beschrieben hat: Sie vereinten politische Vorrangstellung, exklusiven Lebensstil und beachtliche Vermögen, die sie im Wesentlichen durch Einkünfte aus Grundbesitz, Renten, Lehen und Diensten erwirtschaftet haben. Doch zeigt sich bei genauerem Hinsehen, dass hiermit zunächst nur die anhand soziologischer Modelle bestimmten Grundlagen der patrizischen Lebensweise im spätmittelalterlichen Mainz beschrieben werden.[23]

Schatzki, Materialität und soziales Leben (S. 53–88), und Markus Hilgert, Materiale Textkulturen. Textbasierte historische Kulturwissenschaftennach dem material culture turn (S. 255–267); Marian Füssel/Rebekka Habermas (Hgg.): Thema: Die Materialität der Geschichte (Historische Anthropologie, 23. Jahrgang, Heft 3), Köln 2015; Jan Keupp/Romedio Schmitz-Esser (Hgg.): Neue alte Sachlichkeit. Studienbuch Materialität des Mittelalters, Ostfildern 2015; Hans Peter Hahn: Die geringen Dinge des Alltags. Kritische Anmerkungen zu einigen aktuellen Trends der Material Culture Studies, in: Karl Braun/Claus-Marco Dieterich/Angela Treiber (Hgg.): Materialisierung von Kultur. Diskurse, Dinge, Praktiken, Würzburg 2015, S. 28–42. Scheuer: Wahrnehmen (wie Anm. 8), S. 55f., weist nachdrücklich darauf hin, dass Wappen ebenso im Blason existieren.

20 Jan Keupp/Schmitz-Esser, Romedio: Einführung in die „Neue alte Sachlichkeit". Ein Plädoyer für eine Realienkunde des Mittelalters in kulturhistorischer Perspektive, in: Dies.: Sachlichkeit(wie Anm. 19), S. 9–46, hier S. 16. So auch ein Ergebnis der Tagung „Materialität/en. 21. Fachtagung des Arbeitskreises Geschlechtergeschichte der Frühen Neuzeit (AKGG-FNZ)". http://www.h-net.org/reviews/showpdf.php?id=46472 [9. Mai 2017].

21 Keupp/Schmitz-Esser: Einführung (wie Anm. 19), S. 21–35.

22 Vgl. z. B. Weber: Art. Wappen (wie Anm. 7), S. 262; Eisenbeiss: Wappen (wie Anm. 8), S. 99; Ranft: Familienbücher (wie Anm. 16), S. 132. Weber: Zeichen (wie Anm. 15), S. 20, forderte deshalb, drei Ebenen der Wappen zu berücksichtigen, d. h. erstens die Ebene des visuellen Zeichens, zweitens die Ebene des Trägermediums und drittens die Ebene der eigengesetzlich-narrativen Sinnstrukturen. Er kann anhand einer günstigen Überlieferung Wahrnehmung und Deutung der Wappen durch die Zeitgenossen rekonstruieren. Inwiefern sie bzw. Bilder darüber hinaus Wirkung entfalten konnten, sei „methodisch problematisch", so Hans-Rudolf Meier: Dekorationssysteme profaner Raumausstattungen im ausgehenden Mittelalter, in: Eckart Conrad Lutz (Hg.): Konventionalität und Konversation. Burgdorfer Colloquium 2001, Tübingen 2005, S. 393–418, hier S. 398.

23 Die folgenden Ausführungen beruhen auf den Ergebnissen meiner Dissertation. Vgl. Ochs: Gutenberg (wie Anm. 1).

Mainz gehörte zu jenen alten Bischofsstädten, die sich in einem lang andauernden Emanzipationsprozess in unterschiedlichem Maße von der bischöflichen Herrschaft befreien konnten. In Mainz kam die Kommunebewegung mit dem Privileg Siegfrieds III. von Eppstein vom 12. November 1244 zu einem gewissen Abschluss, wenngleich dem Mainzer Stadtherrn noch recht umfänglich Rechte verblieben. Getragen wurde der Emanzipationsprozess entscheidend von der erzbischöflichen Ministerialität, aus der sich die Führungsschicht im 13. Jahrhundert zusammensetzte. Zwar ist es kaum möglich, familiäre Kontinuitäten zwischen den Familien der Führungsschicht des 13. Jahrhunderts und den patrizischen Familien des 14. und 15. Jahrhunderts zweifelsfrei zu belegen, doch verweisen die Bindungen der Geschlechter zum Erzbischof darauf, dass das Mainzer Patriziat sich aus der erzbischöflichen Ministerialität ableitete. Die Geschlechter besaßen erzbischöfliche Privilegien, das Münzerhausgenossen-, das Dienst- und das Gadenrecht, von denen das Münzerhausgenossen- und Dienstrecht intensive Beziehungen zum Stadtherrn herstellten und die Übernahme stadtherrlicher Ämter sowie eine rechtliche Sonderstellung der Geschlechter in der Stadt bewirkten. Sie mussten ihr Recht nicht vor dem städtischen Gericht nehmen, das sie selbst durch die Ausübung der stadtherrlichen Ämter besetzten, sondern unterstanden als Münzerhausgenossen dem Münzmeistergericht und als Dienst- und Lehnsmannen dem Gericht des Erzbischofs. Die rechtliche Sonderstellung suchten sie durch eine entsprechende Heiratsstrategie zu bewahren, denn die Bindung an den Erzbischofs scheint ein Kriterium bei der Wahl der Ehepartner gewesen zu sein. So lässt sich ermessen, welche Bedeutung der Erzbischof für die Mainzer Geschlechter besaß, nicht nur in der Formierungsphase im 13. Jahrhundert, sondern auch für das Selbstverständnis des Patriziats im Spätmittelalter.

Wenngleich sie der erzbischöflichen Sphäre angehörten, waren sie zugleich Bürger der Stadt und als solche der Stadt verbunden. Wie sich das Verhältnis der Patrizier zur Stadt und der *gemeinde* genau gestaltete, lässt sich für Mainz aufgrund der Quellenlage nur schlaglichtartig beantworten. Doch lenkt die Überlieferung den Blick auf die innerstädtischen Auseinandersetzungen, in denen sich jene Punkte, welche zwischen den Geschlechtern und der *gemeinde* verhandelt wurden, wie in einem Brennglas verdichten. Grundsätzlich stand in den Auseinandersetzungen in Mainz wie in vielen anderen Städten der Rat als Repräsentations- und Exekutivorgan der Bürgergemeinde im Mittelpunkt, dessen Besetzung als Ergebnis geändert wurde. Mit Blick auf die Ratsverfassung können grob drei Phasen unterschieden werden: (1) Bis 1332 besetzten die Patrizier exklusiv den seit 1244 bestehenden städtischen Rat. Im Gegensatz zu vielen anderen Städten gab es in Mainz nur ein Ratsgremium, das aus 24 auf Lebenszeit gewählten Ratsherren bestand, die sich durch Kooptation ergänzten. An den Ratssitzungen nahmen zudem die sechs erzbischöflichen Beamten des weltlichen Gerichtes teil. (2) Als Ergebnis der Auseinandersetzungen der Jahre 1329–1332 wurde der Rat auf 58 Sitze erweitert, von denen die Hälfte den Geschlechtern, die andere Hälfte der *gemeinde* zustanden. Während sich die patrizischen Ratsherren weiterhin durch Kooptation ergänzten und auf Lebenszeit gewählt wurden, erfolgte die Wahl der Ratsherren der *gemeinde* durch die Zünfte für ein Jahr. Wenngleich kein einheitlicher Rat geschaffen worden war und bis ins 15. Jahrhundert hinein zwischen dem alten Rat der Geschlechter und dem neuen Rat der *gemeinde* unterschieden wurde, gab es auch weiterhin nur ein Ratsgremium, das alle Entscheidungen gemeinsam traf. Bis zum Beginn des 15. Jahrhunderts bildete der 1332 ausgehandelte Vertrag die Grundlage der städtischen Verfassung. (3) In den ab 1411 erneut und wiederholt auftretenden Auseinandersetzungen änderte sich die Stoßrichtung. Zwar stand weiterhin der Rat im Zentrum, doch wurden zugleich die soziale wie politische Vorrangstellung der Patrizier und deren Privilegien verstärkt angegriffen und zeitweilig sogar versucht, sie zu beseitigen. Die Jahre 1411–13, 1428–30, 1437 und 1444 brachten immer wieder Verfassungsänderungen hervor, in denen die Geschlechter zwischenzeitlich vom Rat ausgeschlossen und das Patriziat schließlich politisch entmachtet wurde. Ihre ständischen Privilegien konnten sie hingegen hartnäckig und erfolgreich verteidigen.

Insgesamt waren die Mainzer Geschlechter komplexe, in sich geschichtete Verwandtschaftsverbände, die sich durch das Wissen um ihre Herkunft, ihre rechtlichen Privilegien, ihren ständischen Vorrang, ihren Reichtum und ihre politische Vorrangstellung auszeichneten. In ganz unterschiedlicher Weise haben sie die Handlungsspielräume, die ihnen in Mainz gegeben waren, genutzt. Sie waren in unterschiedlichem Maß im städtischen Rat oder der Verwaltung engagiert und zum Teil eng mit dem Erzbischof verbunden. Über Dienst- und Münzerhausgenossenrecht hinaus konnten indes nur wenige Familien bzw. Familienzweige Lehen vom Reich, Erzbischof oder dem regionalen Adel erhalten oder ein adliges Konnubium vorweisen. Auch in den innerstädtischen Auseinandersetzungen des 15. Jahrhunderts haben sie keine geschlossene Gruppe gebildet und sehr unterschiedlich agiert. Wenngleich gerade bei diesen Gelegenheiten deutlich wird, wie sehr die Mitglieder der Geschlechter in der Stadt verwurzelt waren und wie sehr die Zugehörigkeit zur Stadt Teil ihres Selbstverständnisses war, haben trotzdem einige ihrer Mitglieder vor allem Ende der 20er Jahre des 15. Jahrhunderts Mainz dauerhaft verlassen. Deshalb war das Mainzer Patriziat ab der Mitte des Jahrhunderts bereits stark geschwächt und hörte mit der Eroberung der Stadt 1462 auf, als bevorrechtigter Kreis von Familien in Mainz zu existieren.

Anmerkungen zu Wappen und Wappenführung der patrizischen Familien

Die patrizischen Familien führten schon recht früh Wappen, die sich spätestens seit dem Ende des 13. Jahrhunderts überwiegend auf Siegeln nachweisen lassen.[24] Johann Maximilian zum Jungen, ein Nachfahre der Mainzer patrizischen Familie derer zum Jungen, der 1596 in Frankfurt geboren wurde, datierte das Auftreten des Wappens seiner Familie bereits in das 12. Jahrhundert. In der Vorrede der Genealogie, die er zu seiner Familie anfertigte, berichtet er, ihr Vorfahr Heinrich habe Friedrich Barbarossa im Kampf gegen die Mailänder gute Dienste ge-

24 So zum Beispiel Heinrich Walpod, Johann zum Clemann Salmann, Ludwig zum Frosch sowie Humbert und Johann zum Cleman: Stadtarchiv Mainz (=StA Mainz) Bodmann Collectio Sigillorum; Brigitte FLUG: Die Löwenhäupter von Mainz. Ein Familienverband und seine Beziehungen zu Kirchen und Klöstern, in: Mainzer Zeitschrift 99 (2004), S. 31–78, hier S. 46f., S. 49; auch Nr. 41f., Nr. 51 in Wilhelm FRANCK: Beiträge zur Wappenkunde des rheinhessischen Land- und Stadtadels im 13., 14. und 15. Jahrhundert, in: Archiv für hessische Geschichte und Altertumskunde 11 (1867), S. 222–249. Einen Überblick über die Wappen der Mainzer Geschlechter geben Wolfgang DOBRAS/Wolfhard VAHL/Lothar MÜLLER-WESTPHAL: Wappentafel Mainzer Patriziergeschlechter zur Zeit Gutenbergs, in: Stadt Mainz: Gutenberg (wie Anm. 3), S. 48f.; Wilhelm J. STRECKER: Gedenktafel alter Mainzer Patrizier- und Bürgergeschlechter. Aus uralten Urkunden zusammengestellt, Mainz 1881. Bürgerlicher Wappen lassen sich seit Beginn des 13. Jahrhunderts belegen und unterschieden sich nicht von denen des Adels. Vgl. etwa Ludwig BIEWER/Eckart HENNING: Wappen. Handbuch der Heraldik. Als „Wappenfibel“ begründet von Adolf Matthias Hildebrandt, zuletzt weitergeführt von Jürgen Arndt, 20., aktualisierte und neugestaltete Auflage, Köln/Weimar/Wien 2017, S. 248; PASTOUREAU: Traité (wie Anm. 14), S. 51. Vgl. auch JÄGER-SUNSTENAU: Anfänge (wie Anm. 11); Hanns JÄGER-SUNSTENAU: Wiener Bürgerwappen des 14. und 15. Jahrhunderts, in: Kurt WINCKELSESSER (Hg.): Festschrift zum hundertjährigen Bestehen des Herold zu Berlin. 1869–1969, Berlin 1969, S. 109–118; COELS VON DER BRÜGGHEN: Wappenbuch (wie Anm. 11); MILZ: Siegel (wie Anm. 11).

leitstet und sei deshalb 1173 von ihm gefreit und in den adligen Stand erhoben worden. Zudem habe er von ihm das Wappen erhalten, das die zum Jungen immer noch führen würden.[25] Die Vorrede reiht sich ein in jene Anfangs- und Gründungserzählungen, die in der Gegenwart des Schreibers eine meist statussichernde und legitimierende Funktion erfüllten.[26] Allerdings konnte Johann Maximilian auf Vorlagen verweisen, die seine Aussagen stützten. In einer Abschrift aus dem beginnenden 16. Jahrhundert liegt eine Urkunde aus dem Jahr 1173 vor, in der Friedrich Barbarossa Heinrich Adel und Wappen verleiht.[27] Rund 150 Jahre später, im Jahr 1318, soll ein Peter zum Jungen ebenfalls einen Wappenbrief erhalten haben, der aber auch nur als Abschrift vorliegt.[28] Beide Urkunden erweisen sich indes als Fälschungen. Erst im 15. Jahrhundert erhalten Familienmitglieder einen Wappenbrief, in dem Kaiser Sigismund einem anderen Peter zum Jungen seinen alten Adel, seine Vorrechte und sein Wappen bestätigte.[29]

Die Wappen der Familienmitglieder sind gerade für das 13. und beginnende 14. Jahrhundert überwiegend auf Siegeln erhalten. Dabei stammen die ersten nachweisbaren Siegel von jenen Familienmitgliedern, welche im Stadtgericht saßen, das die Hoch- und Niedergerichtsbarkeit innehatte. Da das Stadtgericht, das so genannte weltliche Gericht, weiterhin dem Erzbischof unterstand, wurden dessen Urkunden nicht mit dem städtischen Siegel, sondern vielmehr von Kämmerer, Schultheiß und den vier weltlichen Richtern mit ihren persönlichen Siegeln beglaubigt.[30]

Bereits mit dem Auftreten der Wappen zeigen Differenzierungen des ursprünglichen Wappens die Ausbildung verschiedener Linien der Familienverbände an. So hatten etwa die Löwenhäupter vier verschiedene Wappenbilder: einmal drei Löwenhäupter in einem schwarzen Schild ohne Beizeichen; dann drei Löwenhäupter in einem goldenen Schild mit einem Balken und die drei Löwenhäupter in einem goldenen Schild mit Sparren. Es gab noch eine vierte Variante, die aber nur selten belegt ist, in Gold ein schwarzer Pfahl, belegt mit den drei Löwenhäuptern. Der Familienverband derer zum Jungen führte zwei unterschiedliche Wappen, die zum Jungen drei silberne Jagdhörner auf rotem Grund, die zur Jungen Aben die drei silbernen Jagdhörner auf schwarzem Grund. Zudem lassen sich für einzelne Familienmitglieder Brisuren wie etwa Turnierkragen nachweisen, die meist nicht an die Nachfahren vererbt wurden.[31]

---

25 Hessisches Staatsarchiv Darmstadt (=HStA Darmstadt) Abt. E 12, 193/11, fol. 1.

26 Vgl. u. a. Christian KUHN: Generation als Grundbegriff einer historischen Geschichtskultur. Die Nürnberger Tucher im langen 16. Jahrhundert (Formen der Erinnerung, Bd. 45), Göttingen 2010, S. 321–337; MAUER: Bewußtsein (wie Anm. 15), S. 165–171. Zur Situation in Frankfurt nach dem Fettmilch-Aufstand 1612–1616 vgl. Stephanie DZEJA: „Zu Nutz der Statt und Regiment". Zum Selbstverständnis der Frankfurter Geschlechtergesellschaft Alt-Limpurg nach dem Fettmilchaufstand, in: RÖSENER: Erinnerungskulturen (wie Anm. 15), S. 177–190. Zu Johann Maximilian zum Jungen vgl. zuletzt Andreas HANSERT: Geburtsaristokratie in Frankfurt am Main. Geschichte des reichsstädtischen Patriziats, Köln/Weimar/Wien 2014, S. 273–275 u.ö.

27 HStA Darmstadt Abt. C 1 C, Nr. 22, f. 1–3, 1173 Mai 18.

28 HStA Darmstadt Abt. C 1 C, Nr. 22, f. 4–6, 1318 Febr. 9.

29 Mit Peter zum Jungen erhielten Arnold zum Gelthus und Rudolf zum Humbrecht die Bestätigung. Zu den Personen und dem Adelsbrief vgl. OCHS: Gutenberg (wie Anm. 1), S. 229. Zu Adelsbriefen vgl. zuletzt Claudia KAJATIN: Königliche Macht und bürgerlicher Stolz. Wappen- und Adelsbriefe in Zürich, in: Peter NIEDERHÄUSER (Hg.): Alter Adel – neuer Adel. Zürcher Adel zwischen Spätmittelalter und früher Neuzeit (Mitteilungen der antiquarischen Gesellschaft in Zürich, Bd. 70), Zürich 2003, S. 203–210; Hans-Werner LANGBRANDTNER/Maria RÖSSNER-RICHARZ: Wappen, in: Gudrun GERSMANN (Hg.): Adlige Lebenswelten im Rheinland. Kommentierte Quellen der Frühen Neuzeit (Schriften/Vereinigte Adelsarchive im Rheinland e.V.), Köln/Weimar/Wien 2009, S. 114–122, hier S. 119.

30 OCHS: Gutenberg (wie Anm. 1), S. 36f.

31 So dürfte etwa Peter zum Jungen zumindest 1303 einen Turnierkragen im Wappen geführt haben. Vgl. OCHS: Gutenberg (wie Anm. 1), S. 388–390. Siehe z. B. auch HStA Darmstadt Abt. C 1 A, Nr. 181, fol. 37v, fol. 39v. Zu Brisuren vgl. SCHEIBELREITER: Heraldik (wie Anm. 11), S. 89–92, S. 119–121; DERS.: Wappen und adeliges Selbstverständnis im Mittelalter, in: ACHNITZ: Wappen (wie Anm. 8), S. 7–27, hier S. 25f.; PARAVICINI: Gruppe (wie Anm. 2), S. 360–363.

Ab der zweiten Hälfte des 14. Jahrhunderts lassen sich sodann die ersten Vollwappen nachweisen. So führten etwa die zum Jungen im Vollwappen einen Stechhelm mit Hörnern, während die zur Jungen Aben bzw. Gelthus ein Jagdhorn als Helmzier trugen. Die Unterscheidung in der Schildfarbe entsprach hier den verschiedenen Helmzieren.[32] Die Gensfleisch führten dagegen den Pilgerkopf als Helmzier. Erst Henne Gensfleisch hat um Mitte des 15. Jahrhunderts stattdessen drei Federbüsche als Helmzier gewählt, die dann auch sein gleichnamiger Sohn führte. Wenngleich sich der genaue Zeitpunkt nicht feststellen lässt, ab dem er diese Helmzier führte, so könnte sie zur individuellen Auszeichnung zunächst seiner Person und dann seines Familienzweiges gedient haben.[33] Das Nebeneinanderstellen zweier Wappen in Allianzwappen repräsentierte die Verbindung zweier Familien durch eine Heirat, wie etwa bei Wappen in der Pfarrkirche in Eltville, wo auf einem Schlussstein das Allianzwappen des Ehepaares Grete zum Jungen zum Juckel und Hermann zum Fürstenberg zu sehen ist,[34] oder im Botenbuch der Bruderschaft St. Christoph auf dem Arlberg, in welches das Allianzwappen von Henne Gelthus und Selind zum Humbrecht eingetragen wurde.[35]

Die Wappen der Mainzer Geschlechter finden sich auf Siegeln, an und in Häusern, auf Grabsteinen, überhaupt in Kirchenbauten, d. h. auch als Fresken, auf Schlusssteinen und einer böhmischen „schönen Madonna", als Ritzzeichnung im Michael-Heiligtum auf dem Monte Gargano, im Botenbuch der Bruderschaft St. Christoph auf dem Arlberg und im Wappenbuch des Vigil Raber. Wenngleich der Nachweis für die patrizischen Familien in Mainz bislang aussteht, wäre es denkbar, dass sie ihre Wappen wohl ebenso umfangreich verwendet haben wie etwa der Kölner Hermann Weinsberg, der in seinem Tagebuch von Wappenscheiben, Wappen auf Tafelsilber, Porträts oder Textilien berichtet.[36]

Wappen waren die „symbolische Visitenkarte"[37] der Geschlechter. Durch sie waren die Familienverbände gekennzeichnet und identifizierbar. Die Mitglieder dieser Abstammungsfamilie, d. h. alle Personen, die von einem gemeinsamen Ahnen abstammten, führten ein ge-

32 Zur Verwendung des Spangenhelms, den der turnierfähiger Adel für sich beansprucht, und des Stechhelms für patrizische Familien vgl. PARAVICINI: Gruppe (wie Anm. 2), S. 338; LANGBRANDTNER/RÖSSNER-RICHARZ: Wappen (wie Anm. 29), S. 120. Zu Helmen und Helmzier vgl. SCHEIBELREITER: Heraldik (wie Anm. 11), S. 96–107. Hinzu kommen konnten Kronen auf den Wappen, die aber beispielsweise 1434 den Nürnberger Bürgern vom Rat verboten wurden, wenn sie nicht von den Vorfahren im Wappen geführt wurden. Vgl. Thomas ZOTZ: Adel, Bürgertum und Turniere in deutschen Städten vom 13. bis 15. Jahrhundert, in: Josef FLECKENSTEIN (Hg.): Das ritterliche Turnier im Mittelalter. Beiträge zu einer vergleichenden Formen- und Verhaltensgeschichte des Rittertums (Veröffentlichungen des Max-Planck-Instituts für Geschichte, Bd. 80), Göttingen 1985, S. 450–499, hier S. 487f.

33 OCHS: Gutenberg (wie Anm. 1), S. 442f. (G39), S. 446–447 (G42).

34 OCHS: Gutenberg (wie Anm. 1), S. 301 (J81).

35 Vgl. Hubert MAYR: Das Wappenbuch der Bruderschaft St. Christoph auf dem Arlberg. Handschrift Nr. 328 des Niederösterreichischen Landesarchivs, Wien. Edition von fol. 1 bis fol. 100', mit Einleitung, Wappenbeschreibungen, Anmerkungen und Biographien einiger Bruderschaftsmitglieder, Univ. Diss., Innsbruck 1987, S. 123. Zur Person vgl. OCHS: Gutenberg (wie Anm. 1), S. 331f. (J120).

36 Vgl. SCHMID: Bürger (wie Anm. 16), S. 52. Vgl. auch KUHN: Generation (wie Anm. 26), S. 468; LANGBRANDTNER/RÖSSNER-RICHARZ: Wappen (wie Anm. 29), S. 121; ROLKER: Orgien (wie Anm. 15), S. 196f. PARAVICINI: Gruppe (wie Anm. 2), S. 327–339, hat zuletzt sehr anschaulich die Omnipräsenz der Wappen aufgezeigt, als er den fiktiven Herren von Fleckenstein in eine Stadt reiten ließ. An vielen Stellen der Stadt, in Häusern, Kirchen und Büchern sah er Wappen der unterschiedlichsten Personen.

37 Gudrun GERSMANN, Art. Familienwappen, in: Friedrich JÄGER (Hg.): Enzyklopädie der Neuzeit, Bd. 3, Darmstadt 2006, Sp. 817f., hier Sp. 817. Ähnlich HECK: Genealogie (wie Anm. 15), S. 128. Es kann also wohl auch für die patrizischen Familien in Mainz angenommen werden, was Joachim SCHNEIDER: Lehenswesen und Wappengebrauch, in: Martina SCHATTKOWSKY (Hg.): Adlige Lebenswelten in Sachsen. Kommentierte Bild- und Schriftquellen, Köln 2013, S. 146–153, hier S. 152, zuletzt für den sächsischen Adel herausgestellt hat, dass Wappen für die Familien „eine herausragende Bedeutung haben, da es die Wappen waren, die aus der Besitz- und Erbengemeinschaft eine Identitätsgemeinschaft geformt haben".

meinsames Wappen. Dass sie sich über dasselbe Wappen als Abstammungsfamilie verstanden, zeigt das Testament des Jacob zum Clemann gen. Byschoff aus dem Jahr 1366. Der Testator bestimmte darin unter anderem, wie der Hof zum Großen Clemann weitervererbt werden solle, nämlich jeweils an den ältesten Erben, der *dan ist under dem geslechte der Lewenheubte mannez namen.*[38] Wappen sind Zeichen einer Person, die aber zugleich als Stellvertreter des Familienverbandes fungieren und die „familiäre Herkunftsdimension“[39] beinhalten. Damit lagert sich ihnen Rang, Ehre und Prestige der jeweiligen Familie ein und damit all jene Aspekte, die für das Wesen des Patriziats zentral waren.

Patrizier und Patriziat im Wappen

Zahlreiche Mainzer Patrizier sind mit ihrem Wappen in einer Wappenfolge vertreten, die sich in einem Schmalfolio-Band (29 x 10,5 cm) mit insgesamt 68 Blätter findet.[40] Ein Blatt zwischen Blatt 6 und 7 wurde herausgerissen, manche Seiten sind leer, die unteren Ränder der Blätter beschädigt und die Schrift dort durch Feuchtigkeit teilweise zerstört.[41] Der Eintrag auf dem schweinsledernen Umschlag vorne – sowohl außen als auch innen – verweist auf einen Besitzer des Bandes, Johann Maximilian zum Jungen.[42] Auf der hinteren Innenseite finden sich zwei Notizen, die sich allerdings kaum vollständig entziffern lassen.[43] Der Band enthält neben einer Namensliste (fol. 1r–4v) und der Wappenfolge (fol. 30r–41r) vor allem die Abschriften von Dokumenten, die im Zusammenhang mit den innerstädtischen Auseinandersetzungen entstanden sind. Die meisten stammen aus den 30er Jahren des 14. Jahrhunderts, doch wurden auch Schriftstücke aus den Jahren 1397, 1411, 1430 und 1444 eingetragen, die aber nicht chronologisch geordnet sind.[44] Zudem enthält der Band an drei Stellen Notizen eines Schreibers zu Abrechnungen von Arbeiten in Weinbergen (fol. 23r, 32r, 37r), die später durchgestrichen wurden.[45] Die Einträge erwecken den Eindruck, der Band sei zur Verwaltung solcher Abrechnungen gedacht gewesen, dann aber zur Aufzeichnung der Dokumente umgewidmet worden.[46] Es lassen sich mehrere, insgesamt sechs Schreiber unterscheiden, die ihre Eintragungen von vorne nach hinten nacheinander vorgenommen haben. Hinzu kommt der Schreiber der nicht fortgeführten landwirtschaftlichen Notizen. Die Hände weisen zum Teil auf ge-

38 PARAVICINI: Gruppe (wie Anm. 2), S. 348.

39 SELZER: Adlige (wie Anm. 2). Gleichwohl lassen sich vereinzelt Beispiele finden, dass Mitglieder der patrizischen Familien das Wappen wechselten. Vgl. z. B. FLUG: Löwenhäupter (wie Anm. 24), S. 51.

40 HStA Darmstadt Abt. C 1 A, Nr. 181. Da die Wappen nur in einem Teil des Bandes enthalten sind, soll von einem „Buch mit Wappen“ statt von einem „Wappenbuch“ gesprochen werden. Vgl. PARAVICINI: Gruppe (wie Anm. 2), S. 345.

41 Leer sind fol. 30v, fol. 31v, fol. 32v, fol. 41v–52v, fol. 54, fol. 55, fol. 66r–68v.

42 Zur Beschreibung der Handschrift vgl. CdtSt 17 (wie Anm. 3), S. XXf., Nr. 2; BERCHEM/GALBREATH/HUPP: Beiträge (wie Anm. 3), S. 30. Der Band war im 17. Jahrhundert im Besitz des Johann Maximilian zum Jungen, von dem es auf Umwegen in das Hessische Hauptstaatsarchiv Darmstadt gelangte. Zur Familienüberlieferung derer zum Jungen vgl. OCHS: Gutenberg (wie Anm. 1), S. 30f.

43 HStAD C 1 A, Nr. 181, Rückseite innen.

44 Die Dokumente sind weder im gesamten Band noch von den einzelnen Schreibern chronologisch angeordnet worden. Zu den Schreibern siehe unten.

45 HStAD C 1 A, Nr. 181, fol. 23r, fol. 32r, fol. 37r.

46 Die Notizen befinden sich in unterschiedlichen Lagen des Bandes und stehen jeweils am Anfang einer Blattvorderseite. Deshalb könnten sie die ersten Einträge auf den schon zu einem Band gebundenen Papierbögen gewesen sein. Dafür würde auch sprechen, dass eine der Notizen sich inmitten der Abschrift der Übereinkunft zwischen Rat und *gemeinde* vom 4. August 1332 befindet (Übereinkunft: fol. 22r–24r; Notiz: fol. 23r.).

übte Schreiber hin und lassen vermuten, dass die Abschriften im Wesentlichen vom Beginn bis zur Mitte des 15. Jahrhunderts erfolgt sein könnten, wobei der letzte Eintrag wohl im 17. Jahrhundert vorgenommen wurde.[47] Der Band zeigt interessante Parallelen zur Sammlung *von alten dingen der erlichen stadt Mentze* und könnte im Zusammenhang mit letzterer entstanden sein. Er ist allerdings weit weniger umfangreich, enthält dafür wiederum wichtige Ergänzungen (Erklärungen der Ratsherren aus dem alten sowie dem neuen Rat über die Besetzung des Rates vom 25. Januar 1397, Übereinkunft Rat und *gemeinde* vom 5. Februar 1411).[48] Wenngleich sowohl die Schreiber und ihre Familien als auch der Rezipientenkreis völlig unbekannt sind, so lässt doch die Ähnlichkeit mit jener Sammlung zumindest vermuten, dass es sich um Schreiber aus dem Kreis der Geschlechter handeln könnte. Insgesamt entsteht der Eindruck eines Bandes, in welchem für die Geschlechter wichtige, erinnerungswürdige Dokumente der städtischen Verfassung festgehalten wurden.

Wann der Band genau angelegt wurde, lässt sich nicht mit Sicherheit sagen. Doch liefern gerade die Notizen zum Weinbau, aber auch die Wasserzeichen des verwendeten Papiers Hinweise auf einen frühest möglichen Zeitpunkt. In den Notizen, die erfolgte Arbeiten und Abrechnungen festhalten, wird das jeweilige Jahr, allerdings nur die Minderzahl, festgehalten: „95". Mehrere Blätter enthalten ein Wasserzeichen, das in allen Fällen eine Löwenmaske mit einem einkonturigen Stern als Beizeichen zeigt. Ohne hier eine Datierung des Papiers aufgrund des Wasserzeichens korrekt vornehmen zu können, legt der Blick in die Wasserzeichenkartei zumindest nahe, dass es sich um Papier aus dem endenden 14. Jahrhundert handeln könnte, welches zeitnah zu einem Band geheftet und verwendet wurde.[49] Insofern könnte der Band wohl kurz vor oder im Jahr 1395 entstanden und 1395 die vereinzelten landwirtschaftlichen Notizen eingetragen worden sein.

Den Anfang des Bandes bildet eine Liste, die 129 Namen enthält: „*Disz sint die nunundczwenczig und hundert die von den alden uszwaren da die gemeinde gen in ufstunt in dem XXXII jar*".[50] (Abb. 1)

47 CdtSt 17 (wie Anm. 3), S. XXI. Zudem finden sich Notizen neuzeitlicher Nutzer, die vor allem die aufgeführten Namen und gezeichneten Wappen kommentieren. Z. B. HStAD C 1 A, Nr. 181, fol. 1v, fol. 2v, fol. 3r, fol. 4v. Johannes Bernhard Menke: Geschichtsschreibung und Politik in den deutschen Städten des Spätmittelalters, in: Jahrbuch des Kölnischen Geschichtsvereins 34/35 (1960), S. 85–194, hier S. 143 Anm. 47, spricht hingegen nur von vier Händen.

48 In welchem Verhältnis die sog. Chronik und dieser Band stehen, lässt sich hier nicht abschließend klären. Für Berchem/Galbreath/Hupp: Beiträge (wie Anm. 3), S. 30, ist es ein „alter Auszug aus einem in der Frankfurter Stadtbibliothek beruhenden Original, das aber selbst keine Wappen enthält". Menke: Geschichtsschreibung (wie Anm. 47), S. 143, hingegen erachtet den Band als „vorbereitende Zusammenstellung" für die Chronik. Vgl. auch CdtSt 17 (wie Anm. 3), S. XXI. Zur Geschichtsschreibung in Mainz, der sog. Chronik und ihrem Charakter als „offizielle Sammlung zur Dokumentation" vgl. Menke: Geschichtsschreibung (wie Anm. 47), S. 127–147, Zitat S. 146. Zu Werk und Verfasser vgl. zuletzt Brix: Kultur (wie Anm. 1), S. 72f.; Dobras: Münzerhausgenossen (wie Anm. 5), S. 108.

49 In der Wasserzeichenkartei von Piccard ist das Wasserzeichen des verwendeten Papiers (Löwenmaske, Beizeichen, Stern einkonturig, Höhe: 68mm, Breite: 29mm, Abstand Stegdrähte: 37mm) zwar nicht aufgeführt, doch scheint das Motiv nach heutigem Stand wohl nur Ende des 14. Jahrhunderts verwendet worden zu sein. https://www.wasserzeichen-online.de/wzis/struktur.php?klassi=002001012003002002&anzeigeIDMotif=2771&alle=1&bildbrowser= [28. März 2017]. Zu Wasserzeichen und der Möglichkeit, Papier mittels Wasserzeichen zu datieren, vgl. insbes. Alois Haidinger: Datieren mittelalterlicher Handschriften mittels ihrer Wasserzeichen, in: Österreichische Akademie der Wissenschaften. Anzeiger phil.-hist. Kl. 139 (2004), S. 5–30; Ders.: Zum Verwendungszeitraum identischer Papiere, in: Peter Rückert (Hg.): Ochsenkopf und Meerjungfrau. Papiergeschichte und Wasserzeichen vom Mittelalter bis zur Neuzeit. Begleitbuch und Katalog zur Ausstellung des Landesarchivs Baden-Württemberg, Hauptstaatsarchiv Stuttgart und der Österreichischen Akademie der Wissenschaften, Kommission für Schrift- und Buchwesen des Mittelalters, Wien, Stuttgart, Wien 32009, S. 35–37; Anne-Beate Rieke/Juliane Trede: Zum Umgang mit den Wasserzeichen. Erfahrungen und Anforderungen aus der Praxis der Handschriftenerschließung, in: Peter Rückert (Hg.): Piccard-Online. Digitale Präsentationen von Wasserzeichen und ihre Nutzung (Werkhefte der Staatlichen Archivverwaltung Baden-Württemberg, A, Bd. 19), Stuttgart 2007, S. 119–128. Vgl. zudem Carmen Kämmerer/Peter Rückert: Die Welt der Wasserzeichen, in: Ders. (Hg.): Ochsenkopf (wie Anm. 49), S. 29f.

50 HStA Darmstadt Abt. C 1 A, Nr. 181, fol. 1r–4v.

Schon diese erste Liste wurde als Wappenfolge angelegt, denn jeder Name ist mit einem kleinen Schild versehen. Allerdings blieben die Schilde leer, so dass dieser Teil präziser als Namensliste beschrieben werden kann. Die Namen der 129 Personen wurden nun später und von einem anderen, dem vierten Schreiber erneut aufgezeichnet, jedoch in einer anderen Form.[51] Auch hier sind die Wappen nicht farbig angelegt, doch wurden die Wappenschilde ganz überwiegend ausgemalt. In dieser zweiten Auflistung rücken die Wappenschilde in den Vordergrund und werden zum zentralen Element der Auflistung. (Abb. 2)

Gegenstand beider Listen und somit der Wappenfolge sind die 129 Personen, die 1332 während der innerstädtischen Auseinandersetzungen in Mainz aus der Stadt ausgezogen sind. Die Ereignisse der Jahre 1329–1332 zählen zu jener Art von Unruhen, die sich in zahlreichen Städten im Spätmittelalter feststellen lassen.[52] In Mainz entzündeten sie sich an den hohen Zahlungen, welche die Stadt als Schadensersatz zu leisten hatte, da im Verlauf des Streits um den erzbischöflichen Stuhl zwischen Balduin von Trier und Heinrich von Virneburg die vor der Stadt liegenden Klöster St. Alban und St. Jakob sowie das Kollegiatstift St. Viktor zerstört wurden. In den innerstädtischen Auseinandersetzungen standen sich wohl grundsätzlich Rat und *gemeinde* gegenüber, wenngleich die Linien auch in Mainz nicht strikt zwischen Patriziern und *gemeinde* verliefen. Im August 1332 wurde ein Ausschuss von der *gemeinde* mit 22 Personen vom Rat akzeptiert, der zu den Beratungen über die Finanzierung der Zahlungen hinzugezogen werden sollte. Allerdings war mit dieser Übereinkunft die Lage in Mainz alles andere als geklärt. Im weiteren Verlauf der Auseinandersetzungen trat im November 1332 als weitere Gruppierung die neu gegründete patrizische *Gesellschaft der jungen luede undir den gademen mit andir iren frunden* hinzu, was zu weiteren Unruhen und schließlich auch zum Auszug der 129 Mitglieder aus der Stadt führte. Dank der Vermittlung von Ratsherren aus den Städten Worms, Speyer und Frankfurt kam es am 24. November 1332 zu einer neuen Vereinbarung zwischen Rat und *gemeinde*. Mit der Rachtung von 1332 wurde der städtische Rat auf 58 Sitze erweitert, von denen die Hälfte von der *gemeinde* besetzt wurde. Allerdings wurde kein einheitlicher Rat gebildet, denn bis ins 15. Jahrhundert hinein wurde zwischen dem alten Rat der Geschlechter und dem neuen Rat der *gemeinde* unterschieden. Die Verhandlungen mit den Exulanten zogen sich noch ein weiteres Jahr hin, bis im Oktober 1333 eine abschließende Übereinkunft getroffen wurde.

Der 1332 ausgehandelte Vertrag bildete bis ins 15. Jahrhundert hinein eine tragfähige Grundlage der städtischen Verfassung. Spätestens seit 1411 gab es jedoch wieder Spannungen, und das Verhältnis zwischen Patriziat und Zünften war angespannt und labil. Zuerst 1411–1421 und dann 1428–1430 kam es zu Auseinandersetzungen und Verfassungsänderungen, in denen die Privilegien der Geschlechter und ihre Vorrangstellung wiederholt Konfliktpunkte bildeten. Vor allem Ende der 1420er Jahre versuchten die Zünfte, die Geschlechter politisch zu entmachten und aus dem Rat zu verdrängen. All diese Versuche und Änderungen, die auf eine Trennung von politischen Vorrechten und sozialer Vorrangstellung zielten, stellten massive Angriffe auf die patrizische Ehre dar, die sich in ihren ständischen Privilegien und in ihrer Ratsfähigkeit ausdrückte.

Zu zwei verschiedenen Zeitpunkten der Mainzer Geschichte gab es wohl ein Bedürfnis, die 129 Personen der Jungen Leute unter den Gaden, die 1332 aus der Stadt gezogen sind, aufzu-

51 HStA Darmstadt Abt. C 1 A, Nr. 181, fol. 30r–41r.
52 Zum Folgenden vgl. OCHS: Gutenberg (wie Anm. 1), S. 153–162, mit weiterer Literatur.

zeichnen. Leider muss die Frage, wann genau Namensliste und Wappenfolge eingetragen wurden, offen bleiben. Über die Zeitpunkte können allenfalls Entstehungszeit des Bandes sowie Positionen innerhalb der Aufzeichnungen Anhaltspunkte liefern. Da die Namensliste am Anfang des Bandes steht, dürfte sie den ersten Eintrag nach der Umwidmung des Bandes darstellen. Die beiden ersten Schreiber haben darüber hinaus allein Dokumente der Auseinandersetzungen des 14. Jahrhunderts aufgeschrieben. Erst der dritte Schreiber verzeichnet eine Übereinkunft zwischen Rat und *gemeinde* aus dem Jahr 1411.[53] Insofern wäre es möglich, dass die Namensliste um 1400, jedenfalls vor 1411, geschrieben wurde. Damit würde der Beginn der Aufzeichnungen in eine Zeit fallen, in der sich erste Anzeichen für das erneute Ausbrechen der Spannungen zwischen den Geschlechtern und der *gemeinde* wohl bemerkbar machten.[54] Für die Wappenfolge dürfte der in Frage kommende Zeitraum größer sein. Das älteste Dokument, das vor ihr eingetragen wurde, datiert von 1411, das jüngste nach ihr auf 1444,[55] so dass die Wappenfolge eventuell in einer der drei Phasen der innerstädtischen Auseinandersetzungen des 15. Jahrhunderts entstanden sein könnte (1411–1421, 1428–1430, 1437).

Die Namensliste hält die *Jungen Leute unter den Gaden* als Gruppe von Einzelpersonen durch die Nennung ihrer Namen fest. Das entspricht zunächst der Funktion der Gesellschaft und ihrer situativen Bedeutung. Anlass und Ziele der Gesellschaft waren von den Mitgliedern selbst einerseits und der *gemeinde* andererseits unterschiedlich bewertet und dargestellt worden. Die Gründung der Gesellschaft dürfte aber wohl eine Reaktion auf die Forderung des Ausschusses gewesen sein, den Zugang zur politischen Mitsprache über die Zünfte zu reglementieren mit dem Ziel, eine Zunftsverfassung zu etablieren. Die Mitglieder der Gesellschaft hatten durch ihr Auftreten und das Verlassen der Stadt vermutlich maßgeblich die Etablierung einer Zunftverfassung verhindert. Im Sühnebrief wurden sie zudem vom Zwang ausgenommen, in eine Zunft eintreten zu müssen. Im drei Jahre später verfassten Friedebuch der Stadt wurde festgehalten, dass nicht nur die 129 Mitglieder der Gesellschaft, sondern auch die Herren vom alten Rat und deren Blutsverwandte von diesem Zwang befreit sein sollten. Mit den Ratsherren von 1335 und deren verwandtschaftlichem Umfeld sowie den Ausgefahrenen dürfte der Kreis der Geschlechter in Mainz definiert worden sein.[56] Demzufolge dürfte die Gesellschaft nicht nur für den Ausgang der Auseinandersetzungen konkret bedeutsam gewesen sein, sondern könnte vielmehr darüber hinaus auch als Kristallisationspunkt für die Mainzer Geschlechter gelten. Denkbar wäre folglich, dass mit der Namensliste die Zusammensetzung der Gesellschaft dauerhaft dokumentiert, an die Tat der Gesellschaft als ein zentrales Ereignis der patrizischen Geschichte erinnert und das Wissen um die Zusammensetzung des Mainzer Patriziats gespeichert wurde.[57]

Als sich im weiteren Verlauf des 15. Jahrhunderts die Situation verschärfte und die Geschlechter zunehmend unter Druck gerieten, hat man das Anliegen wohl wieder aufgegriffen, dabei allerdings nicht die alte Liste fertiggestellt, sondern sie neu als Wappenfolge angelegt.[58]

53 CdtSt 17 (wie Anm. 3), S. XXI.
54 Vgl. dazu OCHS: Gutenberg (wie Anm. 1), S. 162 Anm. 224.
55 CdtSt 17 (wie Anm. 3), S. XXI.
56 OCHS: Gutenberg (wie Anm. 1), S. 160–162.
57 Zur Bedeutung von Namenslisten zuletzt STUDT: Register (wie Anm. 15), insbes. S. 377f.
58 Der Schreiber hat einige Seiten frei gelassen, bevor er zunächst vier Wappen mit zwei Namen, die nicht zur Namensliste gehören (HStA Darmstadt Abt. C 1 A, Nr. 181, fol. 30r), eingetragen hat, wobei der Zusammenhang offen bleiben muss. Es folgt ein eventuell erster Versuch, in dem auf einer Seite acht Namen angelegt und sechs Wappen gezeichnet wurden (ebd. fol. 31r). Die vollständige Liste beginnt auf dem übernächsten Blatt (ebd. fol. 33r).

Denn anders als bei der Namensliste wurde keine Liste angefertigt, sondern je acht Personen pro Seite verzeichnet (vier Reihen mit je zwei Einträgen), wobei die Wappen die dominierenden und gliedernden Elemente der Seiten darstellen. Vielleicht hat der Schreiber damit den Konventionen der Zeit Rechnung getragen. Im Ergebnis jedenfalls treten die Wappen als „symbolische Visitenkarten"[59] der Familienverbände stärker in den Vordergrund, während die jeweiligen Personen zurücktreten. Geht man von der Annahme aus, dass es einen Zusammenhang mit den innerstädtischen Auseinandersetzungen gibt, so könnte der Schreiber mit dieser Darstellung auf die schwierige Situation der Geschlechter in der Stadt reagiert haben. In den Auseinandersetzungen des 15. Jahrhunderts bildeten die erzbischöflichen Privilegien der Geschlechter die Konfliktpunkte, bei denen die Patrizier nicht zum Nachgeben bereit waren. Sowohl der Versuch der *gemeinde*[60], alle Lehnsleute aus dem Rat auszuschließen, als auch der Streit um den Vorrang beim Einritt des neu eingesetzten Erzbischofs Konrads III. stellten massive Angriffe auf die patrizische Ehre dar, die auf der Ratsfähigkeit sowie ihren geburtsständischen Privilegien und somit auf der familiären Herkunft gründete. Der Schreiber hat mit der Wappenfolge das in der Liste gespeicherte Wissen und die Kollektiverinnerung der Mainzer Geschlechter erneuert und um die familiäre Komponente erweitert. Es wurde an das 14. Jahrhundert erinnert und somit zugleich an eine Zeit, als das Patriziat in voller Blüte stand und sich genauer definierte. Darüber hinaus wurde das Patriziat nun als Kreis von Familienverbänden identifiziert und zugleich Alter sowie Kontinuität dieser patrizischen Familienverbände gespeichert und ins Bild gesetzt.[61]

Wappenfolge im Hof zum Molsberg

Die zweite Wappenfolge existierte als Wandmalerei und wurde im 19. Jahrhundert im sogenannten ‚Rittersaal' im Hof zum Molsberg entdeckt, der im Zweiten Weltkrieg völlig zerstört wurde. Der Hof befand sich in der Korbgasse 6 und 8 sowie Markt 9 und somit in der Pfarrei St. Quintin.[62] Das Gebiet der Stadt Mainz, die zu den wenigen spätmittelalterlichen Großstädten nördlich der Alpen zählte, umfasste ca. 120 Hektar, die nicht in Stadtviertel, sondern in die Bereiche der Pfarreien und Immunitäten gegliedert waren. Die Pfarrei St. Quintin sowie die Pfarrei St. Emmeran bildeten dabei jene beiden Gebiete im Zentrum des spätmittelalterlichen Mainz, in der viele der patrizischen Familien ihre Höfe besaßen. Während die Pfarrei St. Quintin als das ältere, vielleicht ursprüngliche Wohnviertel der Patrizier gelten kann, erlaubte das Gebiet der Pfarrei St. Emmeran, in dem wohl schon vor der Mitte des 14. Jahrhunderts erste patrizische Höfe errichtet wurden, den Bau großzügigerer Höfe.

Bauweise und Ausstattung des Hofes zum Molsberg wie der meisten patrizischen Höfe in Mainz sind heute kaum mehr im Einzelnen zu rekonstruieren, doch erlauben Einzelbefunde die Beschreibung eines idealtypischen patrizischen Hofes. In der Regel gehörten wohl mehrere Einzelgebäude zu einem solchen Hof, die eine Einheit bildeten und einen Innenhof um-

59 GERSMANN: Art. Familienwappen (wie Anm. 37), Sp. 817.
60 HStADarmstadt, Abt. A2, Nr. 17/80, 1365 Febr. 22, Regest von Raoul Hippchen.
61 Vgl. DOBRAS: Münzerhausgenossen (wie Anm. 5), S. 96f. Vgl. auch STUDT: Register (wie Anm. 15).
62 Siehe Anm. 3; Mainzer Häuserbuch – Häuser 1450, Nr. 979 (http://www.mainz.de/microsite/digitales-haeuserbuch/kartenteil/digitales-haeuserbuch-kartenteil.php [12. Mai 2017]).

schlossen. Neben dem Wohnhaus konnten Backhäuser, Scheunen und eigene Brunnen zu diesen Gebäudekomplexen gehören. Die Hofmauer sowie die Traufseiten der Wohnhäuser waren mit Wehrgängen und Zinnen ausgestattet, die Fassaden quadriert und mit den Wappen der Familien geschmückt.[63]

Die Wohnhäuser selbst besaßen in der Regel mehrere Stockwerke sowie einen Speicher und ein Kellergewölbe. Über einer Halle, die das Erdgeschoss einnahm, befand sich das Wohngeschoss. In einem solchen Wohngeschoss befand sich im Haus zum Molsberg ein großer, „zum Hof hin orientierter Saal"[64] und bildete den zentralen Raum des ersten Stockwerks. Der Saal besaß einen großen Kamin, eine Holzdecke sowie eine spätgotische Fensterreihe mit vier tiefen Fensternischen, in die Sitzbänke eingebaut waren.[65] Die Nischen wurden durch Sandsteinpfosten gebildet, die sowohl zum Saal hin als auch in den Laibungen mit Wappen geschmückt waren. Die Wappen, die mit dem Saal bei Umbauten im Jahr 1828 entdeckt wurden, waren in Ölfarbe auf die Pfeiler gemalt und übertüncht worden.[66] Sie sind heute nicht mehr im Original erhalten, doch wurden verschiedene Zeichnungen der Wappenfolgen angefertigt. Die beiden kolorierten Zeichnungen von J. Lindenschmit entstanden wohl kurz nach der Entdeckung des Saals im Jahre 1828 und wurden 1829 von G. Schaab kopiert, aus dem Jahr 1925 stammt eine weitere Zeichnung von P.T. Keßler.[67] Mit Blick auf die Überlieferungssituation kommt erschwerend hinzu, dass die verschiedenen Zeichnungen in wichtigen Punkten voneinander abweichen. Nicht nur hinsichtlich der Form der Fenster, die zwei- bzw. dreiflüglig gezeichnet wurden, weichen die verschiedenen Zeichnungen voneinander ab, sondern zeigen zudem unterschiedlich viele Wappen.[68] Die Unterschiede der Zeichnungen werden sich vermutlich nicht erklären oder auflösen lassen, so dass die Wappenfolge kaum mit letzter Sicherheit rekonstruiert werden kann.

J. Lindenschmit, G. Schaab und P.T. Keßler haben in ihren Zeichnungen die Fensterreihe und die Wappen des Saales festgehalten. Ob den Saal weitere Wandmalereien schmückten, die Wappen Teile eines umfassenderen Dekorationssystems waren und sich in ein größeres Gesamtbild einfügten, lässt sich anhand der Zeichnungen allerdings nicht mehr ermitteln.[69] Ein-

63 Zu Lage, Bauweise und Ausstattung patrizischer Höfe in Mainz vgl. OCHS: Gutenberg (wie Anm. 1), S. 97–110. Ein Ölgemälde zeigt das Haus (Korbgasse 6) im Jahr 1878. Vgl. Marlene HÜBEL: Gutenberg – Molsberg. Die letzten Namensträger der weit verzweigten Familie. Nachfahren bewirtschafteten die Ginsheimer Rheininsel Nonnenaue, in: Mainz 20 (2000), S. 31–38, hier S. 33.

64 GLATZ: Wappendarstellung (wie Anm. 3).

65 Hans VOGTS: Das Mainzer Wohnhaus im 18. Jahrhundert (Beiträge zur Geschichte der Stadt Mainz, Bd. 1), Mainz 1910, S. 2. So auch von Ernst STEPHAN: Das Bürgerhaus in Mainz von Ernst Stephan (Das Deutsche Bürgerhaus, Bd. 18), Tübingen 1974, S. 42, übernommen.

66 Karl Anton SCHAAB: Geschichte der Stadt Mainz, Mainz 1841–1851, hier Bd. 1, S. 535.

67 StA Mainz BPS. KESSLER: Wappen (wie Anm. 3).

68 GLATZ: Wappendarstellung (wie Anm. 3); GLATZ (BEARB.): Wandmalerei in Mainz (wie Anm. 3), S. 60 (mit Abb.); GLATZ: Wandmalerei in der Pfalz (wie Anm. 3), S. 277.

69 Häufig waren Wappen eingefügt in ein Gesamtbild mit Sockelzone, Bilderzone und Kopfleiste. Vgl. MEIER: Dekorationssysteme (wie Anm. 22), S. 399–404; MEIER/SOMMERER: Identität (wie Anm. 2); Thomas BROCKOW: Spätmittelalterliche Wandmalereien in Bürgerhäusern der hansischen Ostseestädte, in: Annegret MÖHLENKAMP (Hg.): Geschichte in Schichten. Wand- und Deckenmalerei im städtischen Wohnbau des Mittelalters und der frühen Neuzeit (Denkmalpflege in Lübeck, Bd. 4), Lübeck 2002, S. 66–82; GUTSCHER-SCHMID: Repräsentationsräume (wie Anm. 16), S. 80–82. Vgl. auch EISENBEISS: Wappen (wie Anm. 8), die darauf verweist, dass Wappen häufig im Zusammenhang mit anderen Medien visueller Kommunikation angebracht werden, weshalb sie der Frage nachgeht, „wie sie sich in wechselnde, vorzugsweise bildliche Kontexte einfügen" (S. 99). Zur Verbreitung heraldischer Friese vgl. Thomas BROCKOW: Spätmittelalterliche Wand- und Deckenmalereien in Bürgerhäusern der Ostseestädte Lübeck, Wismar, Rostock, Stralsund und Greifswald. Ein Beitrag zur Erfassung und Auswertung von Quellen der Kunst- und Kulturgeschichte in norddeutschen Hansestädten (Schriftenreihe Studien zur Geschichtsforschung des Mittelalters, Bd. 14), Hamburg 2001, S. 213–215.

zelne Belege aus dem spätmittelalterlichen Mainz lassen zumindest vermuten, dass auch die patrizischen Häusern umfassender mit Wand- und Deckenmalereien ausgestattet gewesen sein könnten, als es heute nachzuweisen ist. So finden sich in anderen Häusern Szenen des Wiesbadener Badelebens, Bilder von Turnieren oder von Liebenspaaren oder ein Wappen, das von Ranken eingerahmt wird.[70] Offenbleiben muss zudem auch die Frage, ob die Wappen in der Art angebracht waren, dass sie verschiedene „Erzählstränge" enthielt, d. h., ob je nach Standort des Betrachters im Raum verschiedene Zusammenhänge und Bezüge sichtbar geworden sein könnten. Eventuell waren, folgt man der Darstellung von P.T. Keßler, von jedem Punkt des Raumes aus die beiden (Einzel-)Wappen zu sehen. (Abb. 3) Da sechs Wappen in den Fensterlaibungen angebracht waren, konnte der Betrachter mit Blick von der Mitte des Saales auf die Fensterreihe, von der rechten oder der linken Seite des Saales entweder die beiden Wappen der Molsberg und Gensfleisch, die Wappen der linken Seite der Laibung oder die Wappen der rechten Seite der Laibung sehen. Es war jedoch nicht möglich, alle Wappen gleichzeitig im Blick zu haben. So dürfte der Raum wohl drei verschiedenen Bilder enthalten haben: 1) Molsberg, Gensfleisch; 2) Molsberg und Lichtenberg, Molsberg und Gensfleisch, Molsberg und Knobloch; 3) Dulin und Molsberg, Molsberg und Widenhof, Molsberg und Salmann.

Wenngleich Auftraggeber und Entstehungszeit der Wandmalerei aufgrund der Überlieferungslage schwerlich zu ermitteln sind, liefern doch die Besitzverhältnisse und die dargestellten Wappen zumindest Hinweise.[71] Der Hof zum Molsberg dürfte das Stammhaus der Familie zum Molsberg gewesen sein, nach dem sich Mitglieder der Familie wohl seit spätestens 1351 benannt haben.[72] Der Hof zum Großen Molsberg dürfte spätestens in der Mitte des 14. Jahrhunderts in ihrem Besitz gewesen sein. Im Jahr 1398 schließlich erhielt Walter Molsberg vom Kloster Eberbach das Erbe zum Kleinen Molsberg, das zu diesem Zeitpunkt schon mit dem Großen Molsberg zum Hof Molsberg verbunden worden war.[73] Im 15. Jahrhundert lässt er sich im Besitz verschiedener Mitglieder der Familie Molsberg nachweisen: Henne Molsberg, Getze Molsberg, Johann Molsberg.[74] Da in der Regel wohl die Hauseigentümer, die zugleich in ihrem Haus wohnten, solche Malereien in Auftrag gegeben haben,[75] dürfte ein Familienmitglied der zum Molsberg der Auftraggeber der Wandmalerei gewesen sein.

70 Vgl. Ochs, Gutenberg (wie Anm. 1), S. 110. Vgl. zudem Brockow: Wandmalereien (wie Anm. 69), S. 68f., weist für die hansischen Ostseestädte darauf hin, dass auch Raumausmalungen nur zu einem Bruchteil überliefert sind und weit häufiger anzutreffen gewesen sein dürften, als lange Zeit angenommen. Auf die fehlende Wahrnehmung in Öffentlichkeit und Forschung sowie die Schwierigkeiten der Erhaltung von Wandmalereien in privaten Gebäuden weisen viele der Beiträge einer Lübecker Tagung hin: Annegret Möhlenkamp (Hg.): Geschichte in Schichten. Wand- und Deckenmalerei im städtischen Wohnbau des Mittelalters und der frühen Neuzeit (Denkmalpflege in Lübeck, Bd. 4), Lübeck 2002.

71 Zur Datierung mittelalterlicher Wandmalereien vgl. etwa Meier/Sommerer: Identität (wie Anm. 2), S. 174f. Anlass für die Ausmalung des Palmensaals im Uracher Schloss war wohl die Hochzeit Graf Eberhards im Bart im Jahr 1474. Vgl. Lorenz: Graf Eberhard (wie Anm. 15), S. 96.

72 In diesem Jahr werden ein Jakob zum Molsberg und seinen Erben genannt. Richard Dertsch: Die Urkunden des Stadtarchivs Mainz. Regesten, 4 Bände (Beiträge zur Geschichte der Stadt Mainz, Bd. 20), Mainz 1962–1967, hier Bd. 2, Nr. 1459, S. 214, 1351 Sept. 30. Zur Familie Molsberg vgl. Wolfgang Dobras: Mainz um 1500. Der Wandel von der Freien zur Residenz- und Universitätsstadt, in: Jörg Rogge (Hg.): Tradieren – Vermitteln – Anwenden. Zum Umgang mit Wissensbeständen in spätmittelalterlichen und frühneuzeitlichen Städten (Beiträge zu den Historischen Kulturwissenschaften, Bd. 6), Berlin 2008, S. 21–44, hier S. 29–35; Dobras: Münzerhausgenossen (wie Anm. 5); Hübel: Gutenberg (wie Anm. 62); Kessler: Wappen (wie Anm. 3).

73 Dertsch: Urkunden (wie Anm. 72), hier Bd. 3, Nr. 2624, S. 298f., 1398 Juni 8.

74 Vgl. Fritz Herrmann (Hg.): Quellen zur Topographie und Statistik der Stadt Mainz. Häuser- und Steuerlisten aus der Zeit von 1497–1541. Mit einer Wiedergabe des Maskoppschen Stadtplans aus dem Jahre 1575 (Beiträge zur Geschichte der Stadt Mainz, Bd. 3), Mainz 1914, S. 59; Mainzer Häuserbuch (wie Anm. 61).

75 Vgl. dazu Brockow: Wandmalereien (wie Anm. 69), S. 78f.; Ders.: Deckenmalereien (wie Anm. 69), S. 255–261.

Die Wandmalerei zeigt laut J. Lindenschmit und P.T. Keßler zwei Wappen und sechs Allianzwappen: Die beiden Wappen sind diejenigen der Molsberg und Gensfleisch. Die Allianzwappen sind geviert und zeigen neben dem Wappen der Familie Molsberg – soweit sie sich identifizieren lassen – das Wappen der Gensfleisch, Dulin sowie der Löwenhäupter und der Frankfurter Familie Knobloch. Die übrigen zwei Wappen könnten eventuell diejenigen der Mainzer Familien Widenhof und Lichtenberg sein.[76] Da zwei der insgesamt acht Wappen der Wappenfolge keine Allianzwappen sind und somit in der Wappenfolge hervorstechen, könnten diese eventuell den Ausgangspunkt der „Erzählung" darstellen und auf eine der beiden nachweisbaren Ehen zwischen den Molsberg und Gensfleisch hinweisen.[77] Die erste dieser beiden Ehen ist jene zwischen Henne Molsberg und Grete zur Laden, einer Cousine Gutenbergs. Immerhin vier der sechs Allianzwappen lassen sich in diesen familiären Kontext einordnen. Die Wappen rechts zeigen die Familienwappen der Molsberg und Dulin sowie der Molsberg und der Frankfurter Knobloch und gehörten den Kindern Henne Molsbergs und deren Ehepartnern.[78] Schwieriger ist die Deutung der beiden Allianzwappen in der Mitte. Denkbar wäre, dass es sich um die Allianzwappen der beiden Ehen Hennes handelt, d. h. links die Ehe mit Grete zur Laden und rechts diejenige mit Hilgart Widenhof.[79] Welche Verbindungen die beiden übrigen Allianzwappen repräsentieren, muss leider offen bleiben. In diesem Fall würde die Ehe zwischen der Tochter Getze und Wicker Knobloch einen ersten Anhaltspunkt für eine zeitliche Einordnung liefern, denn die Ehe wurde frühestens 1442 geschlossen. Dann könnte die komplette Ausführung der Wandmalerei, zumindest aber eine Erweiterung der Wappenfolge wohl in den 40er Jahren des 15. Jahrhunderts erfolgt sein. Eine zweite Ehe zwischen einem Mitglied der Familie Molsberg und der Gensfleisch datiert um 1500 und ist jene zwischen Johann Molsberg, dem Sohn des eben genannten Henne Molsberg, und Margarethe von Sorgenloch genannt Gensfleisch.[80] Von ihm ausgehend würden die Wappen, soweit sie sich zuordnen lassen, seine Großeltern, Eltern und Tante und deren Ehepartner repräsentieren. Ohne dass diese zweite Möglichkeit ausgeschlossen werden kann, soll dennoch versucht werden, die Wappenfolge ausgehend von der ersten Ehe einzuordnen.

Im Rittersaal des Hofes Molsberg könnten folglich der weltliche Richter Henne Molsberg, seine Frau Grete zur Laden sowie ihre Kinder und deren Ehepartner mit ihren Wappen dargestellt und präsent gewesen sein.[81] Henne Molsberg lebte Anfang/Mitte des 15. Jahrhunderts und gehörte der Familie Molsberg an, die sich seit 1351 in Mainz nachweisen lässt. Walter Molsberg, der Ende des 14. Jahrhunderts lebte, hatte mindestens einen Sohn, Peter zum Mols-

76 Peter zum Widenhof führte 1322 dieses Wappen. HStA Darmstadt Abt. C 1 A, Nr. 181, fol. 35r. 1372 ist dieses Wappen für Christian zum Lichtenberg nachzuweisen. StA Mainz Bodmann Collectio Sigillourm fol. 56b.

77 Heck: Genealogie (wie Anm. 15), S. 79, verweist darauf, dass die „Letztinstanzen" bzw. „Probanden" von Ahnentafeln in einer anderen Art oder einem anderen Medium dargestellt werden.

78 Walter Molsberg heiratete die Mainzer Patriziertochter Katharina Dulin. Sie war die Tochter von Clas Dulin und Elisabeth zum Jungen sowie die Enkelin von Ort Gelthus. ISG Frankfurt, Holzhausen-Archiv: zum Jungen Urkunden, Nr. 10, 1439 Nov. 27. Getze war mit Wycker Knobloch aus Frankfurt verheiratet. ISG Frankfurt, Holzhausen-Archiv: Kasten 142, 1450 Nov. 2. Zur Familie Knobloch vgl. Hansert: Geburtsaristokratie (wie Anm. 26).

79 Henne Molsberg nennt Clas Widenhof seinen *sweger*. CdtSt 17 (wie Anm. 3), S. 274f., 1445 April 29. Gustav Schenk zu Schweinsberg: Genealogie der Familie Gänsfleisch, in: Otto Hartwig (Hg.): Festschrift zum fünfhundertjährigen Geburtstage von Johann Gutenberg, Mainz 1900, S. 80–162, hier S. 97, nennt eine Hilgard Widenhof als Ehefrau. Im Zusammenhang mit der Ratswahl 1444 wird ausdrücklich erwähnt, dass Henne Molsberg zwei Ehefrauen gehabt habe. CdtSt 17 (wie Anm. 3), S. 181, Z.11–13.

80 Ochs: Gutenberg (wie Anm. 1), S. 456.

81 Dobras: Mainz (wie Anm. 72), S. 33f.

berg.[82] Peter war Richter am weltlichen Gericht in Mainz, hatte drei Söhne, Walter, Peter und Ort, und ist vor 1419 verstorben.[83] Ein Verwandter dieser Brüder war der genannte Henne Molsberg. Da Walter ihn 1447 seinen *vetter* nennt, wären verschiedene Verwandtschaftsgrade denkbar, möglicherweise war er ein Cousin 1. oder 2. Grades.[84] Henne Molsberg, der in erster Ehe mit Grete Gensfleisch und in zweiter Ehe wohl mit Hilgart zum Widenhof verheiratet war, hatte fünf Kinder: Johann war mit Margarethe Gensfleisch von Sorgenloch verheiratet, Walter ehelichte Katharina Dulin und Getze den Frankfurter Wicker Knobloch. Ulrichs Ehefrau war Anna Ugelnheimer und Dorothe wurde Nonne im Kloster Mariakron in Oppenheim.[85] Walter und Ulrich zogen in der Mitte des 15. Jahrhunderts, vielleicht nach der Eroberung der Stadt im Jahr 1462, nach Oppenheim, wo sie als Ratsherren und Bürgermeister der Stadt nachweisbar sind und auch beerdigt wurden. Ihr Bruder Johann dagegen blieb in Mainz, bewohnte den Hof zum Molsberg und erhielt das Amt eines weltlichen Richters in erzbischöflichen Diensten.[86]

Die Molsberger dürften eine der patrizischen Familien gewesen sein, die sich zwischen patrizischer und zünftischer Oberschicht bewegten bzw. bei denen die städtischen Parteiungen und Konfliktlinien in den innerstädtischen Auseinandersetzungen quer durch die Familie liefen.[87] Der genannte Walter zum Molsberg zählte laut Bruderschaftsbuch St. Christoph auf dem Arlberg zu den Mitgliedern der reichen Krämerzunft zum Isenburg und war an den Unruhen Anfang des 15. Jahrhunderts maßgeblich beteiligt. Er hatte mit einigen anderen gleichgesinnten zünftigen Ratsherren versucht, das Prinzip der bei den Zünften üblichen jährlichen Neuwahl zu unterlaufen und sich damit gegenüber den anderen Zunftgenossen abzuschotten. Gegen diese oligarchischen Tendenzen hatte sich die Mehrheit der Zünfte erhoben, woraufhin Walter im Jahr 1411 aus der Stadt floh.[88] Henne Molsberg dagegen war wohl nicht unter den Zünften. Vielmehr hatte er von 1417 bis 1438 das Amt des Richters am weltlichen Gericht in Mainz inne.[89] Während dieser Zeit, im Jahr 1424, erhielt er von Kaiser Sigismund einen Wappenbrief.[90] Wenngleich er selbst nicht zu den Münzerhausgenossen von 1421 gehörte, war

82 ISG Frankfurt, Holzhausen-Archiv: zum Jungen Urkunden, Nr. 12, 1447 Dez. 11. Es wäre denkbar, dass er zwei Söhne hatte. Das könnte erklären, warum in der späteren Generation Walter den Richter Henne Molsberg seinen *vetter* nennt, der zudem den Hof zum Molsberg besitzt.

83 1401 erhielt Peter das Amt von Erzbischof Johann von Mainz. StA Wü, MIB 13 fol. 238v [01], in: Die Regesten der Mainzer Erzbischöfe, URI: http://www.ingrossaturbuecher.de/id/source/5645 [12. Mai 2017]. 1419 wird Peter Molsberg als verstorben bezeichnet. StA Mainz U/1419 April 26. Seine drei Söhne sind in einer Urkunde von 1440 als Söhne des verstorbenen Richters Peter genannt. ISG Frankfurt, Holzhausen-Archiv: zum Jungen Urkunden, Nr. 410, 1440 Juli 28.

84 ISG Frankfurt, Holzhausen-Archiv: zum Jungen Urkunden, Nr. 12, 1447 Dez. 11; Nr. 410, 1440 Juli 28.

85 Dass Johann, Walter und Ulrich Brüder sind, geht aus einer Urkunde aus dem Jahr 1499 hervor, die ebenso belegt, dass Ulrich mit Anna Ugelnheimer, der Schwester des Stiftsherrn Johann Ugelnheimer zu St. Bartholomäus in Frankfurt. StA Mainz U / 1499 Okt. 1. Zu Walter und Katharina: ISG Frankfurt, Holzhausen-Archiv: zum Jungen Urkunden, Nr. 10, 1437 Nov. 27. Zu Getze und Wicker Knobloch: ISG Frankfurt, Holzhausen-Archiv: zum Jungen Urkunden, Nr. 14, 1450 Nov. 17. Zu Dorothe: ISG Frankfurt, Holzhausen-Archiv: zum Jungen Urkunden, Nr. 369, 1465; Nr. 15, 1466 Juni 17.

86 HStA Darmstadt Abt. C 1 B, Nr. 51, fol. 245r–246r. Siegrid Düll: Die Inschriften der Stadt Oppenheim (Die deutschen Inschriften, Bd. 23), Wiesbaden 1984, S. 48f., Nr. 107 und Nr. 110, die allerdings Anna Dulin als Ehefrau Ulrichs annimmt. Einen Stammbaum geben auch Andreas HANSERT/ Herbert STOYA: Frankfurter Patrizier. Historisch-Genealogisches Handbuch 2012, https://www.yumpu.com/de/document/view/6143373/frankfurter-patrizier-das-frankfurter-patriziat [12. Mai 2017], S. 889–891, die als Wohnort allerdings Appenheim statt Oppenheim angeben.

87 Vgl. DOBRAS: Münzerhausgenossen (wie Anm. 5), S. 102.

88 Zu Walter Molsberg vgl. DOBRAS, Münzerhausgenossen (wie Anm. 5), S. 103.

89 DOBRAS: Münzerhausgenossen (wie Anm. 5), S. 102f. Anm. 53.

90 RI XI, 1 n. 6025, in: Regesta Imperii Online, URI: http://www.regesta-imperii.de(id/1424-12-00_3_00_11_1_0_6705_6025 [13. März 2017].

doch der Münzmeister Clas Widenhof sein Schwager.[91] Sein weiterer Werdegang entzieht sich einer einfachen Deutung. Seit 1437 wurde der städtische Rat, der nun aus 28 Mitgliedern bestand, wieder paritätisch durch die Geschlechter und die *gemeinde* besetzt.[92] Im darauf folgenden Jahr gab Henne Molsberg das Amt des weltlichen Richters auf,[93] ohne dass seine Beweggründe erkennbar wären. Vielleicht war er des Amtes und des Engagements für die Stadt müde. Denn als er zwischen 1438 und 1444 vom Rat per Kooptation zum Ratsherrn gewählt und von seinen Verwandten im Rat, unter anderem Clas Widenhof, gebeten wurde, diesen Ratssitz zu übernehmen, hat er das Ansinnen mit der Begründung abgelehnt *wie das ich zweiundzwenzig jare an dem werntlichen gerichte hie zu Mentze gewest were und langer, do hette ich also vile sorge, unwillen und widderwirdigkeit gehabt, das ich min richterampt dor umb begeben hette, und vermocht solichs nit, als es dan an solichen enden notdorft were, er wolle künftig abe got will, zu kirchen … geen und unserm herren godde dienen und frieden suchen*. Er habe das seine für den Rat und die Stadt getan.[94] Doch nachdem die Verfassung im Jahr 1444 erneut – und zum letzten Mal vor der Eroberung der Stadt – geändert worden war und es nun einen ungeteilten Rat auf der Grundlage einer reinen Zunftverfassung gab, ließ er sich im Dezember 1444 in den Rat wählen. Im neuen zünftischen Rat übernahm er zudem im Jahr 1445 das Amt des Rechenmeisters und 1449 dasjenige des Bürgermeisters.[95]

Für die Familie Molsberg lässt sich folglich konstatieren, dass nicht nur verschiedene Familienzweige unterschiedlich agierten, sondern auch einzelne Personen sowohl auf Seiten der Geschlechter als auch derjenigen der *gemeinde* standen. Insofern entzieht sich die Familie Molsberg einer einfachen und eindeutigen Einordnung. Möglicherweise waren sie eine der Familien, die Mitte oder Ende des 14. Jahrhunderts erfolgreich Anschluss an das Patriziat gefunden hatte. Sie dürten spätestens im 15. Jahrhundert wohl als zum Patriziat gehörig erachtet worden sein, zumindest besaßen sie „patrizische Qualifikationen"[96]. Dafür würde das in drei aufeinander folgenden Generationen erhaltene Amt des weltlichen Richters sprechen, sowie die Ehen mit Mitgliedern der Geschlechter. Offenbar neigten zumindest einzelne Mitglieder der Familie im 15. Jahrhundert der *gemeinde* und den Zünften zu. Denkbar wäre hier, dass es sich um situative Entscheidungen handelte. Möglicherweisen deuten sie aber auch auf feine Rangunterschiede innerhalb des Patriziats oder auf Unzufriedenheit mit aktuellen Entwicklungen hin.[97]

91 Die Liste der Münzerhausgenossen findet sich in CdtSt 17 (wie Anm. 3), A Anhang, S. 349–352, hier S. 352. 1419 wurde Clas Widenhof von Erzbischof Johann II. von Nassau zum Münzmeister ernannt und lässt sich zumindest 1423 in dieser Funktion nachweisen. Vgl. DOBRAS: Münzerhausgenossen (wie Anm. 5), S. 99; ISG Frankfurt, Holzhausen-Archiv: Urkunden, Nr. 301, 1423 Febr. 13. Zu den Münzerhausgenossen und ihrer Bedeutung für die Mainzer Geschlechter vgl. OCHS: Gutenberg (wie Anm. 1), S. 122–128.

92 Zu den Auseinandersetzungen des 15. Jahrhunderts, vor allem der Jahre 1437 sowie 1444, vgl. auch BRIX: Kultur (wie Anm. 1), S. 83–91; DERS.: Konflikte (wie Anm. 1).

93 Das Amt gab er wohl zugunsten von Clas Schenkenberg auf. ISG Frankfurt, Holzhausen-Archiv: zum Jungen Urkunden, Nr. 14, 1450 Nov. 17.

94 CdtSt 17 (wie Anm. 3), S. 274, Z.15–21, 25f. Es sind weitere Briefe von Patriziern überliefert, die die Übernahme eines Ratsamtes ebenfalls abgelehnt haben, ohne eine solch ausführliche Begründung zu geben. CdtSt 17 (wie Anm. 3), S. 275. Berücksichtigt werden muss hier allerdings, dass diese Begründungen Ende des Jahres 1445 und somit mit zeitlicher Verzögerung und schon unter dem Eindruck der Ereignisse der Jahre 1444 und 1445 gegeben wurden.

95 Zu Henne Molsberg vgl. auch DOBRAS: Münzerhausgenossen (wie Anm. 5), S. 108f.; DERS.: Mainz (wie Anm. 72), S. 33f.

96 DOBRAS: Münzerhausgenossen (wie Anm. 5), S. 102.

97 So finden sich in den Auseinandersetzungen in Mainz immer wieder Patrizier auf Seiten der *gemeinde*: 1332 spielte Emmerich Rebstock, dessen Brüder Kraft und Heinrich in der selben Zeit im Alten Rat saßen, eine maßgebliche Rolle; auch Kraft hat sich wohl spätestens im November 1332 auf die Seite der *gemeinde* geschlagen; in den Auseinandersetzungen von 1428 bis 1430 führte unter anderem Eberhard Windecke die Opposition der *gemeinde* an. DOBRAS: Münzerhausgenossen (wie Anm. 5), S. 104–107; Ludwig FALCK: Das Mainzer Zunftwesen im Mittelalter, in: Alfons

Die Wappenfolge zeigt neben dem Wappen der Familie Molsberg sämtliche Wappen patrizischer Familien, die mit Ausnahme der Knobloch von Frankfurt aus Mainz stammten und dort schon seit dem 13. Jahrhundert zu den Geschlechtern zählten. Henne und seine Kernfamilie zählten ausweislich ihres Konnubiums und des Amtes zu den Mainzer Geschlechtern. Dennoch engagierten sich Henne und sein Verwandter Walter für die *gemeinde*. Die Übernahme einer Ratsherrenstelle wurde Henne von patrizischer Seite wohl auch übel genommen, das deutet der Bericht über die Ratswahlen am 30. November 1444 zumindest an. Denn der Schreiber, der vermutlich zum Kreis der Geschlechter zählte, vermerkte, dass Henne Molsberg gewählt worden sei, *der zwo elich frauwen von halten hat gehabt*.[98] Der Hinweis auf seine beiden Ehefrauen, die – wie eigens vermerkt wird – beide zu den alten Geschlechtern zählten, dürfte die Missbilligung, das Unverständnis oder zumindest Verwunderung über diese Entscheidung ausdrücken.[99] Vielleicht wurde die Wappenfolge in eben dieser Zeit in Auftrag gegeben und ausgeführt. So dürfte für einen Besucher und Betrachter der Wappenfolge um die Mitte des 15. Jahrhunderts das rein patrizische Konnubium des Henne Molsberg und seiner Kernfamilie eindrücklich zu erkennen gewesen sein.[100] Die Höfe der Familien, die als „Kristallisationspunkt für die Konstruktion der familiären Geltungsgeschichte“[101] gelten können, repräsentierten mit ihrer Steinbauweise, den überbauten Einfahrten, den ummauerten Höfen sowie den Wehrgängen und Zinnen den Wohlstand und die Wehrhaftigkeit ihrer Bewohner und somit zugleich ihren Rang. Mit der Wappenfolge dürfte dem Hof zum Molsberg ein ausformulierter genealogischer Kontext eingeschrieben worden sein, wohl nicht in einer zeitlichen Tiefendimension als Herkunftserzählung, sondern in der Breite als Bildnis der lebenden Familienmitglieder. Sie könnte der Selbstvergewisserung gedient und die Zugehörigkeit zum Patriziat für die Zeitgenossen und künftige Generationen gespeichert und bekräftigt haben.

SCHÄFER (Hg.): Festschrift für Günther Haselier aus Anlaß seines 60. Geburtstages am 19. April 1974 (Oberrheinische Studien, Bd. 3), Bretten 1975, S. 267–288, hier S. 276f.; Erich MASCHKE: Verfassung und soziale Kräfte in der deutschen Stadt des späten Mittelalters, vornehmlich in Oberdeutschland, T. 1/2, in: Vierteljahrschrift für Sozial- und Wirtschaftsgeschichte 46 (1959), S. 288–349, S. 433–476, hier S. 306; Joachim FISCHER: Frankfurt und die Bürgerunruhen in Mainz (1332–1462) (Beiträge zur Geschichte der Stadt Mainz, Bd. 15), Mainz 1958, insbes. S. 18–22. Zu Eberhard Windecke vgl. demnächst ausführlich Joachim SCHNEIDER: Eberhard Windeck aus Mainz und sein ‚Buch von Kaiser Sigmund (Reihe Geschichtliche Landeskunde, Bd. 73) (im Druck). Dagegen ist die sogenannte Freß- und Saufgesellschaft, keine – wie sie wiederholt gekennzeichnet wurde – Opposition gegenüber den Alten im Rat gewesen. Michael MATHEUS: Mainz zur Zeit Gutenbergs, in: Lebenswelten Johannes Gutenbergs, hg. von DEMS. (Mainzer Vorträge, Bd. 10), Mainz 2005, S. 9–37, hier S. 19–22.

98 CdtSt 17 (wie Anm. 3), S. 180f., hier S. 180, Z.11–13.

99 Fraglich scheint, ob hier tatsächlich ein Hinweis auf Bigamie vorliegt, weshalb der moralischer Vorwurf formuliert wurde. Vgl. DOBRAS: Münzerhausgenossen (wie Anm. 5), S. 108 Anm. 91; Reinhard BARTH: Argumentation und Selbstverständnis der Bürgeropposition in städtischen Auseinandersetzungen des Spätmittelalters. Lübeck 1403–1408, Braunschweig 1374–1376, Mainz 1444–1446, Köln 1396–400 (Kollektive Einstellungen und sozialer Wandel im Mittelalter, Bd. 3), Köln 1974, S. 195.

100 Zum Wandel der Intentionen bei der Anbringung von Wappenfolgen in Wandmalereien von der Repräsentation der Zugehörigkeit zu bestimmten, teilweise ephemeren Gruppen hin zur Ahnenprobe vgl. MEIER/SOMMERER, Identität (wie Anm. 2); MEIER, Dekorationssysteme (wie Anm. 22); GUTSCHER-SCHMID, Repräsentationsräume (wie Anm. 16), S. 83–86.

101 Gerd SCHWERHOFF, Handlungswissen und Wissensräume in der Stadt. Das Beispiel des Kölner Ratsherren Hermann von Weinsberg (1518–1597), in: ROGGE: Tradieren (wie Anm. 72), S. 61–102, hier S. 95.

Fazit

In der Freien Stadt Mainz zeichneten sich die komplexen und in sich geschichteten Familienverbände des Patriziats durch ihre Privilegien, die bevorrechtete politische Stellung und einen adligen Lebensstil aus. Sie haben ihre Wappen auf verschiedene Weise in Aushandlungsprozessen gebraucht und einsetzt, um ihre soziale Stellung und ihren Führungsanspruch zu demonstrieren und zu behaupten. Dabei erfüllten sie verschiedene Funktionen für – gewissermaßen in drei größer werdenden Kreisen – einzelne Familienmitglieder, die Familienverbände und die alten Geschlechter, also das Patriziat.

Wappen verweisen dadurch, dass sie den Charakter eines persönlichen Zeichens behielten, stets auch auf einzelne Familienmitglieder. Vor allem in der Verbindung von Wappen und Nennung des Namens, aber auch durch Brisuren waren sie individuelle Zeichen und repräsentierten ihren Träger. Zugleich war im Wappen der Verweis auf das Herkommen der Person lesbar, d. h., beim Gebrauch des Wappens war die Einbindung in den Familienverband, also die Abstammungsfamilie, immer gespeichert. Während die Verwendung von Wappendifferenzierungen den Familienverband sichtbar strukturierte, hatten die gemeinsamen (gemeinen) Figuren des Wappens eine verbindende Wirkung und dienten der familiären Identitätsstiftung. Zugleich war dem Wappen die patrizische Qualität des Familienverbandes eigen. Denn das Mainzer Patriziat konstruierte sich aus den Familienverbänden und formierte sich als genealogische Gruppe, wie der zeitgenössische Name „die Geschlechter" es nahelegt. Eindeutig als Patrizier zu erkennen, waren sie vor allem in patrizischen Wappenfolgen. Solche sind in Mainz für Umbruchszeiten belegt, in denen die Protagonisten zum Handeln bzw. zur Selbstvergewisserung gezwungen waren. Henne Molsberg bekräftigte seine Gruppenzugehörigkeit über die Materialisierung und Visualisierung des patrizischen Konnubiums in der Wappenfolge im repräsentativen Raum des Stammhofes. Der unbekannte „Verfasser" der Handschrift speicherte in der Wappenfolge der Handschrift das Wissen um die ruhmvolle Vergangenheit und das darin enthaltene Substrat des Mainzer Patriziats. Die Wappen verweisen insgesamt auf die charakteristischen Merkmale des Patriziats – insbesondere auf ihre Einbindung in das erzbischöfliche Umfeld –, aber auch auf die zunehmenden Schwierigkeiten, ihren Lebensstil bei zunehmend zünftischem Horizont in Mainz zu behaupten.

Memoria und ständische Repräsentation

Die Totenschilde der Nürnberger Elite

Katja Putzer

Nachdem im Dezember 1486 der Nürnberger Patrizier Leonhard Behaim gestorben war, gab sein Sohn Michael (gest. 1511) einen Totenschild[1] für ihn in Auftrag, der in die Pfarrkirche St. Sebald gehängt werden sollte, wo bereits andere Schilde verstorbener Familienmitglieder vorhanden waren.[2] Bei St. Sebald handelt es sich um die ältere der beiden Hauptpfarrkirchen Nürnbergs, die sogenannte Ratskirche.[3] Sie liegt direkt gegenüber dem Rathaus, wo der Kleinere Rat seine Sitzungen abhielt und die Reichsstadt regierte. Dieses Gremium bestand aus Mitgliedern der ratsfähigen Patrizierfamilien, den sogenannten Geschlechtern – ein kleiner Kreis führender Familien, die schon im 13. Jahrhundert kontinuierlich Ratsherren stellten, sich im Laufe des 15. Jahrhunderts gesellschaftlich zunehmend nach unten hin abschlossen und die Ratsstellen schließlich exklusiv belegten.[4] Sie bildeten die Spitze der städtischen Elite. Zur oberen Schicht gehörten in Nürnberg aber auch sogenannte Ehrbare. Die nicht unproblematische Bezeichnung – ehrbar waren auch die Geschlechter![5] – entstammt nachmittelalterlichen Quellen und meint wohlhabende, angesehene Familien und Personen, die zwar gerichts-

1 Von 2014 bis 2017 erforschte ein dreijähriges, interdisziplinär angelegtes Forschungsprojekt mit dem Titel „Jenseitsvorsorge und ständische Repräsentation. Interdisziplinäre Erschließung der spätmittelalterlichen Totenschilde im Germanischen Nationalmuseum" den Bestand der Totenschilde im GNM, Nürnberg, von kunsthistorischer, historischer und kunsttechnologischer Perspektive. Der Vortrag sollte einen Einblick in eine Auswahl von Fragestellungen des Projekts und einige ausgewählte Zwischenresultate geben. Projektmitarbeiter: Katja Putzer (Geschichte); Anna Pawlik (bis 30.11.2015) und Franziska Ehrl (ab 1.2.2016) (Kunstgeschichte); Astrid Roth und Elisabeth Taube (ab 1.7.2015) (Kunsttechnologie). Der Beitrag greift auch auf Ergebnisse der kunsthistorischen und –technologischen Forschungen zurück. Totenschilde wurden bislang vornehmlich unter genealogischen und heraldischen Gesichtspunkten betrachtet. Eine erste auf die Gattung bezogene Studie legte in den 1930er Jahren Kurt Pilz vor: Kurt Pilz: Der Totenschild in Nürnberg und seine deutschen Vorstufen. Das 14.–15. Jahrhundert, in: Anzeiger des Germanischen Nationalmuseums 1936–39 (1939), S. 57–112. Die Publikation der Resultate des Forschungsprojekts erfolgte im Juni 2019: Frank Matthias Kammel/Katja Putzer (Hgg.): Die Nürnberger Totenschilde des Spätmittelalters im Germanischen Nationalmuseum. Jenseitsvorsorge und ständische Repräsentation städtischer Eliten, Nürnberg 2019.

2 GNM, Historisches Archiv (HA), FA Behaim, Nr. 11a, 1487. Gedruckt bei Johann Kamann: Aus Nürnberger Haushaltungs- und Rechnungsbüchern des 15. und 16. Jahrhunderts, Teil 1, in: Mitteilungen des Vereins für Geschichte der Stadt Nürnberg 6 (1886), S. 57–122, hier S. 66. Zu Leonhard und Michael Behaim vgl. Peter Fleischmann: Rat und Patriziat in Nürnberg. Die Herrschaft der Ratsgeschlechter vom 13. bis zum 18. Jahrhundert, Bd. 2: Ratsherren und Ratsgeschlechter (Nürnberger Forschungen, Bd. 31/2), Neustadt a. d. Aisch 2008, S. 323f.

3 Zu St. Sebald vgl. Gerhard Weilandt: Die Sebalduskirche in Nürnberg. Bild und Gesellschaft im Zeitalter der Gotik und Renaissance (Studien zur internationalen Architektur- und Kunstgeschichte, Bd. 47), Petersberg 2007.

4 Zu den Anfängen und der Entwicklung des Nürnberger Rats und den Ratsgeschlechtern vgl. Peter Fleischmann: Rat und Patriziat in Nürnberg. Die Herrschaft der Ratsgeschlechter vom 13. bis zum 18. Jahrhundert, Bd. 1: Der Kleinere Rat (Nürnberger Forschungen, Bd. 31/1), Neustadt a. d. Aisch 2008, S. 18–28.

5 Der Patrizier Ulman Stromer beispielsweise verwendete im 14. Jahrhundert in seinem *Püchel von meim geslechet und von abentewr* den Begriff „ehrbar", ohne einen Unterschied zwischen Geschlechtern und der angesehenen Kaufmannsschicht zu machen. Vgl. Karl Hegel (Hg.): Die Chroniken der fränkischen Städte, Bd. 1 (Die Chroniken der deutschen Städte vom 14. bis ins 16. Jahrhundert, Bd. 1), Leipzig 1862, S. 83.

fähig waren, jedoch keinen Anteil am Kleineren Rat und damit an der Regierung hatten.[6] Sie besetzten zusammen mit Angehörigen der Geschlechter den Größeren Rat, ein Gremium, das aus einer über die Jahrhunderte schwankenden Anzahl von zwischen 150 und, um 1700, fast 500 Mitgliedern bestand. Politische Bedeutung verlor dieser Ausschuss bereits im 14. Jahrhundert, die Genannten des Größeren Rats wirkten in erster Linie als Gerichts- und Urkundenzeugen. Über diese und ortspolizeiliche Funktionen hinaus besaßen sie kein Gewicht.[7]

Es war der Kleinere Rat, der im Grunde alle Vorgänge in der Reichsstadt steuerte und kontrollierte. Er hatte die Gerichtsbarkeit inne, überwachte die Polizei, regulierte den Handel und das Handwerk. Er bestimmte, wer als Neubürger zugelassen wurde und beaufsichtigte das städtische Bauwesen. Die beiden höchstrangigen Mitglieder, die sogenannten *Losunger*, deren Bezeichnung sich von der *Losung* genannten Bürgersteuer Nürnbergs ableitete, hielten die Finanzverwaltung in ihren Händen. Im Lauf des 15. Jahrhunderts gewann der Rat außerdem zunehmend Einfluss auf das Kirchenwesen und erhielt die Aufsicht über die städtischen Kirchen und Klöster, bis er schließlich 1513 auch das bischöfliche Kirchenpatronat über die beiden Hauptpfarreien der Stadt, St. Sebald und St. Lorenz, erlangte.[8]

Ehe 1520 ein innerstädtisches Begräbnisverbot erlassen wurde, demzufolge Beerdigungen – die Geistlichkeit war davon ausgenommen – nur noch in den vor den Stadtmauern liegenden Friedhöfen St. Johannis und St. Rochus erlaubt war, bestatteten die Eliten ihre Toten in den städtischen Kirchen und Klöstern bzw. deren Kirchhöfen.[9] Besonders St. Sebald genoss herausragendes Prestige. Die meisten Geschlechter sowie einige ehrbare Familien hatten dort ihre Grabstätten und Gedächtnisorte. Letztere befanden sich im Idealfall in der Nähe der Grablegen. Die Familien statteten sie mit Kunststiftungen aus, installierten ihre Epitaphien und hängten ihre Totenschilde an Pfeilern und Wänden auf. Zu den in der Ratskirche vertretenen Geschlechtern gehörten u. a. die Haller, Tucher, Holzschuher, Grundherr, Kress, Ebner oder Behaim. Eines der prominentesten Beispiele für einen Ehrbaren, dem ein Platz in St. Sebald zugestanden wurde, ist sicherlich Sebald Schreyer (gest. 1520), der dort von 1482 bis 1503 das Amt des Kirchenmeisters versah und bei den Führenden der Stadt in hohem Ansehen stand.[10] Bereits sein Vater Hans (gest. 1477) hatte sich einen gewissen Stand in der Reichsstadt

6 Drei Beispiele: Das Geschlechterbuch des Lazarus Holzschuher, angelegt in der Zeit von 1506 bis 1509, nennt ratsfähige Geschlechter in Abgrenzung von ehrbaren Familien, die lediglich Eingang in den Größeren Rat fanden. Stadtarchiv (StadtA) Nürnberg, E49/III, Nr. 1. Ein *Verzaichnis derer Erbarn Geschlecht und Anderer fürnehmen Burger zu Nürnberg* aus dem 17. Jahrhundert listet ausschließlich nicht ratsfähige Familien. Staatsarchiv (StA) Nürnberg, Rep. 52a, Reichsstadt Nürnberg, Handschriften, Nr. 241. Johann Siebmacher unterschied in seinem Wappenbuch von 1605 *Adeliche Patricij* und *Erbare Geschlecht*. Siehe Horst Appuhn (Hg.): Johann Siebmachers Wappenbuch von 1605. In zwei Bänden, Teil 2 (Die bibliophilen Taschenbücher, Bd. 538), 2. verb. Auflage, Dortmund 1988.

7 Vgl. Fleischmann: Rat, Bd. 1 (wie Anm. 4), S. 199f; Michael Toch: Die Nürnberger Mittelschichten im 15. Jahrhundert (Schriftenreihe des Stadtarchivs Nürnberg. Nürnberger Werkstücke zur Stadt- und Landesgeschichte, Bd. 26), Nürnberg 1978, S. 157.

8 Alfred Wendehorst: Die Reichsstadt Nürnberg von den Anfängen bis zum Ende ihrer großen Zeit, in: Nürnberg 1300–1550. Kunst der Gotik und Renaissance, hg. vom Germanischen Nationalmuseum/The Metropolitan Museum of Art, München 1986, S. 11–25, siehe S. 18f.

9 Mit Ausnahme der Frauenkirche und St. Martha, die das Beerdigungsrecht nicht besaßen. Vgl. Hubert Mattausch: Das Beerdigungswesen der freien Reichsstadt Nürnberg (1219–186). Eine rechtsgeschichtliche Untersuchung an Hand der Ratsverlässe und der vom Rat erlassenen Leichenordnungen, Diss. Ludwig-Maximilians-Universität München, 1970, S. 16–18. Zur Verlegung der Friedhöfe und dem Begräbnisverbot innerhalb der Stadtmauern siehe S. 61–66.

10 Zu Schreyer vgl. Elisabeth Caesar: Sebald Schreyer. Ein Lebensbild aus dem vorreformatorischen Nürnberg, in: Mitteilungen des Vereins für Geschichte der Stadt Nürnberg 56 (1969), S. 1–213; Theodor Hampe: Sebald Schreyer vornehmlich als Kirchenmeister, in: Mitteilungen des Vereins für Geschichte der Stadt Nürnberg 28 (1928), S. 157–207.

erarbeitet und erhielt das Privileg, in St. Sebald begraben zu werden. Sein Sohn durfte dort einen Totenschild für ihn aufhängen. Dies hielt er in seinen eigenen Aufzeichnungen fest:

> *Item auf solchen des Hannsen Schreyers abgangk hat Sebolt Schreyer, sein Sun, dem gemelten seinem vater ein gedechtnuss mit einer scheiben, daran Schreyer schilt vnd helm vnd seiner beder weyber, nemlich Eyben vnd fuchs, schiltlein, auch der Jarzal dabey, als gewonheyt ist, machen vnd zu Sant Sebolt mit wissen, willen vnd vergunst herren Rupprechten Haller, pflegers, vnd Hannsen Hallers, kirchenmeisters des gemelten Gotshawss, an dem pfeyler gegen dem predigstul vber, so der ander von oben herab vnd daran das pild Sant Johannsen, des zwolfpoten vnd ewangelisten, ober dem gestul, so einer schultheissen zugeeygent ist, aufmachen lassen. Vnnd ist das die schrift vmb die scheiben: Anno dni M CCCC LXXVII am Eritag Sant Johanns tag zu Sunwenden starb Hanns Schreyer dem got gnad.*[11]

Der Totenschild ist noch erhalten und befindet sich in der Sammlung des GNM (Abb. 1). In St. Lorenz dagegen wurden vornehmlich Ehrbare bestattet. Auch einige Geschlechter fanden sich dort, etwa Zweige von Familien, die einen eigenen Memorialort zu etablieren suchten. Das ratsfähige Geschlecht der Volckamer beispielsweise war in beiden Kirchen vertreten. Sie spalteten sich in eine nach ihrem jeweiligen Wohnsitz benannte Sebalder und eine Lorenzer Hauptlinie und unterhielten dementsprechend ihre Grablegen und Gedächtnisorte in der jeweiligen Kirche.[12] Fromme und Kunststiftungen waren jedoch selbstverständlich nicht auf die Kirche beschränkt, in der man einen Bestattungsort unterhielt, sondern man gab sie auch in andere sakrale Räume der Stadt. Die Familie Haller beispielsweise, eines der ältesten und angesehensten Geschlechter der Reichsstadt, das eine umfangreiche Grablege in St. Sebald besaß, war u. a. in St. Lorenz mit zahlreichen Schenkungen verschiedenster Art vertreten. Besonders hervorzuheben ist ein Glasfenster, das die Gesamtfamilie um 1480 im neu errichteten Hallenchor stiftete.[13]

Totenschilde prägen noch heute das Bild der Kirchen in Nürnberg und dessen Umland. Unter ihnen sind Gedenktafeln zu verstehen, die für die männlichen Verstorbenen der Oberschicht angefertigt und im Kirchenraum angebracht wurden. Als zentrale Bestandteile sind das Familienwappen sowie eine Inschrift mit dem Namen des Verstorbenen, seinem Todesdatum und in der Regel einer Segensformel (*dem Gott gnad*, o. Ä.) zu sehen. Die Inschriften der Nürnberger Schilde folgten diesem Muster mit lediglich wenigen Variationen bis ins 17. Jahrhundert hinein; die Segensformel wurde gelegentlich weggelassen. Für Frauen wurden in Nürnberg keine Totenschilde angefertigt. War ein Mann verheiratet, so fand seine Ehefrau jedoch Berücksichtigung durch ein neben dem Hauptwappen angebrachtes, kleineres Beiwappen. Bei mehreren Ehen sind meist, aber nicht in jedem Fall, auch entsprechend viele Beischilde zu finden.

Zu den ältesten Schilden im Bestand des Germanischen Nationalmuseums gehören die vier plastisch geschnitzten Dreieckschilde der Familie Grundherr (Abb. 2), die das Wappen des Geschlechts und eine umlaufende Inschrift zeigen. Sie entstanden im Lauf der 1370er Jah-

11 Sebald Schreyers Gedenkbuch: StA Nürnberg, Rep. 52a, Nürnberger Handschriften, Nr. 301, fol. 144v. Gedruckt bei Albert Gümbel: Kirchliche Stiftungen Sebald Schreyers 1477–1517, in: Mitteilungen des Vereins für Geschichte der Stadt Nürnberg 18 (1908), S. 99–133, siehe S. 101.

12 Vgl. Fleischmann: Rat, Bd. 2 (wie Anm. 2), S. 1043f.

13 Vgl. Georg Stolz: St. Lorenz und die Familie Haller, in: Christian Schmidt/Georg Stolz (Hgg.): St. Lorenz und die Familie v. Haller (Verein zur Erhaltung der St. Lorenzkirche in Nürnberg (e. V.), N. F., Bd. 53), Nürnberg 2005, S. 9–55, zum Fenster siehe S. 29f.

re für Heinrich Grundherr (gest. 1351) und drei seiner Söhne.[14] Totenschilde in dieser Form, aber auch flache, bemalte Dreieckstafeln, finden sich bis um die Mitte des 15. Jahrhunderts. Durchgesetzt hat sich jedoch eine andere Gestalt: Bereits in den 1380er Jahren wurde die Dreiecksform von einer runden abgelöst, ebenfalls mit umlaufender Inschrift, jedoch mit dem plastischen Vollwappen des Verstorbenen (Abb. 3). Im Gegensatz zu anderen Städten, wie z. B. Ulm, Nördlingen oder München,[15] wo die Totenschilde hauptsächlich aus Holz bestanden, griffen die Hersteller in Nürnberg auf vielfältige Materialien zurück. Neben Holz für Trägerplatte, Wappenschild und Helm wurden für die weiteren Applikationen verschiedenste Materialien verwendet, darunter Leder, Blech, Gewebe, Pappe, Tierhaare, Kordeln und Seile aus Weidenruten und Bast sowie Glassteine. Herausgestellt hat sich zudem, dass das heutige Aussehen der Schilde in keinem Vergleich zu ihrer ursprünglichen Gestaltung steht. Durch die Verwendung von Blattmetallauflagen – in der Regel Blattsilber, seltener Blattgold – und farbigen Lüstern erreichte man ein überaus prächtiges Erscheinungsbild. Mehrere spätere Überarbeitungen und weniger aufwendige Überfassungen sowie das Ausbleichen bzw. Verbräunen der verwendeten Lacke führten jedoch über die Zeit zu dem heute eher unscheinbaren, gräulich-braunen Aussehen.

Das Gedenken durch Totenschilde war ausschließlich für die Eliten der Stadt bestimmt. Der Rat kontrollierte über die Kirchenmeister, die ihm unterstanden und berichteten, wer wo seine *Monumenta* errichtete. Diese dienten nicht nur dem eigenen Gedächtnis und dem der Familie, sondern immer auch der Repräsentation. Aus diesem Grund wurde streng darauf geachtet, dass niemand einen Platz in Anspruch nahm, der nicht seiner gesellschaftlichen Stellung entsprach. Die beiden Hauptpfarrkirchen standen in höherem Ansehen als die Klosterkirchen, das Kircheninnere wurde höher bewertet als die Außenseite. Zu spüren bekam dies beispielsweise der Nürnberger Großhändler Konrad Horn (gest. 1517) im beginnenden 16. Jahrhundert. Er hatte sich ein beträchtliches Vermögen im Tuch- und Metallhandel und Ansehen in der Reichsstadt erworben. Verheiratet war er mit Barbara Krell (gest. 1521). Keine der beiden Familien gehörte zum Kreis der Geschlechter. Deshalb wurde dem Kaufmann durch den Kleineren Rat verboten, ein Marmorepitaph, das er für den Rochusaltar der Lorenzkirche anfertigen lassen hatte, dort aufzustellen, weil sein Wappen und das seiner Ehefrau darauf angebracht waren. Dies war eine Form der Repräsentation, die Horn aus der Sicht des Stadtregiments nicht zustand. Letztlich wurde das Epitaph an einer weniger vornehmen Stelle an der Außenseite der Sakristei angebracht. Der Vorgang war offenbar derart bemerkenswert, dass ihn der Ratsschreiber Johannes Müllner (gest. 1634) 1623 in seinen *Annalen der Reichsstadt Nürnberg* folgendermaßen festhielt:

> *Dieser Cunz Horn [...] hat einen schönen großen Marmelstein mit großen Unkosten aus frembden Landen bringen und darein die heilige Trifaltigkeit künstlich hauen und graben lassen, vorhabens denselben in S. Lorentzen Kirch auf S. Rochius Altar zu setzen. Dieweil aber sein und seiner Hausfrauen (so ein Kroellin gewest) Wappen auch daran gegraben und er doch*

14 Zu Heinrich Grundherr und seinen Söhnen siehe FLEISCHMANN: Rat, Bd. 2 (wie Anm. 2), S. 471f. Zu den Schilden vgl. PILZ: Totenschild (wie Anm. 1), S. 78.

15 Siehe beispielsweise Max BACH: Die Grabdenkmale und Totenschilde des Münsters zu Ulm, in: Württembergische Vierteljahreshefte für Landesgeschichte N. F. 2 (1893), S. 129–161; Albrecht RIEBER: Totenschilde im Ulmer Münster, in: Hans Eugen SPECKER/Reinhard WORTMANN (Hgg.): 600 Jahre Ulmer Münster. Festschrift (Forschungen zur Geschichte der Stadt Ulm, Bd. 19), Ulm 1977, S. 330–376; Klaus RASCHZOK/Dietmar-H. VOGES: „...dem Gott gnädig sei". Totenschilde und Epitaphien in der St. Georgskirche in Nördlingen, Nördlingen 1998.

> *nit von den Erbarn gewest, die im Gebrauch hergebracht, ihre Schild in die Kirchen aufzuhenken, ist ihme solches nit gestattet worden, derwegen er diesen Stein außerhalb der Kirchen an der Sakristei aufrichten lassen, allda er noch zu sehen.*[16]

Zudem achtete der Kleinere Rat sehr genau darauf, dass die Rechte anderer nicht beschnitten und bereits vorhandene Objekte geschützt wurden:

> *Item es ist auch zewissen, das von einem Erbern Rat verlassen ist, das man kein scheyben, leichschilt, tottentafeln, gemel, noch auch die schilt vnd wappen in den Glaßuenstern vnd ander gedechtnus in oder an der kirchen des Gotshauß zu sant Sebolt abthun, verrucken, verendern oder verkeren, noch andern zuwenden soll. Sunder ain yedes bey den schilten oder zeichen bleiben lassen, mitt den es anfangs gemacht ist. Vnd ob yeczuzeiten an einer Totenscheuben, des geschlecht nit mer verhanden were, gepruch geschee, solt ein kirchenmeister zupessern vnd wider aufzumachen verpunden sein. Deßgleich so ein glaßvenster schadhafft wurd vnd desselben stammens, so das vor zeiten hetten machen lassen, nit mer verhandenn oder so abkomen wer, das solich pesserung in seinem vermugen nit were, so solt dasselb venster ein kirchenmeister von der kirchen gelt pessern lassen, damit dieselben wappen bliben vnd nit verendert wurden.*[17]

Wenn also etwa ein Glasfenster oder Gedächtnisort einer ausgestorbenen oder abgewanderten Familie von einer anderen übernommen wurde, so war es dieser ausdrücklich verboten, bereits vorhandene Wappen zu entfernen, zu übermalen oder zu verändern. Gab es in der Reichsstadt niemanden mehr, der sich um die Totenschilde und Stiftungen kümmern konnte, so fiel es in den Aufgabenbereich des Kirchenmeisters, für die Erhaltung Sorge zu tragen und mit dem Kirchenvermögen dafür aufzukommen. Auch die Familien selbst achteten darauf, dass ihre Gedächtnisorte nicht verändert wurden. Besonders wenn Kirchenrenovierungen anstanden, im Zuge derer sämtlicher Wandschmuck abgenommen werden musste, waren die Bedenken groß. Davon zeugt beispielsweise ein Brief des Johann Wilhelm Kress (gest. 1658) an seinen Vetter aus dem Jahr 1657, in dem er seiner Sorge Ausdruck verlieh, dass die *Monumenta* der Familie im Zuge der anstehenden Renovierung der Ratskirche verändert werden könnten, weil sie sich in und an Teilen des Gebäudes befanden, die von Umbauten betroffen waren. Derartiges sei bisher noch nicht vorgekommen und er hoffe, dass die Zuständigen der Kirche nichts dergleichen vorhätten und, falls doch, sein Vetter einer Änderung nicht zustimmen würde.[18]

Aufgrund seiner Sonderstellung stand St. Sebald ganz besonders im Fokus der Überwachung durch das Stadtregiment. Es war seit spätestens der zweiten Hälfte des 15. Jahrhunderts ausschließlich den dort bereits vertretenen Geschlechtern erlaubt, ihre Memorialorte auszustatten. Dies verwundert kaum angesichts der Tatsache, dass ebendiese Familien den Rat bildeten und ihre eigenen Vorrechte somit hüteten. Für jeden außerhalb dieses exklusiven Kreises dagegen war eine ausdrückliche Bewilligung nötig:

> [...] *ausserhalb der geschlecht, so ir leichscheiben oder schilt, Epithaphia genant, in der kirchen haben, keinen schilt oder scheyben auffhencken zulassen on erlaubnus eins erbern Rats.*[19]

Selbst eine bereits vorhandene Grablege in der Ratskirche berechtigte offenbar nicht grundsätzlich zur Aufhängung von Totenschilden. Als nämlich Ulrich III. Starck (gest. 1549) den

16 Johannes Müllner/Gerhard Hirschmann (Hg.): Die Annalen der Reichsstadt Nürnberg von 1623. Teil I: Von den Anfängen bis 1350 (Quellen zur Geschichte und Kultur der Stadt Nürnberg, Bd. 8), Nürnberg 1972, S. 59. Zu Konrad Horn vgl. Gerhard Hirschmann: Kunz Horn († 1517), ein Nürnberger Großhändler und Frühkapitalist, in: Jürgen Schneider (Hg.): Wirtschaftskräfte und Wirtschaftswege. Bd. I: Mittelmeer und Kontinent. Festschrift für Hermann Kellenbenz (Beiträge zur Wirtschaftsgeschichte, Bd. 4), Stuttgart 1978, S. 557–580, zum Epitaph S. 569f.

17 StA Nürnberg, Rep. 59, Salbücher, Nr. 2, fol. 26v–27r.

18 GNM, HA, FA Kress, XXIII, Fasz. F, Nr. 2.

19 StA Nürnberg, Rep. 59, Salbücher, Nr. 2, fol. 25r.

Brauch für seine eigene Familie, die erst seit verhältnismäßig kurzer Zeit, nämlich seit 1453,[20] Ratsherren stellte, einführen und für seinen Vater Ulrich II. (gest. 1510) und dessen Bruder Hans III. (gest. 1509) jeweils einen Schild anbringen lassen wollte, benötigte er zunächst die Einwilligung des Stadtregiments, die im Januar 1512 auch erteilt wurde:

> *Item Vlrichen Starcken ist bey ains erbern Rat vergonnt, das er nicht allain seinem vettern Hannsen Starcken, sonnder auch Vlrich Starcken, seinem vatter seligen, yedem ain leychtschilt* [sic!] *in sannt Sebolts pfarrkirchen auffhencken lassen mög.*[21]

Dabei war die Familie bereits seit spätestens 1423 mit einer Grablege in der Ratskirche vertreten, als Hans II. dort bestattet worden war. Auch mehrere Epitaphien für Mitglieder der Starck und Stiftungen des Geschlechts aus dem 15. Jahrhundert lassen sich dort fassen.[22] Totenschilde scheinen demnach als zusätzliche Auszeichnung gesehen worden zu sein.

Der Status eines Verstorbenen ist an seinem Totenschild nur bedingt ablesbar. Zunächst einmal scheint es keinen Unterschied gemacht zu haben, ob der Geehrte Ratsherr oder Kaufmann, ein Angehöriger der Geschlechter oder der ehrbaren Schicht gewesen war. Die Grundgestaltung folgte meist demselben Prinzip des runden Schildes mit Vollwappen und umlaufender Inschrift. Variationsmöglichkeiten gab es dabei vornehmlich hinsichtlich der dekorativen Elemente. Ab der Mitte des 15. Jahrhunderts kamen jedoch Sonderformen, wie Polygone, Vielpässe und andere Formen, auf. Bei diesen Schilden lässt sich feststellen, dass es sich häufig – aber eben nicht grundsätzlich – tatsächlich um herausragende Persönlichkeiten handelte, die ein hohes Amt bekleideten oder sich besondere Verdienste um die Stadt erworben hatten. Zu ihnen zählte beispielsweise Erhard Haller (gest. 1457). Ehe er in den Kleineren Rat gewählt wurde, hatte er eine Pilgerreise nach Jerusalem getätigt. Als Ratsherr war er häufig als Gesandter für die Stadt unterwegs. Als seine wohl wichtigste Station in dieser Funktion gilt eine Reise nach Rom im Jahr 1433, als er eine Gesandtschaft zur Kaiserkrönung Sigismunds anführte, um die in Nürnberg verwahrten Reichsinsignien dorthin zu bringen. Nach der Krönung war es Brauch, dass der Kaiser eine Schar ausgewählter Personen auf der Tiberbrücke zum Ritter schlug; Haller und seine Begleiter waren unter ihnen. Zudem wurde er von Sigismund als eines von vierundzwanzig Mitgliedern in den von diesem gegründeten Drachenorden aufgenommen.[23] Nach seinem Tod im November 1457 entschieden sich seine Nachkommen, ihn mit einem auffälligen Totenschild zu ehren (Abb. 4). Es handelt sich um einen der größten Schilde im Bestand des GNM. Er wurde in einer ungewöhnlichen Sechspassform mit Spitzen zwischen den Pässen angefertigt. Die Inschrift wurde zwar umlaufend angelegt, sitzt jedoch auf einer plastisch aufgelegten, gewundenen Schriftrolle. Heraldisch rechts weist ein Metallschild mit dem Krückenkreuz auf die Pilgerreise ins Heilige Land hin, darunter befindet sich das Abzeichen des Drachenordens, ein goldener, mit seinem Schwanz den Hals umschlingender Drache, darüber ein Kreuz. Auf der heraldisch linken Seite ist das Beiwappen der Ehefrau Barbara Paumgartner (gest. 1456) zu sehen. Erhard Hallers Totenschild weist als einer

20 Vgl. Fleischmann: Rat, Bd. 2 (wie Anm. 2), S. 933.

21 StA Nürnberg, Rep. 60b, Ratsbücher, Nr. 9, fol. 266v. Zu den genannten Personen vgl. Fleischmann: Rat, Bd. 2 (wie Anm. 2), S. 933f.

22 Vgl. Fleischmann: Rat, Bd. 2 (wie Anm. 2), S. 931; Weilandt: Sebalduskirche (wie Anm. 3), S. 170, 306–316.

23 Vgl. Fleischmann: Rat, Bd. 2 (wie Anm. 2), S. 505f. Zum Drachenorden siehe Pál Lövei: Hoforden im Mittelalter, unter besonderer Berücksichtigung des Drachenordens, in: Imre Takács (Hg.): Sigismundus Rex et Imperator. Kunst und Kultur zur Zeit Sigismunds von Luxemburg 1387–1437. Ausstellungskatalog Szépmüvészeti Múzeum Budapest und Musée national d'art Luxemburg, Mainz 2006, S. 251–263, hier besonders S. 253, 258–261. Siehe auch Pilz: Totenschild (wie Anm. 1), S. 94f.

von wenigen Schilden zudem einen goldenen Helm auf. Dieser steht im Zusammenhang mit dem Ritterschlag 1433, mit dem eine Wappenmehrung einherging, die ihn zur Führung eines gekrönten Helms berechtigte. In Nürnberg allerdings herrschte das Prinzip der Gleichheit unter den Geschlechtern. Dass sich einer über den anderen erhob, zumal ein Angehöriger des Kleineren Rats, war nicht gerne gesehen und wurde möglichst verhindert. Am Ritterschlag und der damit verbundenen Standeserhöhung ließ sich nichts mehr ändern, doch bereits 1434 erließ der Kleinere Rat erstmals ein Verbot der Führung gekrönter Helme, das im Lauf der Zeit mehrfach wiederholt wurde.[24] Einen gekrönten Helm enthält Erhard Hallers Totenschild nicht. Die kunsttechnologischen Untersuchungen zeigten aber eine Aussparung des Blattmetalls an der betreffenden Stelle auf.[25] Dies lässt vermuten, dass sich dort einst etwas befunden hatte – ob es sich dabei um eine Krone oder den üblichen Helmwulst handelte, lässt sich nicht eindeutig nachvollziehen. Allerdings deutet ein *Ratsverlass*, wie die Ratsbeschlüsse in Nürnberg genannt wurden, vom 22. März 1458 darauf hin, dass den Schild einst tatsächlich eine Krone schmückte: *Item Jeronimus Haller und sein geswisterhet sollen von des gekrontem helms wegen zu busse geben 50 gulden, doch uf gnade, und sollen dieselben cron von stund abtun.*[26] Obgleich der Eintrag den Totenschild nicht explizit nennt, bezieht er sich sehr wahrscheinlich auf ihn. Jeronimus (gest. 1499) war nämlich ein Sohn Erhard Hallers. Ein weiterer Hinweis ist zudem der Zeitpunkt des Beschlusses, der nur gut vier Monate nach Erhards Tod am 20. November 1457 erging.

Auch der Totenschild des Martin Hayd (gest. 1463) ist in diesem Zusammenhang zu beachten. Er war ein wohlhabender Kaufmann und einer der Begleiter Erhard Hallers in der Gesandtschaft nach Rom. Hayd gehörte jedoch nicht dem Kleineren Rat an; er war lediglich Genannter des Größeren Rats und unternahm die Reise zur Kaiserkrönung auf eigene Kosten. Auch er kam in den Genuss des Ritterschlags, der Wappenmehrung und der Aufnahme in den Drachenorden.[27] Nach seinem Tod 1463 ließ man ihm ebenfalls einen in Größe und Ausstattung herausragenden Totenschild anfertigen (Abb. 5). Im Gegensatz zu Hallers weist Hayds Schild jedoch eine goldene Krone auf dem Helm auf. Zum gegenwärtigen Kenntnisstand ist unbekannt, warum der Rat diese in Hayds Fall offenbar duldete oder ob er davon wusste. Ein Zusammenhang könnte allenfalls mit dem Standort des Schildes bestehen: Er wurde etwas abgelegen in der Wolfgangskapelle der Egidienkirche angebracht, wo sich die Grablege der Familie Hayd befand.[28] Hallers Totenschild dagegen hing prominent und vor aller Augen in der Ratskirche St. Sebald am reich ausgestatteten Gedächtnisort, den das Geschlecht dort unterhielt.[29] Im Gegensatz zu ihm trat der Schild Martin Hayds somit nicht in unmittelbare und vor allem unübersehbare Konkurrenz mit denen der anderen Ratsgeschlechter.

24 Johannes MÜLLNER/Gerhard HIRSCHMANN (Hg.): Die Annalen der Reichsstadt Nürnberg von 1623. Teil II: von 1351–1469 (Quellen zur Geschichte und Kultur der Stadt Nürnberg, Bd. 11), Nürnberg 1984, S. 304; vgl. auch FLEISCHMANN: Rat, Bd. 2 (wie Anm. 2), S. 506; PILZ: Totenschild (wie Anm. 1), S. 100f.

25 Untersuchung durch Astrid Roth.

26 Martin SCHIEBER (Hg.): Die Nürnberger Ratsverlässe 2. 1452–1471 (Schriften des Zentralinstituts für fränkische Landeskunde und allgemeine Regionalforschung an der Universität Erlangen-Nürnberg, Bd. 23,II), Neustadt an der Aisch 1995, S. 8.

27 Vgl. FLEISCHMANN: Rat, Bd. 2 (wie Anm. 2), S. 1109; PILZ: Totenschild (wie Anm. 1), S. 97.

28 Überliefert z. B. in GNM, Merkel Hs. 4° 491: Michael RÖTENBECK: Monumenta ex Tabulis et Insignibus funeralibus Norimbergae in Templis et Monasteriis ad St. Virginem, Aegidium, Dominicanorum, Franciscanorum, Augustinorum, Carthusianorum, Carmelitorum, Claram, Catharinam, Jacobi & Elisabethae, Mauritii, Martam, Spiritus Sanctum, 1620/1628, S. 231f.

29 Vgl. WEILANDT, Sebalduskirche (wie Anm. 3), S. 643–650.

Totenschilde wurden bislang vornehmlich für genealogisch ausgerichtete Studien herangezogen. Über diesen Aspekt hinaus wurden sie als Objekte kaum beachtet. Die auf den Schilden genannten Sterbedaten wurden mit dem Zeitpunkt ihrer Anfertigung gleichgesetzt, während der Entstehungszusammenhang meist nicht berücksichtigt und zum Beispiel Fragen nach Auftraggebern, Herstellern oder Kosten nicht gestellt wurden.[30]

Die Durchsicht von Testamenten und Rechnungsbüchern mit Totenschilden geehrter Nürnberger hat gezeigt, dass die Verstorbenen selbst offenbar nicht in die Anfertigung ihres Schildes involviert waren. Während sich in zahlreichen Fällen Vorkehrungen für die eigene Grabstätte finden lassen, so erscheinen die Gedenktafeln in diesem Zusammenhang nicht. Lorenz Kress (gest. 1492) erwähnte beispielsweise in seinem Testament von 1492, er habe seinen Grabstein bereits anfertigen lassen, während von einem Schild nicht die Rede ist.[31] Allem Anschein nach lag es demnach in der Verantwortung der Hinterbliebenen, einen Totenschild in Auftrag zu geben. Bei dem eingangs erwähnten Leonhard Behaim war es sein Sohn Michael, der sich darum kümmerte. Bei der Gelegenheit ließ er darüber hinaus die bereits vorhandenen Schilde der Familie in St. Sebald ausbessern. Die Sorge um die Erhaltung des Gedenkens ist also bereits im späten 15. Jahrhundert erkennbar. Die Söhne der Verstorbenen erscheinen am häufigsten als Auftraggeber der Gedenktafeln, aber auch Ehefrauen, Brüder, Vormünder, die sich um die Nachlassverwaltung kümmerten, und ab dem 16. Jahrhundert Familienstiftungen lassen sich als solche nachweisen.

Der Zeitpunkt der Anfertigung der Schilde scheint an keinen festen Termin gebunden gewesen zu sein. Die These, dass aufgrund der häufigen Verwendung ephemerer Materialien Eile bei der Herstellung geboten gewesen war, weil die Schilde beim Bestattungsritual benötigt worden sein könnten, ließ sich nicht bestätigen. Weder schriftliche Quellen, wie z. B. Begräbnisrechnungen, die häufig bis ins Detail jeden verwendeten Posten auflisten, noch bildliche Darstellungen der Neuzeit geben einen Hinweis darauf, dass Totenschilde beim Begräbnis oder Leichenzug eine Rolle spielten. Anweisungen für die Abhaltung von Jahrtagsfeiern zeigen im Übrigen ebenfalls keine dahingehenden Zusammenhänge auf. Die Schilde hatten demnach keinerlei rituelle Funktion. In Rechnungs- und Ausgabebüchern lässt sich leider der Zeitpunkt des Auftrags nicht ersehen, lediglich das Datum der Bezahlung wurde festgehalten. Von allen bislang erfassten Einträgen wurde über die Hälfte der Totenschilde innerhalb einiger Monate bis zu etwas über einem Jahr nach dem Ableben der Geehrten bezahlt. Daraus folgt, dass der Auftrag in den meisten Fällen relativ zeitnah zum Tod erfolgt sein muss. Der Schild für Leonhard Behaim passt ebenfalls in dieses Muster. Dieser verstarb am 1. Dezember 1486, die Kosten für den Totenschild verzeichnete sein Sohn Michael am 7. November 1487. In diesem Zeitraum von gut elf Monaten erfolgte aber, wie gesagt, nicht nur die Anfertigung des einen, sondern auch die Überarbeitung aller anderen in St. Sebald befindlichen Totenschilde des Geschlechts. Die Zeitspanne zwischen dem Tod einer Person und der Bezahlung ihres Totenschildes liegt bei den meisten anderen bei etwa zwei bis drei Jahren. Ob man sich tatsächlich länger Zeit ließ, ehe man eine Gedenktafel bestellte, oder ob vielmehr eine schlechte Zahlungsmoral die Ursache für die größerer Zeitspanne war, lässt sich aus den Quellen nicht ersehen. Nur wenige Male erscheinen die Schilde länger als drei Jahre nach dem Ableben des

30 Bei Weilandt sind einige vereinzelt in den Quellen erscheinende Preisangaben erwähnt. Vgl. Weilandt, Sebalduskirche (wie Anm. 3), S. 244–246.

31 Vgl. GNM, HA, FA Kress, XXV, Fasz. C, Nr. 14.

Geehrten in den Rechnungsbüchern. Dafür lässt sich jedoch in der Regel ein Grund finden. Im Fall des 1529 verschiedenen Christoph Kress, für dessen Schild seine Mutter Katharina (gest. 1536) vier Jahre später den Maler vergütete, handelte es sich um ein Familienmitglied, das nicht mehr in Nürnberg ansässig, sondern nach Rothenburg ob der Tauber umgesiedelt war und dort dem Rat angehört hatte.[32] Dass ihm auch in der Reichsstadt ein Totenschild gewidmet sein sollte, entschied die Mutter offenbar erst nach einiger Zeit, zumal in der Hauptkirche St. Jakob in Rothenburg bereits ein solcher für Christoph hing, den im Übrigen ebenfalls Katharina anfertigen hatte lassen und den sie 1532 bezahlte.[33] In welche Kirche sie den zweiten Schild hängen ließ, erwähnte sie nicht.[34] Ein weiterer Fall, in dem die Ausgaben für einen Totenschild lange nach dem Tod der betreffenden Person erscheinen, betrifft den gleichnamigen Sohn des Christoph Kress. Er war als Haupterbe der Nürnberger Linie in die Reichsstadt zurückgekehrt und 1560 dort verschieden.[35] 1570 hielt der Nachlassverwalter der minderjährigen Kinder des Verstorbenen Ausgaben für einen Schild fest, der für Christoph in die Kirche St. Georg zu Kraftshof, wo die Kress eine zweite Familiengrablege unterhielten, gehängt wurde.[36] Es dauerte jedoch wohl keine zehn Jahre, bis man einen Totenschild für ihn installierte. Für den älteren Bestattungsort des Geschlechts in St. Sebald ist nämlich ebenfalls ein Totenschild überliefert.[37] Der Zeitpunkt seiner Aufhängung ist nicht bekannt, doch es ist anzunehmen, dass er wohl schon vor demjenigen in Kraftshof existierte und man sich erst nachträglich dafür entschied, die Ahnenlinie in St. Georg zu komplettieren. Die Befunde zeigen insgesamt, dass meist nicht allzu viel Zeit verging, bis die männlichen Toten der Eliten mit einem Totenschild geehrt wurden, dass aber die auf ihnen angegebenen Sterbedaten nicht unbesehen mit dem Zeitpunkt der Herstellung gleichgesetzt werden dürfen. Besondere Vorsicht ist bei augenscheinlich sehr alten Gedenktafeln geboten. Die ältesten Nürnberger Totenschilde stammen zum derzeitigen Kenntnisstand aus der 2. Hälfte des 14. Jahrhunderts. Schilde mit weit früheren Sterbedaten, besonders diejenigen aus dem 12. oder 13. Jahrhundert, wurden dagegen aus Prestigegründen nachträglich angefertigt. Eine große Anzahl von Totenschilden galt als Beweis für altes Herkommen und lange Tradition. Besonders im 16. und 17. Jahrhundert legte das vornehme Bürgertum, auch in Nachahmung des Adels, darauf zunehmend Wert, daher fällt in diese Zeit die Herstellung zahlreicher vermeintlich früher Schilde. Um die Ahnenreihe zu vervollständigen, wurden Gedenktafeln für Vorfahren angefertigt, für die noch keine vorhanden

32 Vgl. GNM, HA, FA Kress, XXXI, Fasz. F, Nr. 18, fol. 5r. Zu Christoph Kress siehe FLEISCHMANN: Rat, Bd. 2 (wie Anm. 2), S. 654.

33 Vgl. GNM, HA, FA Kress, XXXI, Fasz. F, Nr. 17, fol. 14r. Die Inschrift des heute verlorenen Schildes in Rothenburg ist überliefert in GNM, HA, Archiv der Freih. von Kressischen Vorschickung, Abt. F, Reihe B, Nr. 2c, LXXIV: *Rotenburg: In der Hauptkirche zu S. Jacob oberhalb der Thür hinter der Canzel befindet sich eine runde Taffel mit dem Kreß von Kresensteinischen Wappen und der Umschrifft: A. 1529 Jar am Sontag Letare Inn der Fasten starb der Erber vnd Vest Christoff Kreß vom Kreßenstein, dem Got genade. A.* Dass die Anfertigung dieses Schildes in die Zeit nach dem 15. Juli 1530 fiel, ergibt sich allein daraus, dass die Kress erst an diesem Tag ein Adelsdiplom erhielten, infolgedessen sie sich „Kreß von Kressenstein" nennen durften. Vgl. FLEISCHMANN: Rat, Bd. 2 (wie Anm. 2), S. 653.

34 Der Schild ist über die Totenschildlisten Rötenbecks nicht nachweisbar. Auch in St. Georg in Kraftshof, wo die Kress eine Familiengrablege besaßen, wurde er nicht verzeichnet. Vgl. z. B. die Auflistung der im 17. Jahrhundert vorhandenen Totenschilde in Kraftshof in GNM, HA, FA Kress, III, Fasz. A, Nr. 2b, S. 48–53.

35 Vgl. FLEISCHMANN: Rat, Bd. 2 (wie Anm. 2), S. 654f.

36 Vgl. GNM, HA, FA Kress, XXIV, Nr. 8, 1570, fol. 6r.

37 Vgl. StadtB Nürnberg, Amb. 221 2°, Veit August HOLZSCHUHER VON ASCHBACH AUF HARRLACH: Historische Beschreibung von Ursprung und Erbeuung der Haubt- und Pfarr-Kirche des heil. Sebaldi in Nürnberg, nebst richtiger Anzeige aller darinnen befindlicher Monumenten, Wapen Fenster, Gemählden, Todtenschilder, und Grabsteine derer Nürnbergischen auch anderer Geschlechtern, welche ihr Gedächtniß und Wapen hinein gestiftet haben. Wobey aller Pfarrherren, Kirchen- und Schuldiener Verzeichniß, welche vor und nach der Reformation an der Kirche und Schul gedienet, beygesetzt worden, 1739, S. 135.

waren. Es hat sich allerdings gezeigt, dass es sich dabei häufig um fiktive Personen handelte. Weil Totenschilde gern und häufig völlig unkritisch als genealogische Belege für eine weit zurückreichende Familiengeschichte herangezogen wurden, ließ sich eine solche auf diese Weise konstruieren. Ein Beispiel ist etwa der Totenschild für Lorenz Holzschuher, der angeblich 1130 gestorben sein soll.[38] Bereits Veit Hieronymus Holzschuher (gest. 1720) notierte im Jahr 1700, dass er den vermeintlichen Vorfahren in keiner Urkunde finden könne, während Johann Christoph Gatterer (gest. 1799), der 1755 eine Familiengeschichte der Holzschuher anfertigte, ihn offenbar unhinterfragt als Stammvater des Geschlechts benannte.[39]

Das Handwerk in Nürnberg war streng durch den Rat reguliert. Überwacht wurde es ab 1470 durch das sogenannte Rugamt, das von mehreren Ratsherren geleitet wurde. Politische Vereinigungen und Tendenzen zur Selbstverwaltung wurden durch diese Behörde verhindert, bei jeder Versammlung der Handwerker war ein Rugherr zugegen. Der Rat überwachte außerdem jegliche Korrespondenz des Handwerks mit Zünften anderer Städte.[40] Es gab Vorgaben bezüglich der Voraussetzungen zur Erlangung des Meisterrechts, der Anzahl der Werkstätten eines Handwerks sowie der Gesellen, Lehrlinge und Knechte, die ein Meister beschäftigen durfte. Jedem Gewerk waren zudem mehr oder weniger klar umrissene Kompetenzen zugewiesen. Diese Tatsache scheint regelmäßig in den Aufzeichnungen des Kleineren Rats auf, in denen z. B. Anfragen bzgl. einer – manchmal auch nur zeitweiligen – Erweiterung der Befugnisse oder Streitigkeiten der Handwerker untereinander zuhauf Niederschlag fanden. 1464 etwa wurde dem Kupferschmied Hans Lindenast (gest. vor 1496) nach einer Beschwerde der Goldschmiede die Genehmigung zum Versilbern und Vergolden seiner Waren entzogen.[41] 1609 klagten die Schreiner gegen die Zimmerleute und der Rat untersagte letzteren das Verleimen zweier Bretter, weil dies in den Kompetenzbereich der Schreiner fiel, während es den Zimmerleuten schon von jeher verboten gewesen war.[42] Die Zuständigkeiten wurden also nicht nur vom Rat reguliert, sondern ihre Beachtung lag auch im Interesse der Handwerker selbst. Es ist somit davon auszugehen, dass auch bei der Herstellung von Totenschilden eine gewisse Arbeitsteilung zum Tragen kam. Wenn in den Rechnungseinträgen überhaupt Handwerker erwähnt werden, so erscheinen immer Maler, häufig auch Schreiner und Schlosser. Dem Schreiner dürfte demnach die Anfertigung der Trägerplatte zugefallen sein. Der Schlosser war zuständig für die Anbringung einer Aufhängevorrichtung am Schild sowie eines eisernen Hakens in der Kirche, an dem die Gedenktafel befestigt wurde. Der für die Produktion von

38 Der Schild befindet sich heute in St. Jobst, Nürnberg.

39 StadtA Nürnberg, E 49/II, Nr. 749, fol. 5r–6r; Johann Christoph Gatterer: Historia Genealogica Dominorvm Holzschvherorvm Ab Aspach Et Harlach In Thalheim. Cet. Patriciae Gentis Tvm Apvd Norimbergenses Tvm In Exteris Etiam Regionibvs Toga Sagoqve Illvstris Ex Incorrvptis Rervm Gestarvm Monimentis Conqvisita. Accedvnt Mvltae Tabvlae In Aes Incisae Itemqve Codex Omnis Generis Diplomata Atqve Docvmenta Nondvm Pvblicata Complexvs, Nürnberg 1755, S. 105. Vgl. zu dieser Thematik Anna Pawlik: Rückblick und Neuerung. Wandel der Erinnerungskultur, künftig in Kammel/Putzer: Totenschilde (wie Anm. 1).

40 Vgl. Rudolf Endres: Das Handwerk in Nürnberg im ausgehenden Mittelalter, in: Rudolf Endres (Hg.): Nürnberg und Bern. Zwei Reichsstädte und ihre Landgebiete (Erlanger Forschungen, Reihe A, Geisteswissenschaften, Bd. 46), Erlangen 1990, S. 49–79, hier S. 52f.

41 Vgl. Theodor Hampe: Nürnberger Ratsverlässe über Kunst und Künstler im Zeitalter der Spätgotik und Renaissance (1449) 1474–1618 (1633), Bd. 1: (1449) 1474–1570 (Quellenschriften für Kunstgeschichte und Kunsttechnik des Mittelalters und der Neuzeit, N. F. Bd. 11), Leipzig 1904, Nr. 47: *Item Hansen Lyndenast, als im vormals vergönnt ist, kupfferwerck zu versilbern oder zu vergulden etc. ut supra, also ist im das in einem rat uf anruffen der goltsmiedt, wieder der hantwerck das ist, wieder abgeleint und gesagt, nit mer zu machen.*

42 Vgl. Peter Fleischmann: Das Bauhandwerk vom 14. bis zum 18. Jahrhundert (Nürnberger Werkstücke zur Stadt- und Landesgeschichte, Bd. 38), Nürnberg 1985, S. 68.

Totenschilden zentrale Berufsstand scheint allerdings das Malerhandwerk gewesen zu sein. Zum gegenwärtigen Stand erscheint nur in einem einzigen Fall ein Bildschnitzer. Die Maler waren in Nürnberg ein sogenanntes freies Handwerk. In der uneingeschränkten Form bedeutete dies, dass die Kompetenzen nicht klar abgegrenzt waren und im Grunde jeder den Beruf ausüben durfte. Die Maler waren in der Reichsstadt zwar durch kleinere Gesetze und Artikel geschützt bzw. reguliert. Sie wurden jedoch trotzdem als „frei" bezeichnet und zählten nie zum geschworenen Handwerk, obwohl auch sie 1596 nach langwierigen Bemühungen endlich eine Ordnung erhielten.[43] Häufig übernahmen sie auch bildhauerische Tätigkeiten.[44] Demnach ist denkbar, dass Fassung und plastische Elemente von ein und derselben Hand angefertigt wurden. Wahrscheinlich ist aber auch die Möglichkeit, dass der Maler als zentrale Anlaufstelle für den Auftraggeber fungierte und Angestellte aus anderen Gewerken in seiner Werkstatt beschäftigte oder Aufträge an „Subunternehmer" vergab. Diese Vorgehensweise ist von großen Malerbetrieben bekannt. Michael Wolgemut (gest. 1519) beispielsweise, der in Nürnberg eine der größten Werkstätten im deutschsprachigen Raum betrieb, lieferte komplette Altäre und beschäftigte zu diesem Zweck Schreiner, Bildschnitzer usw.[45] Die Namen der ausführenden Handwerker erscheinen in den Rechnungseinträgen des 15. Jahrhunderts nur selten. Daher ist es durchaus ein Glücksfall, dass Michael Behaim in seinem Haushaltsbuch *maister vlrich hubsch, maller pey dem newen spittal* nannte.[46] Ulrich Hübsch (gest. 1490/1491) besaß ein Haus in der Nähe des Heilig-Geist-Spitals und führte für dieses verschiedene Arbeiten aus. Er ist z. B. für zwei Engel für einen Altar fassbar und vermutlich ist ihm auch die Bemalung einer Orgel zuzuschreiben.[47] Totenschilde waren also nicht sein einziges Beschäftigungsfeld. Die nachmittelalterlichen Rechnungen zeigen ebenfalls, dass die Maler, die mit den Gedenktafeln beauftragt wurden, auch Gemälde, Epitaphien, Altarretabel usw. anfertigten. Unter ihnen finden sich durchaus geläufige, wenn auch keine ganz berühmten Namen, die in der Regel für eine Reihe weiterer Arbeiten nachweisbar sind. Lucas Grüneberger (gest. 1593), der den in St. Lorenz hängenden Totenschild für den 1564 verstorbenen Lazarus Imhoff malte,[48] zeichnet beispielsweise auch für Porträts und Epitaphien für das Kloster Heilsbronn verantwortlich, die sich zum Teil noch heute im dortigen Münster befinden.[49] Dass es auf Totenschilde spezialisierte Werkstätten gab, die sich ausschließlich mit der Herstellung dieser Gattung beschäftigten, ist somit unwahrscheinlich. Die Schilde scheinen vielmehr zum Alltag in Nürn-

43 Vgl. Ernst MUMMENHOFF: Der Handwerker in der deutschen Vergangenheit (Die deutschen Stände in Einzeldarstellungen, Bd. 8), Jena 1924, S. 28–32. Ein knapper Überblick zur Entwicklung der Nürnberger Handwerksordnungen und zur Reglementierung durch den Rat sowie zu den Malerordnungen bei Andreas TACKE: Johann Hauer. Nürnberger Flach- und Ätzmaler, Kunsthändler, Verleger und Dürerforscher des 17. Jahrhunderts. Eine Fallstudie zur handwerksgeschichtlichen Betrachtung des Künstlers im Alten Reich, in: Andreas TACKE (Hg.): „Der Mahler Ordnung und Gebräuch in Nürmberg". Die Nürnberger Maler(zunft)bücher ergänzt durch weitere Quellen, Genealogien und Viten des 16., 17. und 18. Jahrhunderts, München/Berlin 2001, S. 13–141, hier besonders S. 16–18, 21–25.

44 Das Nürnberger Künstlerlexikon beispielsweise verzeichnet bis ins 16. Jahrhundert hinein immer wieder Maler, die auch als Bildschnitzer tätig waren, z. B. Marquard (1363), Hans Vackandey (1393), Hans Beutmüller (1418), Sebald Fyoll (1424), Gerhard Hübsch (1439), Veit Stoß (1447), Hans Haller (1457), Ulrich (1461), Hans Scholler (1490), Hans Heberlin (1513), Hans Baier (1530) oder Albrecht (1536). Vgl. Manfred H. GRIEB: Nürnberger Künstlerlexikon. Bildende Künstler, Kunsthandwerker, Gelehrte, Sammler, Kulturschaffende und Mäzene vom 12. bis zur Mitte des 20. Jahrhunderts. 4 Bde., München 2007, S. 1863–1867.

45 Vgl. GRIEB: Künstlerlexikon (wie Anm. 44), S. 1704.

46 Vgl. KAMANN: Rechnungsbücher (wie Anm. 2), S. 66.

47 Vgl. GRIEB: Künstlerlexikon (wie Anm. 44), S. 708; Albert GÜMBEL: Altfränkische Meisterlisten, in: Repertorium für Kunstwissenschaft 40 (1917), S. 77–84, 173–184, hier S. 81f.

48 Vgl. GNM, HA, FA Imhoff, Fasz. 46, Nr. 4, fol. 121r: Adj 27 ditto [27. Juni 1564] *zalt meister Lucas von des Lazarus selligen Schild zu mollen fl. 2 lb. 6 d. 9.*

49 Zu Meister Lucas, wie Lucas Grüneberger auch genannt wurde, vgl. GRIEB: Künstlerlexikon (wie Anm. 44), S. 518f.

berger Malerbetrieben gehört zu haben. Die Frage, was ein Totenschild im 15. Jahrhundert kostete, ist zunächst leicht zu beantworten, da die Beträge aus den Rechnungsbüchern zu ersehen sind. Gelegentlich sind die Einträge nach einzelnen Handwerkern aufgeteilt und zeigen, wer wieviel erhielt. Michael Behaim bezahlte Ulrich Hübsch im November 1487 für den Totenschild für seinen Vater Leonhard 4 fl. 4 lb. 5 d.[50] Mittelalterliche Währungen sind bekanntermaßen schwierig einzuordnen, geschweige denn in geläufigere Größen umzurechnen. Der Wert eines Guldens war häufig starken Schwankungen unterworfen, manchmal auch innerhalb kurzer Zeiträume. In Nürnberg waren zudem mehrere Währungen gleichzeitig im Umlauf. Außerdem gab es Rechnungswährungen, die nicht als Münzen existierten und nur auf dem Papier benutzt wurden.[51] Als problematisch erweist sich auch die Tatsache, dass die Verfasser der Rechnungs- und Ausgabebücher oft nicht spezifizierten, auf welchen Gulden oder welches Pfund sie sich in ihren Einträgen bezogen. Um also den Wert eines Totenschildes einschätzen zu können, ist es hilfreich, die Ausgaben für andere, im selben Zeitraum getätigte Einkäufe zum Vergleich heranzuziehen. Walter Bauernfeinds Forschungen haben ergeben, dass der Nürnberger Gulden im Zeitraum von 1472 bis um 1515 verhältnismäßig stabil war und darüber hinaus in etwa dem Wert eines rheinischen Guldens entsprach.[52] Damit können Michael Behaims Aufwendungen aus den 1480er und 1490er Jahren verwertet werden, ohne dass nennenswerte Währungsschwankungen berücksichtigt werden müssten. Im März 1490 bezahlte er für einen neun Pfund schweren Hecht 6 lb. 18 d.[53] Für einen schwarzen Hut aus nicht näher bestimmtem Material gab er 63 d. aus.[54] 1491 kostete ihm eine Schaube aus Schamlott neun rheinische Gulden,[55] also etwa doppelt so viel wie der Totenschild für seinen Vater. Besonders deutlich wird der Geldwert hinsichtlich der Löhne, die die einfachen Leute in dieser Zeit erhielten: Behaims Knecht Jörg bekam 1496/1497 für fast fünfeinhalb Monate Arbeit eine Vergütung von 18 lb. nebst einem alten Paar Hosen und einem Wams.[56] Für viereinhalb Gulden hätte er also fast ein Jahr arbeiten müssen. Dass der Betrag für wohlhabende Mitglieder der Oberschicht wie Behaim selbst dagegen eine vergleichsweise geringe Summe darstellte, zeigt nicht nur die Ausgabe für die Schaube, sondern wird auch an den Kosten sichtbar, die die Patrizier häufig für ihre Kunststiftungen bestritten: Der bereits erwähnte Lorenz Kress beispielsweise stiftete im Jahr 1492 fünfzig rheinische Gulden für die Anfertigung einer *tafel*, die für den Hochaltar in der Kirche St. Georg zu Kraftshof bestimmt war.[57]

50 Wie Anm. 46.

51 Paul SANDER: Die reichsstädtische Haushaltung Nürnbergs, dargestellt auf Grund ihres Zustandes von 1431 bis 1440. 2 Bde., Leipzig 1902, S. 742–747; Ernst SCHOLLER: Das Münzwesen der Reichsstadt Nürnberg im 16. Jahrhundert, Nürnberg 1912, S. 34–36; Walter BAUERNFEIND: Materielle Grundstrukturen im Spätmittelalter und der Frühen Neuzeit. Preisentwicklung und Agrarkonjunktur am Nürnberger Getreidemarkt von 1339 bis 1670 (Schriftenreihe des Stadtarchivs Nürnberg, Bd. 50), Neustadt an der Aisch 1993, S. 19, 38, 45.

52 Vgl. BAUERNFEIND: Grundstrukturen (wie Anm. 51), S. 45f., S. 19, Anm. 10. Der Gulden korrespondierte folgendermaßen mit Pfund und Pfennigen: 1 fl. = 8 lb. 12 d. = 252 d.

53 Vgl. KAMANN: Rechnungsbücher (wie Anm. 2), S. 67.

54 Vgl. ebenda, S. 68.

55 Unter Schamlott ist ein Stoff aus Kamelhaar oder auch ein Seidenstoff zu verstehen, Schauben waren bodenlange Mantelröcke. Vgl. KAMANN: Rechnungsbücher (wie Anm. 2), S. 70. Siehe auch Jutta ZANDER-SEIDEL: Textiler Hausrat. Kleidung und Haustextilien in Nürnberg von 1500–1650 (Kunstwissenschaftliche Studien, Bd. 59), München 1990, S. 55.

56 Vgl. KAMANN: Rechnungsbücher (wie Anm. 2), S. 76.

57 Vgl. GNM, HA, FA Kress, XXV, Fasz. C, Nr. 14: (...) *sollen machen lassen ein tafel gen sant Jorgen gein Kraftshoff auff den fron altar umb funfftzigk guldin rinisch.* Mit großer Wahrscheinlichkeit ist darin das Georgsretabel zu sehen, das sich noch heute in Kraftshof befindet. Siehe Frank Matthias KAMEL: Retabel und Epitaphien, Skulpturen und Gemälde. Das bildkünstlerische Inventar der Kraftshofer Kirche, in: Die St. Georgskirche in Kraftshof 1315–2015. Geschichte eines Baudenkmals und seiner Ausstattung, hg. vom EVANG.-LUTH. PFARRAMT ST. GEORG KRAFTSHOF (Schriftenreihe der Altnürnberger Landschaft, Bd. 53), Lauf a. d. Pegnitz 2015, S. 161–199, hier S. 177–183.

Die 1490er Jahre brachten für die Gattung des Totenschildes schließlich tiefgreifende Veränderungen. Im Laufe der zweiten Hälfte des 15. Jahrhunderts wurden die Gedenktafeln zunehmend größer, prächtiger und überladener. In der Absicht, dieser Entwicklung gegenzusteuern, erließ der Kleinere Rat 1492 ein Preislimit von drei Gulden. Bei Nichtbeachtung drohte eine Strafe von zehn Gulden, und zwar nicht nur dem Auftraggeber, sondern auch dem ausführenden Handwerker:

> *Item es ist erteilt, das hinfur nimand kein schilt oder scheiben in keener kirchen nit auff oder anhengen soll vber 3 fl wert. Auch kein hantberck mer dy machen vber den wert pey einer pen 10 fl vnd wider abzuthun.*[58]

Aus dieser Zeit ist bislang kein Rechnungsbeleg für einen Totenschild überkommen, somit ist nicht belegbar, ob die Beschränkung befolgt wurde. Hinsichtlich der Größe der Schilde für in diesen Jahren Verstorbene und der für sie verwendeten Materialien jedoch lassen sich keine nennenswerten Unterschiede zu älteren Schilden feststellen. Vermutlich fand der Ratsbeschluss keinen oder nur wenig Anklang, denn 1495 setzte der Kleinere Rat nach: Ab dem Herbst dieses Jahres lassen sich in mehreren *Ratsverlässen* Überlegungen und Entscheidungen hinsichtlich einer drastischen Regulierung fassen. Als Grund nannte man die übermäßige Prachtentfaltung, die zunehmende Größe der Schilde, die die Kirchen verdunkelten, und die Gefahr, die sie zeitweise darstellten, wenn sie oder Teile von ihnen herabfielen. Totenschilde hatten von da an ausschließlich flache, bemalte Tafeln aus einfachem Holz zu sein, die lediglich das Familienwappen und die Inschrift zeigten. Jeglicher plastische Schmuck war verboten. Auch über eine maximale Größe wurde den Winter über beraten und schließlich ein Format festgelegt.[59] Im März 1496 trat das Gesetz schließlich endgültig in Kraft. Es wurden Mustertafeln, sogenannte *Schwarze Tafeln* in der von nun an erlaubten Größe in die Kirchen gegeben, an denen sich Kirchenmeister, Bürger und Handwerker orientieren konnten:

> *Es ist in eynem Rat verlassen, die leychschilt, die man in der kirchen aufhenckt, nach dem form der Schwarczen tafel, die in eynem Rat gezaygt ist, zu zu* [sic] *machen, vnd nit grosser, wol mag ymant sein leichschilt wol kleyner machen. Es sol auch nymant keynerley erhabenß, noch geschnittens an keinen schillt lassen machen. Sunder allein die wappen dar an zu malen in laut des gesecz deßhalben vfgericht.*[60]

Keines dieser Muster ist erhalten, doch angesichts der zahlreichen überkommenen Rechteckschilde (Abb. 6) dürften sie etwa 75 x 45 cm groß gewesen sein. Die Regulierung wurde offenbar befolgt, denn bis auf nur wenige Ausnahmen gab es danach nur noch diese gleichförmigen Tafeln. Die Form wurde bis ins 17. Jahrhundert hinein beibehalten. Erst ab der zweiten Hälfte des 17. Jahrhunderts lässt sich eine Gegenbewegung beobachten: Schilde nahmen barocke Formen an und wurden wieder zunehmend größer. Die Inschriften enthielten mehr und mehr individuelle Details zu den Verstorbenen, das Familienwappen rückte allmählich in den Hintergrund.[61] In der Literatur werden diese Schilde zwar als „Totenschilde" bezeichnet, tatsächlich sind sie jedoch vielmehr Wappenepitaphien. Sie markieren schließlich das Ende der Gattung in Nürnberg.

58 StA Nürnberg, Rep. 60a, Verlässe des Inneren Rats, Nr. 280, fol. 4r.

59 Siehe z. B. den Ratsverlass vom 17. Februar 1496: *Es ist erteylt, noch ein Muster zu den schiltten zuschneyden vnnd fur ein Rat zupringen.* StA Nürnberg, Rep. 60a, Verlässe des Inneren Rats, Nr. 327, fol. 14v. Vgl. außerdem PILZ: Totenschild (wie Anm. 1), S. 101f.

60 StA Nürnberg, Rep. 60a, Verlässe des Inneren Rats, Nr. 329, fol. 1r.

61 Vgl. PILZ: Totenschild (wie Anm. 1), S. 103.

Macht, Reichtum, Selbstdarstellung

Die Humpis und die führenden Kaufleute der Bodenseestädte

Andreas Schmauder

I. Europaweiter Fernhandel als Grundlage für Reichtum und Selbstdarstellung

Seit spätestens 1406 haben sich die drei einflussreichen Fernhandelsfamilien Humpis und Mötteli aus Ravensburg und Muntprat aus Konstanz zu einer Handelsgesellschaft zusammengeschlossen, um in großem Stil in den Katalonien-Handel insbesondere mit Barcelona einzusteigen.[1] Die Hauptpersonen der ersten Stunde waren alle vier erfolgreiche Fernhandelskaufleute:

- Henggi Humpis (ca. 1346–1429) und sein Neffe Jos Humpis (ca. 1379–1454) waren beide erfahrende Barcelona-Kaufleute (Henggi Humpis war bereits 1394 im Barcelona-Handel aktiv), mehrfache Bürgermeister und Stadtammänner der Reichsstadt Ravensburg, deren Familie seit Generationen dem Patriziat der Reichsstadt angehörten.[2]
- Lütfried Muntprat (gest. 1447), dessen aus der Lombardei stammende Familie Erfahrung im Barcelona- und im Venedig-Handel aufwies, gehörte dem Patriziat in Konstanz an und bekleidete mehrfach Rats- und Bürgermeisterämter.[3]
- Rudolf Mötteli (gest. 1426) war Bürger von Ravensburg, ohne nachweisbare Patriziatszugehörigkeit und ohne städtische Ämterlaufbahn.[4]

Alle drei Familien waren aufs Engste verwandt und verschwägert. Mit dem Zusammenschluss zu einer Handelsgesellschaft gehörten deren Gründer zu den Pionieren des oberdeutschen Katalonien-Handels. Auf dieser Grundlage gelang es den nachfolgenden beiden Generationen eine Handelsgesellschaft aufzubauen, die auf den wichtigsten europäischen und mediterranen Märkten präsent war. Sie wird in den Quellen als „magna societas“ der Humpis bezeichnet

1 Meike Knittel: Barcelona – llotja, drassanes i Santa Maria del Mar (Die Humpis in Europa, Bd.2),Ravensburg 2015, S. 28f.

2 Knittel: Barcelona (wie Anm. 1), S. 15; Alfons Dreher: Geschichte der Reichsstadt Ravensburg und ihrer Landschaft, Bd. 2, Weißenhorn 1972, S. 639f., 644; Alfons Dreher: Das Patriziat der Reichsstadt Ravensburg. Von den Anfängen bis zum Beginn des 19. Jahrhunderts, Stuttgart 1966, S. 84–87, 200–207; Helmut Maurer: Konstanz im Mittelalter. Von den Anfängen bis zum Konzil (Geschichte der Stadt Konstanz, Bd. 1), Konstanz 21996, S. 258–260.

3 Dreher: Patriziat Ravensburg (wie Anm. 2), S. 261f; Aloys Schulte: Geschichte der Grossen Ravensburger Handelsgesellschaft (Deutsche Handelsakten des Mittelalters und der Neuzeit, Bd. 1), Stuttgart 1923, S. 190–193. Künftig Schulte: GRHG, Bd. 1; Knittel: Barcelona (wie Anm. 2), S. 15.

4 Schulte: GRHG, Bd.1 (wie Anm.3), S. 187; Dreher: Patriziat Ravensburg (wie Anm. 2), S. 211.

und ist in die Literatur als Große Ravensburger Handelsgesellschaft oder Humpisgesellschaft eingegangen. Die Handelsgesellschaft unter der Leitung der Familie Humpis mit Sitz in Ravensburg verfügte über ein Netz von zeitweise 13 Niederlassungen und mehreren Agenturen in West-, Süd- und Mitteleuropa. Zu den wichtigsten Geliegern (Niederlassungen) gehörten neben Barcelona noch Valencia, Genua, Mailand, Brügge, Genf und Nürnberg.

Insbesondere in Barcelona und Genua nahmen die Ravensburger unter den oberdeutschen Kaufleuten eine nahezu monopolartige Stellung ein. Haupthandelsprodukt war anfänglich die oberschwäbische Leinwand aus Flachsgarn und auch Barchent, ein Mischgewebe aus Leinwand und Baumwolle. Die Handelsgesellschaft kontrollierte einen Großteil des Leinwandexports aus einem der größten Textilreviere im Süden des Alten Reichs, der Region Bodensee/Oberschwaben.

Von Genua aus engagierte sich die Handelsgesellschaft seit den 1420er Jahren in großem Stil auch im Handel mit spanischer Merino-Wolle. In Tortosa, Peñíscola und Valencia ließ sie regelmäßig erhebliche Mengen Wolle verladen und nach Savona in Ligurien verschiffen, von wo aus die piemontesischen und lombardischen Wolltuchverleger beliefert wurden. Mehr als ein Drittel der nachweislich in diesem Zeitraum nach Ligurien importierten spanischen Wolle fuhr unter dem Zeichen der Humpisgesellschaft. Die Gesellschaft mischte sich erfolgreich in die Versorgung der oberitalienischen und auch der dalmatinischen Tuchindustrie mit spanischer Wolle ein. Sie machte Genua bald zu einem zentralen Ort ihres ganz Mittel- und Westeuropa umspannenden Filialnetzes und kontrollierte lange Zeit einen großen Teil des Güterverkehrs zwischen Katalonien, Ligurien, der Lombardei und Oberdeutschland.[5]

In Barcelona gelang es der Gesellschaft in den 1440er Jahren zu den bedeutendsten Exporteuren von Safran und roter Koralle zu avancieren. An erster Stelle stand Safran. 7.712 Pfund hatte die Gesellschaft 1443 exportiert. Das macht 47 Prozent am gesamten Safranexport aus. Damit war die *Companyia de Jous Ompis* Marktführer beim Export von Safran. An zweiter Stelle bei den Exportwaren stand mit einer Größenordnung von 344 Pfund die rote Koralle, bedeutende Grundlage für Schmuck und religiöse Gegenstände.[6] Die Gesellschaft war insbesondere in diesen beiden Städten auf vielfältige Art und Weise in das personelle Beziehungsgefüge der mediterranen Geschäftswelt integriert und in den unterschiedlichsten Sparten des mediterranen Handels tätig. Seit der Mitte des 15. Jahrhunderts gehörten zum Warenportfolio alle weiteren hochwertigen Gebrauchs- und Luxusgüter aus dem Orient und ganz Europa, die Konjunktur hatten. Die Gesellschaft kennzeichnete dabei nicht etwa der Handel in vorgegebenen Pfaden, die Fortführung etablierter Handelsverbindungen oder familiärer Traditionen. Sondern ihr Potential war es, sich bietende Möglichkeiten auf gesamteuropäischer Ebene zu erkennen und mit unternehmerischem Risiko umzusetzen. Bis 1530 gehörte die „magna societas“ zu den erfolgreichsten europäischen Großhandelsunternehmen. Dieses erfolgreiche Eingreifen der Humpisgesellschaft in den mediterranen Woll-, Safran- und Korallenhandel konnte nur gelingen, weil sie einen Großteil der ehemals selbständig im westlichen Mittelmeer tätigen Kaufleute des Bodenseeraums sukzessive in ihre Reihen aufgenommen hatte und über geraume Zeit den Genua- und Barcelona Handel faktisch monopolisierte.[7] Zu Spitzenzeiten waren 40–50 Kaufmannsfamilien vornehmlich aus Ravensburg, Konstanz, Lindau

5 Marco Veronesi: Oberdeutsche Kaufleute in Genua, 1350–1490. Institutionen, Strategien, Kollektive (Veröffentlichungen der Kommission für Landeskunde in Baden-Württemberg, Bd. 199), Stuttgart 2014.

6 Knittel: Barcelona (wie Anm. 1), S. 109.

7 Veronesi: Genua (wie Anm. 5).

und St. Gallen sowie weiterer Reichsstädte im Raum Bodensee/Oberschwaben als Mitgesellschafter eingebunden. Die Gründung um 1406 und das erfolgreiche Wirken der Ravensburger Handelsgesellschaft bis 1530 bedeutete nicht nur ein neues Kapitel in der europäischen Wirtschaftsgeschichte, es bedeutete eine Blütezeit für die Reichsstädte am Bodensee und eine enorme Entfaltung und einen Bedeutungsgewinn für die Handel treibenden Kaufmannsfamilien. Schon bald galten die Pioniere des Katalonien-Handels den Zeitgenossen als „sagenhaft" reich: noch die Zimmerische Chronik berichtet vom sprichwörtlichen Reichtum der Mötteli[8], Henggi Humpis, für die Bodenseestädte Teilnehmer am Konstanzer Konzil, galt als einflussreichster Regionalpolitiker[9], Lütfried Muntprat stuften die Zeitgenossen als „weitaus reichsten Bürger Schwabens und der Schweiz" ein.[10] Bei seinem Tod 1447 hinterließ er ein Vermögen von 71.400 Pfund Heller, ein enormer Reichtum.

Wie Selbstverständnis und Sozialprestige der durch Fernhandel reich und einflussreich gewordenen städtischen Führungsschichten (patrizisch oder nicht patrizisch) sich in der städtischen Gesellschaft auch und gerade am Beispiel der materiellen Kultur manifestierten, wie sie ihre Vormachtstellung absicherten und ihre Selbstdarstellung inszenierten, soll für den Zeitraum von 1406 bis 1530 am Beispiel von vier Familien untersucht werden: der Ravensburger Humpis, der Konstanzer Muntprat sowie der Mötteli und nach deren Ausscheiden aus der Handelsgesellschaft 1452 und der Verlegung ihrer Aktivitäten nach St. Gallen anhand der Lindauer Familie Kröll. Die Krell oder Kröll waren eine Saulgauer Meliorenfamilie, die sich dann in Ravensburg und Lindau niederließen, verwandtschaftlich mit den Humpis verbunden waren[11] und spätestens 1488 in die Handelsgesellschaft aufgenommen wurden.[12] Herausragender Vertreter war Oswald Krell (ca. 1470–1534), als Mitglied der Handelsgesellschaft von ca. 1490–1500 Faktor des Geliegers Nürnberg, von wo aus er auch die Geschäfte auf den Frankfurter Messen betreute und ab 1503 schließlich Vertreter der Gesellschaft in Lindau wurde.[13] Der Beitrag kann auf den richtungsweisenden Untersuchungen von Alfons Dreher zum *Patriziat der Reichsstadt Ravensburg* (1966)[14], von Siegmund Keller zum *Patriziat und zur Geschlechterherrschaft in der Reichsstadt Lindau* (1907)[15] und von Klaus Bechtold zu *Zunftbürgerschaft und Patriziat* in Konstanz (1981)[16] sowie die zahlreichen Untersuchungen zu patrizischen Trinkstubengesellschaften in Konstanz und Lindau aufbauen, die Stellung und Bedeutung des Patriziats herausgearbeitet, aber Fragen nach materieller Kultur und Sozialprestige lediglich gestreift haben.[17]

8 Dreher: Patriziat Ravensburg (wie Anm. 2), S. 212.
9 Dreher: Patriziat Ravensburg (wie Anm. 2), S. 202.
10 Maurer: Konstanz im Mittelalter, Bd. 1 (wie Anm. 2), S. 258.
11 Verheiratet 1484 mit Agathe von Essendorf, Tochter des Hans von Essendorf und der Appolonia Humpis.
12 Schulte: GRHG, Bd.1 (wie Anm. 3),. S. 157f; Dreher: Patriziat Ravensburg (wie Anm. 2), S. 76, S. 196f.
13 Veroniesi, Materialsammlung; Alfred O. Stolze: Der Sünfzen zu Lindau. Das Patriziat einer schwäbischen Reichsstadt, Lindau/Konstanz 1956, S. 109, 237f. u. a. a. O.
14 Dreher: Patriziat Ravensburg (wie Anm. 2).
15 Siegmund Keller: Patriziat und Geschlechterherrschaft in der Reichstadt Lindau (Deutschrechtliche Beiträge, Bd. 1,5) Heidelberg 1907.
16 Klaus D. Bechtold: Zunftbürgerschaft und Patriziat. Studien zur Sozialgeschichte der Stadt Konstanz im 14. und 15. Jahrhundert. (Konstanzer Geschichts- und Rechtsquellen, Bd. 26), Sigmaringen 1981.
17 Christoph Heiermann: Die Gesellschaft ‚Zur Katz' in Konstanz. Ein Beitrag zur Geschichte der Geschlechtergesellschaften in Spätmittelalter und früher Neuzeit. (Konstanzer Geschichts- und Rechtsquellen, Bd. 37), Stuttgart 1999; Stolze: Der Sünfzen zu Lindau (wie Anm. XIII).

II. Landbesitz und Einheirat in Landadelsfamilien als weitere finanzielle Basis und Teil des patrizisches Selbstverständnisses

Durch die enormen Gewinne aus dem europaweiten Großhandel war es den Kaufmannsfamilien in noch intensiverer Form möglich, die materiellen Grundlagen für ihren Lebensunterhalt in zwei weiteren Bereichen auszubauen: zum einen enormes Kapitalvermögen anzuhäufen und durch Kapitalrenten zu vermehren und zum anderen insbesondere ihren Landbesitz auszubauen, der stabile Zins- und Grundrentenerträge einbrachte. Für die beiden führenden Familien der Handelsgesellschaft und ihr weit verzweigtes Familiennetz, lässt sich ein beinahe atemberaubender Erwerb von Herrschaften häufig mit Herrensitz, Gerichts- und Kirchenrechten, Dörfern, Leibeigenen, Acker- und Rebland, Waldungen und Weihern nachweisen:

Mit Altenkirchen erwarben die Muntprat 1419 erstmals eine Gerichtsherrschaft, 1423 die Burg Rosenberg, dann im Fünfjahrestakt (1440, 1457, 1464, 1474, 1478) die Herrschaften Salenstein, Lommis, Spiegelberg, halb Weinfelden, Zuckenriet und schließlich 1505 die halbe Vogtei Eggen, um nur einige zu nennen. Als Besitzer verschiedener Gerichte integrierten sich die Muntprat weiter im Thurgau, spielten dort als Grund- und Gerichtsherren eine nicht unbedeutende Rolle und beteiligten sich selbst an eidgenössischen Kriegszügen. Ihre Herrschaft dort hatte bis 1582 Bestand, als sie mit Spiegelberg ihre letzte Herrschaft im Thurgau veräußerten.[18] (Abb. 1)

Bei den Humpis bietet sich ein ganz ähnliches Bild: Beginnend mit dem Erwerb von Burg und Herrschaft Siggen durch Ital Humpis 1433, folgten in kurzen Abständen durch die sich herausbildende Linie Waltrams umfangreiche Erwerbungen unterschiedlicher Herrschaften: 1437 die Wallfahrtskirche Pfärrich, 1447 Burg und Herrschaft Brochenzell, 1448 der Burgstall Samletshofen, 1461 durch Heirat die Herrschaft Waltrams und 1480 Burg Senftenau. Frick Humpis von der Ravensburger Linie der Familie erwarb 1454 Schloss und Herrschaft Bettenreute. Mit dem Erwerb von Burg und Herrschaft Ratzenried 1454 begründete Jos Humpis die Ratzenrieder Linie, die dort ab 1501 auch das Untere Schloß erbaute.[19]

Diese Erwerbspolitik ließe sich auch für die Mötteli und Kröll aufzeigen. Für die Mötteli sei stellvertretend das nach 1425 von dem St. Galler Bürger Hans Mötteli erworbene Schloßgut Rappenstein an der Goldach erwähnt, nach dem sich fortan auch andere Mitglieder der Familie benannten, z. B. seine zwei Neffen, *Rudolf* und *Lütfried*, die angesehene Kaufleute in St. Gallen waren. Für die Lindauer Kröll sei der Erwerb von Schloss und Herrschaft Luxburg in Egnach, Bezrik Arbon, Kanton Thurgau genannt, nach dem sie sich später benannten.

18 Vgl. W. ARTH: Die Muntprat und die Eidgenossenschaft, in: Bodenseehefte 1 (1991), S. 43–47 und Bruno GIGER: Gerichtsherren, Gerichtsherrschaften, Gerichtsherrenstand im Thurgau vom Ausgang des Spätmittelalters bis in die frühe Neuzeit (Thurgauer Beiträge zur Geschichte, Bd. 130), Frauenfeld 1993; DREHER: Patriziat Ravensburg (wie Anm. 2), S. 261f, S. 380.

19 DREHER: Patriziat Ravensburg (wie Anm. 2), S. 200–207; SCHULTE: GRHG, Bd.1 (wie Anm. 3), S. 174–182.

Konnubium mit Standesgleichen oder mit dem Landadel

Verbunden mit dem systematisch anmutenden Erwerb von Grundherrschaften aus den Händen verarmter oder aussterbender Landadelsfamilien erfolgte die ebenso systematisch erscheinende Einheirat in ebensolche Familien, zu beobachten insbesondere in der zweiten Hälfte des 15. Jahrhunderts.

In der ersten Hälfte des 15. Jahrhunderts war noch das Konnubium mit standesgleichen Patrizierfamilien an der Tagesordnung: etwa *die Muntprat* mit den Ravensburger Besserer, Humpis, Mötteli, Ankenreute und Gäldrich oder den Konstanzer Blarern,[20] *die Humpis* mit den Muntprat und den Ravensburger Mötteli, Züricher, Besserer, Schellang, Neidegg, die *Ravensburger Mötteli* mit den Gründerfamilien Humpis und Muntprat[21] oder die *Lindauer Kröll* mit den Humpis und den Lindauer/Ravensburger Neidegg. Auch lassen sich im Verlauf des Jahrhunderts Familienverbindungen zu Augsburger Patrizierfamilien beobachten: Onofrius Humpis war mit Benedicta Arzt aus Augsburg verheiratet, war also mit der Gattin Jakob Fuggers verwandt[22] und der Sohn Oswald Krölls, Hans Baptista, heriatete 1527 Judith Varnbühler, Tochter des Johannes Varnbühler, Faktor des Handelshauses Fugger.

Ab der zweiten Hälfte des 15. Jahrhunderts wird dann ein ganz anderes Bild gezeichnet und die Familienverbindungen mit dem Landadel scheinen Programm zu sein: Die Humpis suchen Konnubien zu den von Pappenheim, von Ratzenried, Sürg von Sürgenstein, von Mühlegg, von Werenwag, von Königsegg, von Homburg, von Pappenheim, von Hohenlandenberg, die Muntprat gehen Verbindungen mit den von Breitenlandenberg, von Rosenberg, von Heudorf, von Hohenlandenberg, von Helmsdorf und die Kröll mit von Essendorf[23] ein. Ziel ist es, die Grundlagen für eine Nobilitierung zu schaffen, welche den Familien im 16. Jahrhundert schließlich gelingt: Die Humpis von Waltrams wurden 1509 in den erblichen Adelsstand erhoben, durch die Heirat mit Agnes von Mühlegg 1461 hatte Frick Humpis hierfür die Voraussetzungen geschaffen; diese Linie besteht bis heute fort in Form der adeligen von Hundbiß oder bürgerlichen Hundbiß. Jos Humpis von Ratzenried wurde 1513 vom Kaiser in den erblichen Adelsstand erhoben und zog sein Kapital aus der Handelsgesellschaft heraus, sein Bürgerrecht in Ravensburg hatte er bereits 1509 aufgegeben. Ganz ähnlich erfolgte dies bei den Muntprat: Ulrich Muntprat, Ritter Zur Howen, gibt sein Bürgerrecht in Konstanz 1475 auf, lebt in seiner Herrschaft Zuckenried-Weinfelden, bleibt allerdings Mitglied der Handelsgesellschaft.[24] 1550 wurde Hans Muntprat, Verwalter der konstanzischen Hauptmannschaft, von Kaiser Karl V. in den Reichsadelstand erhoben.[25] Insbesondere der Reichtum aber auch das Ansehen der Familie in Bezug auf Alter, Herkommen und Konnubium waren Voraussetzung für Amtsrepräsentation, adäquate Lebensführung und Sozialstiftungen.

20 Dreher: Patriziat Ravensburg (wie Anm. 2), S. 380f, 261f.
21 Schulte: GRHG, Bd.1 (wie Anm. 3), S. 187; Dreher: Patriziat Ravensburg (wie Anm. 2), S. 211.
22 Schulte: GRHG, Bd.1 (wie Anm. 3), S. 179.
23 Schulte: GRHG, Bd.1 (wie Anm. 3), S. 157f.
24 Schulte: GRHG, Bd.1 (wie Anm. 3), S. 190–193.
25 Giger: Gerichtsherrenstand im Thurgau (wie Anm. XVIII).

III. Ratsämter

Bei allen drei Patrizierfamilien lässt sich in besonderer Weise der Zusammenhang zwischen Reichtum, Ansehen und der Bekleidung angesehener Ratsämter aufzeigen: Aus der weitverzweigten Familie Humpis befanden sich zumeist zwei Vertreter im reichsstädtischen Rat bzw. Stadtgericht. Zwischen 1406 und 1530 beanspruchte die Familie insgesamt 46 Mal auf ein Jahr die beiden Spitzenpositionen in der Regierung der Reichsstadt, die des Bürgermeisters und 17-mal den Stadtamman. Wie im Falle von Henggi, Jos, Onofrius, Hans und Konrad Humpis waren dies zugleich die Regierer der Großen Handelsgesellschaft. [26] Auch die Muntprat waren in Konstanz durchgängig mit mindestens einem Familienmitglied im Rat vertreten, fast jede Generation stellte auch Bürgermeister der Reichsstadt.[27] Oswald Krell oder Kröll (verm. 1470–1534) war seit 1505 im Rat vertreten und zwischen 1511–1531 siebenmal Bürgermeister und fünfmal Stadtamman der Reichsstadt Lindau. Für die Mötteli sind keine Bürgermeister und Ammannämter bekannt. (Abb. 2)

Um ihre wirtschaftlichen, politischen und gesellschaftlichen Ziele verfolgen zu können, unterhielten die Familien offensichtlich gute Kontakte an den Hof des kaiserlichen Stadtherren und an die Kurie. Neben den oben angeführten Adelserhebungen spricht hierfür auch der Umstand, dass Heinrich Humpis (ca. 1415–ca. 1491, mehrfacher Stadtamman und Bürgermeister der Reichsstadt Ravensburg, verheiratet mit Barbara geb. Humpiss (gest. 1505), älteste Tochter von Jos Humpis, Stammvater der Ratzenrieder Linie)[28] zur exklusiven Auswahl an Rittern des Reiches gehörte, die in dem von Kaiser Maximilian I. in Auftrag gegebenen monumentalen Werk, dem Triumphzug bildlich und namentlich dargestellt sind. Auf dem von Albrecht Altdorfer oder seiner Werkstatt, um 1512–1515 geschaffenen Blatt.[29], sind im Banner allerdings nicht die Humpis-Wappenhunde, sondern vier rote Gebilde abgedruckt. Möglicherweise sollte dies eine Anspielung an das von den Humpis von Ratzenried geführte Allianzwappen mit der roten Sonne und blauen Strahlen der Herren von Ratzenried sein [30] Auch scheinen enge Verbindungen zur Kurie bestanden zu haben: unter Übergehung der kirchlichen Hierarchie gelingt es 1462 Friedrich Humpis (1406–1473) von Papst Pius II. (reg. 1458–64), bürgerlich Enea Silvio Piccolomini, direkt in Rom die Erlaubnis zu erhalten, dass er in der Kapelle seiner Burg Bettenreute für sich und seine Untertanen Messen und anderen Gottesdienste feiern lassen kann.[31]

26 DREHER: Reichsstadt Ravensburg (wie Anm. 2), S. 639–646.

27 SCHULTE: GRHG, Bd.1 (wie Anm. 3), S. 190–193.

28 Gerd SCHREYER: Die Humpis Genealogie, 1218–1970. Urkunden und Quellenwerk, Salt Lake City 1992, S. 43, S. 55.

29 Eva MICHEL/Manfred HOLLEGGER (Hgg.): Kaiser Maximilian I. und die Kunst der Dürerzeit (Ausstellung der Albertina, Bd. 494), München 2012, Nr. 53, Abb. S. 225 ff und URL: www.sammlungenonline.albertina.at, Inv.Nr. 25252.

30 Otto VON ALBERTI/Friedrich VON GAISBERG-SCHÖCKINGEN: Württembergisches Adels- und Wappenbuch, Nachdr. v. 1889–1916, Neustadt a.d. Aisch 1975, S. 615.

31 Stadtarchiv Ravensburg U 4702.

IV. Qualifizierte oder adelige bzw. adelsähnliche Lebensführung

Zum Selbstverständnis der wirtschaftlich und politisch erfolgreichen Oberschicht der Bodensee-Reichsstädte gehörte eine qualifizierte oder adelige bzw. adelsähnliche Lebensführung mit entsprechenden Konventionen. Dies ging einher mit qualifiziertem Konsum und Besitz: Die Handel treibende Oberschicht beanspruchte für sich die besten Wohnlagen innerhalb der Reichsstädte, die wie Konstanz und Ravensburg um 5.000, Lindau um 3.000 Einwohner im 15. Jahrhundert aufwiesen. In Ravensburg war die Marktstraße, *die* bevorzugte Wohnlage. Die Regierer aus der Ratzenrieder Linie der Humpis wohnten in der Marktstraße 59. Die Marktstraße 12, ein in den 1440er Jahren aus drei Gebäuden errichteter eindrucksvoller Wohnkomplex war das Stammhaus der Waltramser Linie, die Regierer der Handelsgesellschaft aus der Ravensburger Linie residierten in den Gebäudekomplexen Marktstraße 21 und Marktstraße 45[32]. Die Ravensburger Mötteli bewohnten möglicherweise das Gebäude Marktstraße 26, ein imposanter, 1416 erbauter Wohnkomplex.[33] Die Muntprat residierten in Konstanz ebenso bevorzugt: Lütfried im Weißen Pfau, Rudolf in Zum Grünenberg und Konrad in der St. Paulsgasse. [34] Oswald Kröll war in bester Lage im Haus zum Storchen in Lindau ansässig. (Abb. 3)

Am Humpis-Quartier in Ravensburg, dem größten und besterhaltenen Wohnquartier einer Patrizierfamilie des Spätmittelalters in Süddeutschland, lässt sich die typische Beschaffenheit eines repräsentativen Patrizierkomplexes bis heute exemplarisch ablesen: Der auf Vorgängerbauten eventuell von Henggi Humpis errichtete Wohnkomplex des Regierers Hans Humpis besteht aus einem Vordergebäude in der Marktstraße von 1435 und einem Rückgebäude in der Roßbachstraße, verbunden mit einem Zwischengebäude, gruppiert um einen Innenhof. Das Vordergebäude diente für Wohnen und Repräsentation der Humpis, das rückwärtige Gebäude für Wohnen nachgeordneter Familienmitglieder, zu Zeiten des Hans Humpis lebte dort seine ledige Schwester Margarethe. Die Magd, der Knecht, der Unterknecht und der Diener lebten nicht im Haus. Die Erdgeschossbereiche der Wirtschaftsgebäude wurden als Pferdeställe genutzt. Das Hauptgebäude Marktstraße 45 war unterkellert mit einem zweigeteilten großen Weinkeller, dort befand sich auch ein Brunnen für die Trinkwasserversorgung. (Abb. 4)

Von einer großen Eingangshalle im Erdgeschoss gelangte man in die repräsentativen Räume im ersten Obergeschoss der Marktstraße 45, die in ihrer Grundstruktur noch weitestgehend original aus dem Jahr 1435 erhalten geblieben sind. Diese Wohnetage der Familie mit Flur, Küche, zwei Schlafkammern und einer Stube, zeichnet sich durch eine ungewohnt große Geschosshöhe aus. Die gute Stube ragt besonders heraus: Sie wurde repräsentativ und behaglich ganz in Holz ausgestattet mit Dielenboden, Wandtäfer und einer gewölbten Bretterbalken-Decke. Die Decke ist mit Pfeilherzen, Mittelrosetten und mit typischen Maßwerkschnitzereien der Kathedralgotik besonders fein gestaltet worden. Decke und Wandtäfer sind mit einer noblen schwarzen Oberfläche aus Pflanzenschwarz und Ocker überzogen. Die Stube war der einzige Raum im Haus, der mit einem Kachelofen beheizt werden konnte. Die beiden angrenzenden Schlafkammern auf der Wohnetage und die Kammern im Gebäude zum Hof in

32 Beate FALK: Kaufmannskontore und Adelssitze. Die Humpishäuser in Ravensburg, Biberach 1996, S. 23–26.

33 Beate FALK/Andreas SCHMAUDER: Historische Stadtrundgänge. Ravensburg mit Schmalegg und Weißenau, Ravensburg 2003, S. 45.

34 SCHULTE: GRHG, Bd.1 (wie Anm. 3), S. 190f.

der Roßbachstraße blieben kalt. Die Stube bildete den Mittelpunkt des Hauses, hier spielte sich das alltägliche Familienleben der Humpis ab. Überaus prachtvoll gestaltet ist auch die der Straße zugewandte südliche Stirnseite des Raumes. Zwischen zwei breiten Fensternischen ist hier ein schmaler Erker angeordnet. Die raumseitigen Wangen des Erkers schmücken zwei Säulen mit schön gearbeiteten Fratzen und Engeln, und an allen Sandstein- und Wandteilen lasen sich noch Reste einer kräftigen Farbfassung erkennen. Wenige Farbreste in leuchtendem Rot (Zinnober), Blau (Azurit) und Grün (Malachit) sind erhalten geblieben und lassen die Farbenpracht erahnen. Möglicherweise war der Erker der Standort für einen Hausaltar. Der repräsentative Erker an der südlichen Fensterseite betonte die zentrale Bedeutung des Raumes für das Haus und stand nach außen für das Standesbewusstsein der Familie Humpis in der Stadt. Durch das Familien-Wappen mit den drei silbernen Humpis-Hunden an der Außenseite des Erkers war das Wohnquartier für jedermann als das der Humpis erkennbar. Daneben befand sich eine Küche mit gemauertem, wohl begehbaren Kamin, auch sind die Ausmaße eines Rauchhutes ablesbar. Ein Erwachsenen- und ein Kinderschlafzimmer mit Terrakotta-Böden, die Wände verputzt und mit flachen Holzdecken versehen, die spätgotische Schablonenmalereien aufweisen, vervollständigen die Wohnetage. Über dem ersten Obergeschoss befindet sich der Dachstuhl, der drei Etagen aufweist.

An Wohnungsinventar ist eine Schrankbekrönung aus dem Jahre 1455 mit Maßwerkschnitzerei erhalten geblieben, die eine Datierung und die Humpis-Wappen aufweist. Daneben sind in der guten Stube Abdrücke einer umlaufenden Sitzbank erkennbar. Möglicherweise stammt der im Victoria und Albert-Museum in London beschriebene Ofen. (Abb. 5)

Bei einer archäologischen Grabung im Innenhof ist die Randscherbe eines emailbemalten Trinkbechers aus Glas zum Vorschein getreten, worauf zwei randparallele weiße Linien, darunter der Rest eines weißen Schriftbands („?ATIA") zu sehen ist, die aus dem 15. Jahrhundert stammt.[35] Solche Trinkgläser gehörten zum gängigen Tafelgeschirr eines Patrizierhaushalts.

Die nach der Gesellschafterversammlung der Handelsgesellschaft von 1477 (geleitet von Regierer Hans Humpis (um 1430–1512)) aufgestellte Spesenabrechnung macht deutlich, dass die verzehrten Speisen und Getränke hohen patrizischen Ansprüchen entsprachen: In den 34 Tagen wurden von rund 30–40 Anwesenden im Gesellschaftshaus in der Marktstraße 61 (später Gasthaus Mohren) nachfolgende Speisen verzehrt: dabei bestand ein ausgewogener Anteil an einer vielfältigen Bandbreite an Fisch, Geflügel, Rind- und Schweinefleisch sowie an Wild, genannt sind Rind-, Kalbs- und Schweinebraten sowie Lamm (21 Lämmer), unterschiedliches Geflügel wie Hühner (44 Hähne und 102 Hühner), 300 Vögel, Rebhühner, Tauben und Wildenten, eine große Bandbreite an unterschiedlichen Fischen wie Hechten, Julanken, Karpfen, Barben, Egli und insbesondere Krebse (2.800) sowie von Onofrius Humpis und Hans Truchsess von Waldburg der Versammlung geschenktes Wild. Daneben wurden auch Leber- und Bratwürste verzehrt. An Gemüse standen Spinat, Kohl, Kraut, Mangold, Rettich, Knoblauch und Zwiebeln zur Verfügung. Käse wurde aus Mailand und Reutlingen bezogen. Gerade die

35 Beate SCHMID: BauArchäologie im Ravensburger Humpisquartier. Forschungsergebnisse zur Entwicklung eines städtischen Kleinquartiers (Materialhefte zur Archäologie in Baden-Württemberg, Bd. 87), Stuttgart 2009, Kat 171. Zum Spielen allg. Wibke ZÜCHNER: Spiele für Große und Kleine, in: Sönke LORENZ/Thomas ZOTZ (Hgg.): Spätmittelalter am Oberrhein. Alltag, Handwerk und Handel 1350–1525. Aufsatzband (Große Landesausstellung Baden-Württemberg, Teil 2 Bd. 2) Stuttgart 2001. S. 429–436, hier S. 430, S. 433f; Sönke LORENZ/Thomas ZOTZ (Hgg.): Spätmittelalter am Oberrhein. Alltag, Handwerk und Handel 1350–1525. Katalogband (Große Landesausstellung Baden-Württemberg, Teil 2 Bd. 1) Stuttgart 2001, S. 217f.

Spezereien und exotischen Gewürze, die Gradmesser für höchsten Lebensstandard sind, kamen in großer Vielfalt und Menge zum Einsatz: 9 Pfund Zucker, Mandel, Pfeffer, Safran, Ingwer, Zimt, Paradieskörner sind aufgeführt. An Obst und Nüssen standen Birnen, Kirschen, Äpfel, Pflaumen, Pfirsiche, Trauben sowie unterschiedliche Hasel- und Baumnüsse auf den Tischen. Der getrunkene Wein stammte zum großen Teil vom Bodensee (105 Maß Alter Markdorfer) und aus dem Rheintal (125 Maß). Der einheimische Wein wurde hauptsächlich zum Kochen verwendet.[36] Aus einer Aufzeichnung des Regieres Onofrius Humpis über seine privaten Einkäufe für sich und seine Frau erfahren wir, dass er im Dezember 1477 100 Pomeranzen in Genf, auf der Frankfurter Messe im März 1478 westfälischen Schinken, in Genf 1479 12 Pfund Kapern auf der Nürnberger Messe im Oktober 1480 für den Haushalt 174 Pfund Lichter, einen Messing-Greif, einen Fischkessel, ein Handbecken und Kerzenhalter erworben hat, zudem 1 Pfund Ingwer und 1 Pfund Kandiszucker.[37]

Die Spesenabrechnung von 1477 enthält zudem einen ungewöhnlichen Nachweis für das Ende des 14. Jahrhunderts in Europa aufgekommende Kartenspielfieber: auf der Rechnung stehen zwei Kartenspiele. Das in den Ravensburger Papiermühlen hergestellte gute Kanzleipapier war die Grundlage für viele Kartenspiele, für die eigene seit dem 15. Jahrhundert in Ravensburg nachgewiesene Spielkartenproduktion, aber auch für das älteste bekannte Kartenspiel in Europa, das Stuttgarter Kartenspiel (um 1430). Im patrizischen Leben hatte das Spiel zur Gestaltung der freien Zeit offensichtlich einen hohen Stellenwert: bei archäologischen Ausgrabungen im Innenhof des Humpis-Quartiers wurde ein Spielwürfel aus Rinderknochen, ein sogenannter Siebener-Würfel mit Kreisaugen gefunden, der auf des Ende des 14. Jahrhunderts datiert wird.[38]

Insbesondere auch die Kleidung, die Qualität der verwendeten Stoffe oder Pelze und der modische Schnitt sind ablesbare Zeichen der objektiven Standesehre und Gradmesser für den vom Patriziat beanspruchten Ehrenvorrang. (Abb. 6)

Das Epitaph gilt als ältestes deutsches Kaufmannsepitaph. Die Art und Beschaffenheit der getragenen Kleidung, weist den 1429 verstorbenen Henggi Humpis, Regierer der Handelsgesellschaft und mehrfachen Bürgermeister der Reichsstadt Ravensburg dargestellt auf seiner Grabplatte, an der Spitze der sozialen Hierarchie in der Stadt aus. Er trägt ein voluminöses als Tappert bezeichnetes Obergewand aus schwerem Stoff, möglicherweise Brokat oder Samt, das mit Pelz gefüttert ist. Das füllige, faltenreiche Gewand weist ihn als vermögenden Mann aus. Auf dem Kopf trägt er eine Kappe möglicherweise aus Pelz, die Teil des Gesamthabits ist. Unter seinem rechten Ärmelausschnitt hängt eine lederne Almosentasche, darunter ein Dolch, der ihn als wehrfähigen Mann ausweist. Beides hängt an einem Ledergurt, der mit Gold- oder Silberbuckeln beschlagen ist.[39] Im Spätmittelalter diente Kleidung der sozialen Kennung der Träger, das Tragen bestimmter Kleidung wurde in Kleiderordnung häufig präzise geregelt. Jedem Stand standen nur bestimmte Kleider und Acessoirs zu, weshalb insbesondere die Männer einen hohen Kleideraufwand betrieben. Der hohe Standard bei den Kleidern galt auch zwei Generationen nach Henggi Humpis. Sein Enkel Onofrius Humpis hat für sich und seine Frau in Nürnberg, Frankfurt, Mailand und Brügge in den Jahren 1477–1480 erworben: 3 Saphire, davon einer in einen Ring gefasst, Perlen, 18 Bälge Kaninchenfelle, 5 Ellen feines dunkelgrü-

36 Schulte: GRHG, Bd.1 (wie Anm. 3).
37 Schulte: GRHG, Bd.1 (wie Anm. 3).
38 Schmid: BauArchäologie (wie Anm. 35), Kat nr 211.
39 Falk: Kaufmannskontore (wie Anm. 32).

nes Tuch, ein hübsches Kreuz für ein Meßgewand, 20 Körnlein Korallen, eine Elle Samt, schwarzer Atlas und Tuch für ein paar Hosen, zwei Ellen schwarzer glatter Samt und eine Elle rotes Hosentuch. (Abb. 7)

Der für die Humpis geltende Befund zur „standesgemäßen" Bekleidung gilt in besonderer Weise auch für den Lindauer Kaufmann Oswald Kröll, der sich 1499, als er Faktor der Handelsgesellschaft in Nürnberg war, von keinem Geringeren als dem bekanntesten Meister nördlich der Alpen, Albrecht Dürer aus Nürnberg, porträtieren ließ. Das als Spitzen-Gemälde von Dürer geltende, in der Alten Pinakothek München befindliche Proträt, steht im Zentrum eines Bildnistriptychons, das auf dem linken Flügel das Wappen des Oswald Kröll und auf dem rechten Flügel das seiner Frau Agathe von Essendorf zeigt. Das Porträt zeigt Kröll als jungen Mann mit gepflegter Lockenfrisur, kostbarem Nerzmantel, schwarzem Wams, feinem Leinenhemd und mehreren Ringen an den Fingern. Auf dem Ring am Zeigefinder der linken Hand, ist das Wappen der Familie Kröll angedeutet. Die christliche Einstellung des vornehmen Kaufmanns ist an dem „Skapulier" erkennbar, einem braunen Wollband, das er auf der bloßen Haut trägt und das ihn als Mitglieder einer religiösen Bruderschaft ausweist.[40] Was hier insbesondere am Beispiel der Humpis zu Wohnkultur, Kleidung, Schmuck, Hausrat und Lebensmitteln und zur Kleidung von Oswald Kröll ausgeführt werden konnte, entspricht nach den Ergebnissen von Helmut Maurer auch dem Lebensstil der Muntprat und anderer Angehöriger der städtischen Oberschicht in Konstanz.[41] Zu den beiden gezeigten Porträts ist zu bemerken, dass nur wenige herausragende Persönlichkeiten aus der Gruppe des reichsstädtischen Patriziats im 15. Jahrhundert überhaupt den Anspruch verfolgten, sich porträtieren zu lassen, zumal von hochkarätigen Meistern wie bei Humpis und Kröll. Ansonsten sind nur noch eine Handvoll Patrizierporträts aus den Bodenseestädten bekannt, wie das des Konstanzer Kaufmanns Heinrich Blarer.[42]

Wappen

Zu den kennzeichnenden Elementen patrizisch-kaufmännischen Selbstverständnisses gehörte, dass die Familien analog dem Adel Wappen führten, die Amtsträger unter ihnen wie Bürgermeister, Rats- und Gerichtsangehörige zudem auch Siegel. (Abb. 8)

Die Wappen waren zentrale Bildmarken, um Stellung und Bedeutung der Familie nach außen darzustellen. Insbesondere die Ravensburger Familie Humpis, die im Wappen drei silberne nach rechts laufende Windhunde (Windspiele) in schwarzem Schild und als Helmzier einen sitzenden Windhund führte, machte davon beinahe exzessiv Gebrauch: Am unteren Teil des repräsentativen Erkers der Stadtresidenz in der Marktstraße 45, dem heutigen Museum Humpis-Quartier, findet sich ein Wappenschild und der Familienname Humpis, im 15. Jahrhundert teilweise noch Hundbiss geschrieben. Die zentralen Daten aus der Familiengeschichte (Erstnennung um 1100) und der Baugeschichte des Quartiers sind später ergänzt worden. (Abb. 9)

40 Gisela GOLDBERG/Bruno HEIMBERG/Martin SCHAWE: Albrecht Dürer. Die Gemälde der Alten Pinakothek, München 1998, S. 236–259.

41 Helmut MAURER: Konstanz im Mittelalter. Vom Konzil bis zum Beginn des 16. Jahrhunderts (Geschichte der Stadt Konstanz, Bd. 2), Konstanz ²1996, S. 166–175.

42 KNITTEL: Barcelona (wie Anm. 1), S. 36f.

Im kleinen Ratssaal des Rathauses ist die Wappenscheibe des Bürgermeisters Hans Humpis von 1490 erhalten geblieben. Wie bereits erwähnt lässt sich Henggi Humpis auf seiner Grabplatte selbstverständlich mit Wappen darstellen, auch im Schrankaufbau findet sich das Familienwappen. Von den beiden Stadtammännern und Bürgermeistern Heinrich Humpis (gest. 1491) und Onofrius Humpis (gest. 1496) haben sich auch die als rechtliches Beglaubigungsmittel verwendeten, aufwendig gestalteten Siegelstempel erhalten.[43] (Abb. 10)

Auch bei größeren kirchlichen und karitativen Engagements zum Seelenheil der Familie, verschafften sich die Stifter mit ihrem Wappen dauerhafte Präsenz, wie an der Innenseite des Hauptportals der Pfarrkirche Liebfrauen Ravensburg.

Wappenführung und Wappenpräsenz im öffentlichen Raum als Standesmerkmal gilt in gleicher Weise für die übrigen patrizisch-kaufmännischen Familien wie die Mötteli, die einen schwarzen Raben oder die Muntprat, die Lilien, oder die Kröll, die einen halben wilden Mann mit über dem Kopf gekreuzten dreizinkigen Kräueln (Hacke mit Zacken) im Wappen führen.[44]

Auch und gerade im Tod manifestierte sich patrizisches Selbstverständnis. Eine Grablege mit repräsentativer Toten-Memoria in Form aufwendig gestalteter Grabplatten markierte den Führungsanspruch der Patrizierfamilien. Die Grablege der Humpis befand sich bei den Karmelitern (vgl. die Grabplatte von Henggi Humpis), die Muntprat beanspruchten die Christophoruskapelle des Münsters als Grablege, wie die Grabplatte des (Hans) Muntprat (gest. 1461)[45] belegt. Der Lindauer Familie Kröll diente die 1515 neu erbaute Kapelle auf dem heutigen Alten Friedhof im Lindauer Stadtteil Aeschach als Grablege, die Kapelle ist heute unter dem Namen Krellsche Kapelle bekannt.[46] Totenschilde sind für die drei angesprochenen Familien nicht bekannt.

Inwiefern ein universitäres Studium als Bestandteil patrizischen Sozialprestiges im 15. Jahrhundert gegolten hat, ist für den patrizischen Nachwuchs der Bodensee-Reichsstädte noch nicht untersucht. Eine systematische Untersuchung der Pariser Matrikeln oder derjenigen italienischer Universitäten könnte hierzu Aufschluss bringen. Zumindest zu Beginn des 16. Jahrhunderts begegnen zwei der Söhne von Oswald Kröll, Hans Diepolt und Alexander, als Studenten in den Matrikeln der Universitäten Wittenberg und Freiburg im Breisgau.

Da bislang nur wenige Belege bekannt geworden sind, besteht auch bei der Frage, inwieweit Wallfahrten zum Selbstverständnis der Bodensee-Patrizier gehörten, noch Forschungsbedarf. Zumindest gibt es Einzelnachweise:

Von Hans Jacob Humpis, Ravensburger Patrizier und Angehöriger der Linie Waltrams, ist bekannt, dass er 1513 eine Wallfahrt zum Heiligen Jacob nach Staniago de Compostela unternahm. Die Kenntnis von dieser Wallfahrt verdanken wir einem Testament, mit dem er seine Nachlassangelegenheiten für den Fall regelte, dass er nicht mehr lebend von der Wallfahrt zurückkam.[47] Es besteht zumindest die Wahrscheinlichkeit, dass der oben genannte Friedrich

43 Vgl. Kai-Michael Sprenger: Herrschaftszeichen auf Abwegen. Spätmittelalterliche Siegelstempel des Ravensburger Patriziats aus süddeutschem Adelsbesitz, in: Zeitzeichen 6 (2009), S. 40–43.

44 Alberti/Gaisberg-Schöckingen: Adels- und Wappenbuch (wie Anm. 30), S. 362f., S. 423f., S. 515, S. 532.

45 Maurer: Konstanz im Mittelalter, Bd. 1 (wie Anm. 2), S. 259.

46 Rosemarie Auer: Zur Geschichte des Alten Friedhofs Lindau, URL: www.alterfriedhof-lindau.de/geschichte.html [zuletzt aufgerufen am 31.03.2016].

47 StadtA Ravensburg U 871.

Humpis zu der großen Zahl von Romfahrern gehörte und dies zum Anlass nahm, die 1462 erlangte Urkunde für Bettenreute selbst zu erhalten. (Abb. 11)

V.

Durch die Untersuchungen von Alfred Stolze zum „Sünfzen" in Lindau, von Alfons Dreher „Zum Esel" in Ravensburg und von Christoph Heiermann „Zur Katz" in Konstanz ist deutlich geworden, dass gesellschaftliche Distanzierung durch exklusive Trinkstubengesellschaften zum Selbstverständnis patrizischen Lebens in den Bodenseereichsstädten gehörte. Stein gewordene Zeichen im Stadtbild sind die eigenen Gesellschaftshäuser an prominentestem Platz in Münster- bzw. Rathausnähe: die Humpis gehörten zu den führenden Familien der um 1380 entstandenen Patriziergesellschaft zum Esel in Ravensburg[48], die Kröll waren Mitglied im seit 1350 bestehenden Lindauer Sünfzen[49], die Muntprat in der 1424 neu konstituierten Geschlechter-Gesellschaft zur Katz.[50] Die aufgrund ihrer Geschäftsinteressen sehr flexiblen und mobilen Mötteli sind nur in wenigen Ausnahmefällen als Mitglieder in Patriziergesellschaften nachgewiesen.[51] Hinter verschlossenen Türen wurde gegessen und getrunken und die Geselligkeit gepflegt. Hier spielte sich das patrizische Gesellschaftsleben ab. Höhepunkte im Gesellschaftsleben waren Tanzveranstaltungen und Turniere.[52] Neben Patriziern war lediglich benachbarten Rittern, Grafen und dem Landadel eine Mitgliedschaft möglich:[53] Der adelig-patrizischen Gesellschaft Zum Esel gehörten im 15. Jahrhundert rund 65 Mitgliedern an.

VI.

Wie im vorausgehenden gezeigt werden konnte, war Reichtum Voraussetzung für eine adäquate Lebensführung und für Amtsrepräsentation, aber auch für Sozialleistungen, wie abschließend ausgeführt werden soll. Gerade letztere werden zum Kennzeichen patrizischen Sozialprestiges in deutlicher Unterscheidung zu den zünftischen Handwerkern.

Am Beispiel der Familie Humpis möchte ich einige Sozialstiftungen vorstellen:

Beginnend mit Frick Humpis im 14. Jahrhundert gehört die Patrizierfamilie Humpis zu den wesentlichen Stiftern des städtischen Heilig-Geist-Spitals, das der Versorgung von armen,

48 DREHER: Patriziat Ravensburg (wie Anm. 2), S. 126–138.
49 STOLZE: Der Sünfzen zu Lindau (wie Anm. 13), S. 109.
50 MAURER: Konstanz im Mittelalter, Bd. 2 (wie Anm. 41), S. 51–53; HEIERMANN: Gesellschaft ‚Zur Katz' (wie Anm. 17), S. 252–256.
51 Vgl. z. B. HEIERMANN: Gesellschaft ‚Zur Katz' (wie Anm. 17), S. 251f.
52 MAURER: Konstanz im Mittelalter, Bd. 2 (wie Anm. 41), S. 53; Mathias KÄLBLE: Patrizische Gesellschaften, in: (wie Anm. 35), S. 283–288; Gerhard FOUQUET/Matthias STEINBRINK/Gabriel ZEILINGER (Hgg.) Geschlechtergesellschaften, Zunft-Trinkstuben und Bruderschaften in spätmittelalterlichen und frühneuzeitlichen Städten (Stadt in der Geschichte 30), Ostfildern 2003.
53 DREHER: Reichsstadt Ravensburg (wie Anm. 2), S. 533–537.

bedürftigen älteren Menschen diente. In einer Stiftungsurkunde bringt Jos Humpis die allgemeine Motivation zur Stiftung zum Ausdruck:

> *das nach Lere des Hl. Evangeliums Almusen und gotz Gauben ainem jetlichen Christ Glöbigen siner Sünnden und Missetaten entladent und gewysen Zugang zu ewiger Säligkeit bereitet [...].*[54]

In den Jahren 1451/60 schuf Ital Humpis die Grundlage für eine großzügige Sozialstiftung, indem er soviel Vermögen auf das Heilig-Geist-Spital übertrug, dass zum Seelenheil seiner Eltern den Kindern im Spital und anderen armen Leuten in und außerhalb des Spitals jährlich anderthalb hundert Pfund Rindfleisch in Pfeffer, Weißbrot, so viel es zu kaufen gibt und fünf Eimer Wein aus seinem Weinberg ausgeteilt werden sollte.[55]

Eine weitere Sozialstiftung der ersten Hälfte des 15. Jahrhunderts, das Bruderhaus, ursprünglich ein Armenspital für zwölf mittellose Männer, geht im Wesentlichen auf die Initiative von Jos und Ital Humpis sowie Claus und Ruef Möttelin zurück.[56]

Sieben Jahre vor seinem Tod, im Jahre 1505 lässt Hans Humpis ein 19seitiges Testament aufsetzen. Hauptbegünstigte des kinderlosen Kaufmanns, elftreichster Mannes der Stadt, die Kinder seiner Geschwister. 20 Prozent seines Gesamtvermögens sollen seinem Seelenheil zugute kommen, aufgeteilt in kirchliche und karitative Stiftungen, die Sozialstiftungen umfassen 16 Prozent seines Stiftungskapitals und bestehen aus Brotzuwendungen für Arme und Ausstattung für das Armenspital Bruderhaus.[57]

VII. Zusammenfassung

Zur Zeit des Bestehens der Ravensburger Handelsgesellschaft begegnet uns in den Bodenseestädten ein Patriziat, das als politisch-sozialer Stand zu beschreiben ist und dem eine politisch-soziale Ehre anhaftet, die sich am adligen Ehrbegriff orientiert. Dies gilt nicht nur für die vorgestellten vier Familien, ähnliche Entwicklungen sind auch bei anderen Familien erkennbar, die in der Handelsgesellschaft engagiert waren, wie bei den Frei aus Konstanz, Neidegg und Gäldrich in Ravensburg, Hinterofen in Wangen etc.[58] (Abb. 12)

Seine objektive Standesehre ist exklusiv und kennzeichnet das Patriziat im Unterschied und in der Abgrenzung zu den anderen Schichten in der Stadt. Im Erwerbsleben hat der einzelne Patrizier an der spezifischen Berufsehre des Kaufmanns teil. Der mit dem Großhandel erworbene Reichtum wiederum ist Voraussetzung für eine adäquate Lebensführung, Amtsrepräsentation und Sozialstiftungen. Durch seinen Reichtum und politisch-sozialen Einfluss trägt die Gruppe wesentlich zur baulichen Entwicklung der Städte bei, schafft Voraussetzungen für eine Blütezeit der Städte am Bodensee und errichtet markante kirchliche und profane Bauwerke, die bis heute das Gesicht der historischen Städte ausmachen.

54 SpitalA Ravensburg Bd. 5, Bl. 33r.
55 SpitalA Ravensburg Bd. 5, Bl. 28r, vgl. Beate Falk: Pfeffertagsstiftung, in: dies./Andreas Schmauder (Hgg.): Macht der Barmherzigkeit (Historische Stadt Ravensburg 1) Konstanz 2000, S. 89f.
56 SpitalA Ravensburg Bü 6,2h, vgl. Beate Falk: Bruderhaus, in: (wie Anm. 4), S. 31–33.
57 StadtA RV Bü 89a/1, U 868.
58 Schulte: GRHG, Bd.1 (wie Anm. 3), S. 148–205.

In seiner Lebensführung orientiert sich das Patriziat am Lebensstil und an Wesenszügen des Landadels. Ausweislich des Konnubiums wird es lange Zeit als weitgehend gleichwertig vom Landadel akzeptiert. „Charakteristisch ist zugleich, dass die adeligen Wesenszüge mit bürgerlichen Wertsetzungen und Verhaltensweisen wie der Erwerbstätigkeit und dem einhergehenden beruflichen Fachwissen sowie stadtbürgerlichen Verpflichtungen (Steuer- und Wehrpflicht) verknüpft werden, so dass im Patriziat adelige und bürgerliche Wesenszüge sich modifizierend durchdringen."[59] Ein Übertritt in den niederen Adel ist möglich.[60]

Die Verknüpfung von adeligen und bürgerlichen Wertsetzungen und Verhaltensweisen gilt für das europaweit Handel treibende Patriziat, den Stadtadel, bis spätestens Ende des 15. Jahrhunderts. Spätestens dann hat das Patriziat eine ganz konkrete Zielsetzung: das Erlangen der Nobilitierung, den Aufstieg in den Adelsstand, die Aufgabe des Bürgerrechts in der Stadt und schließlich mit der Auflösung der Handelsgesellschaft 1530 auch die Einstellung der Kaufmannstätigkeit. An die Stelle des städtischen Lebens tritt das Leben von Landadligen auf einem Herrschaftssitz inmitten der erworbenen Grundherrschaften mit stabilen Renteneinkünften. Die Humpis, die Muntprat, die Mötteli und die Kröll spielen ab 1530 in den Bodenseestädten und im europaweiten Fernhandel keine Rolle mehr, dies gilt auch für die meisten ihrer Geschäftspartner, das Leben als Landadliger ist die attraktivere Lebensform, ein Phänomen, das die Wissenschaft noch eine Zeitlang beschäftigen wird.

59 Eberhard ISENMANN: Die deutsche Stadt im Spätmittelalter. Stuttgart 1988, S. 275.
60 ISENMANN: Die deutsche Stadt im Spätmittelalter (wie Anm. 59), S. 252f., S. 276f.

Die Vintler auf Runkelstein

Materielle Annäherung an den Adel

ARMIN TORGGLER

In einer Stadt ohne Stadtmauern

Ein Kupferstich von Matthäus Merian aus den Jahren um 1649 (Abb. 1) zeigt Bozen im heutigen Südtirol am Zusammenfluss der Flüsse Eisack und Talfer. Deutlich erkennbar sind die Stadtpfarrkirche,[1] die Laubengasse als Geschäftszentrum und die großen Klöster, das Dominikanerkloster[2] und das Franziskanerkloster,[3] während das damals noch relativ junge Kapuzinerkloster[4] als Bauwerk auf der Bildquelle nur wenig in Erscheinung tritt. Auffallend ist, dass in der Darstellung die Stadtmauern fehlen: nur einzelne Tore stehen zwischen den Häuserzeilen – eine Folge der gegen die bischöfliche Stadt gerichtete Politik des Tiroler Grafen Meinhard II., der 1275/76 die Stadt ihrer Wehrhaftigkeit beraubte.[5]

Die Siedlung rund um die Marien-Pfarrkirche steht auf den römischen Resten einer Straßen- und Brückensiedlung. Sie entwickelte sich seit dem frühen Mittelalter zum Zentrum einer Siedlungskammer,[6] die ab dem 10. Jahrhundert vom zunehmenden Verkehr auf der

1 Vgl. dazu die älteren Veröffentlichungen von Justinian Ladurner, Beiträge zur Geschichte der Pfarrkirche von Bozen, Bozen 1851 und Alois SPORNBERGER, Geschichte der Pfarrkirche von Bozen. Ausgearbeitet auf der Grundlage von P. Justinian Ladurners „Beiträgen" zur Geschichte eben dieser Pfarrkirche. Mit einem kunstgeschichtlichen und einem archivalischen Anhange, Bozen 1894.

2 Zum Bozner Dominikanerkloster vgl. Silvia SPADA PINTARELLI/Silvano BASSETTI, Dominikanerkirche und Kloster in Bozen, Bozen 1989; zur Gründung und den ersten Prior Heinrich von Burgeis siehe Max SILLER, Der Südtiroler Dichter Heinrich von Burgeis und die Entstehung des Bozner Dominikanerklosters (1272–1276), in: Bozen von den Anfängen bis zur Schleifung der Stadtmauern, Bozen 1991, S. 223–231.

3 Zum Franziskanerkloster vgl. Sven MIETH, Das Franziskanerkloster in Bozen. Geschichte – Baugeschichte – Kunst, 1221–1514, Bozen 1998; Willibald HOPFGARTNER, Das Franziskanerkloster in Bozen, Regensburg 2009.

4 Zum Kapuzinerkloster vgl. Nicolò RASMO/Magdalena HÖRMANN, Wendelstein, in: Oswald TRAPP/Magdalena HÖRMANN-WEINGARTNER (Hg.), Tiroler Burgenbuch 8, Raum Bozen, Bozen – Innsbruck – Wien 1989, S. 105–122; Helmut RIZZOLLI, Wendelstein als Sitz der landesfürstlichen Bozner Pfandleihbank, in: Oswald TRAPP/Magdalena HÖRMANN-WEINGARTNER (Hg.), Tiroler Burgenbuch 8, Raum Bozen, Bozen – Innsbruck – Wien 1989, S. 123–127 sowie Helmut RIZZOLLI/Armin TORGGLER, Die Burg bei St. Afra (Wendelstein), in: ARX. Burgen und Schlösser in Bayern, Österreich und Südtirol 36/2, Bozen 2014, S. 22–24. Zu den Ausgrabungen im Bereich Kapuzinerkloster/Wendelstein vgl. ferner Gino BOMBONATO/Lorenzo DAL RI/Catrin MARZOLI/Gianni RIZZI, Die Ausgrabungen im Kapuzinerkloster, in: Der Schlern 74, Bozen 2000, S. 281–308 und Stefan DEMETZ, Der „kleine Turm" und die Frühzeit von Burg Wendelstein in Bozen, in: Arx. Burgen und Schlösser in Bayern, Österreich und Südtirol 38/1, Bozen 2016, S. 21–26.

5 Siehe dazu: Hermann WIESFLECKER, Meinhard der Zweite. Tirol, Kärnten und ihre Nachbarländer am Ende des 13. Jahrhunderts, (Schlern-Schriften 124), Innsbruck ^{2}1995, unveränderter Nachdruck der ersten Auflage von 1955, S. 76–80.

6 Hans NOTHDURFTER, Das spätantike und frühmittelalterliche Bozen und sein Umfeld aus der Sicht der Archäologie, in: Bozen. Von den Anfängen bis zur Schleifung der Stadtmauern. Berichte über die internationale Studientagung veranstaltet vom Assessorat für Kultur der Stadtgemeinde Bozen, Schloß Maretsch – April 1989, Bozen 1991, S. 105–113.

Brennerroute profitierte.[7] Obwohl der Handel im vorurbanen Bozen schon im 11. Jahrhundert eine Rolle gespielt haben dürfte,[8] ist der Beginn der 1202 erstmals urkundlich bezeugten Märke[9] erst nach der planmäßigen Anlage der Laubengasse als Straßenmarkt im letzten Viertel des 12. Jahrhunderts wahrscheinlich. Ab 1202 fanden diese Märkte zweimal im Jahr statt,[10] doch war auch außerhalb der Marktzeiten der Durchzugsverkehr auf der Brennerstraße beträchtlich.

Hauptprodukt für den Export war in Bozen der Wein.[11] Daneben waren Beherbergung und Dienstleistungen für den Reise- und Führverkehr bedeutende Einnahmequellen, so dass Bozens Einwohnerzahl seit etwa 1200 anstieg. Dieser Zuwachs ist nicht zum geringsten Teil auf Zuwanderung zurückzuführen, wobei sich die Herkunft der Zuwanderer oft durch den Zunamen offenbart.[12] Auch der Zuname Vintler dürfte auf eine Herkunft der Familie aus der Ortschaft Vintl im unteren Pustertal verweisen.[13]

Niklaus Vintler von Bozen

Die spätestens seit dem 13. Jahrhundert in Bozen nachweisbare[14] Familie Vintler erwarb 1385 die Burg Runkelstein.[15] Die spätromanische, ab 1237 errichtete Burg (Abb. 2) war in den 1270er Jahren den Herren von Wangen, die sie errichtet und als bischöflich-tridentinisches Lehen besessen hatten,[16] durch Graf Meinhard II. entfremdet worden. Im Besitz verschiedener Fami-

7 Armin Torggler, Von grauem Loden und farbigen Tuchen. Überlegungen zu Tuchhandel und Textilverarbeitung in Tirol, in: Verona-Tirol. Kunst und Wirtschaft am Brennerweg bis 1516 (Runkelsteiner Schriften zur Kulturgeschichte 7), Bozen 2015, S. 199–245, bes. S. 199–203.

8 Rainer Loose, Der Bozner Siedlungsraum vor der Stadtgründung. Zur früh- bis hochmittelalterlichen Siedlungsstruktur des heutigen Stadtgebietes, in: Bozen von den Anfängen bis zur Schleifung der Stadtmauern. Berichte über die internationale Studientagung veranstaltet vom Assessorat für Kultur der Stadtgemeinde Bozen, Schloss Maretsch, April 1989, (Bozen, 1991), S. 115–134, bes. S. 125f.

9 Franz Huter, Tiroler Urkundenbuch. I. Abteilung: Die Urkunden zur Geschichte des deutschen Etschlandes und des Vinschgaues. Bd. II: 1200–1230. Hrsg. von der historischen Kommission des Landesmuseums Ferdinandeum in Innsbruck, Innsbruck 1949, S. 15–19, Nr. 542, 1202 März 4, Lengstein am Ritten: ... *in mercatibus vero annualibus Bauzani* ...

10 Gustav Pfeifer, Burg – Stadt – Landesfürstlicher Dienst. Beiträge zur Familiengeschichte der Tiroler Liechtensteiner, in: Vom Dorf zur Stadt: Leifers. Anfänge – Entwicklung – Chancen, hg. von der Raiffeisenkasse Leifers, Bozen 1998, S. 73–112, bes. S. 107, mit Anm. 69.

11 Josef Nössing, Die Bedeutung der Tiroler Weine im Mittelalter, in: Christhard Schrenk/Hubert Weckbach (Hg.), Weinwirtschaft im Mittelalter. Zur Verbreitung, Regionalisierung und wirtschaftlichen Nutzung einer Sonderkultur aus der Römerzeit. Vorträge des gleichnamigen Symposiums vom 21. bis 24. März 1996 in Heilbronn (= Quellen und Forschungen zur Geschichte der Stadt Heilbronn), Heilbronn 1997, S. 193–203.

12 Als Beispiele seinen hier Zunamen Bozner Familien wie Matreier, Lengensteiner oder Schwab (*Swevus*).

13 Gustav Pfeifer, Sozialer Aufstieg und visuelle Strategien im späten Mittelalter. Neue Überlegungen zu Niklaus Vintler († 1413), in: Krieg – Wucher – Aberglaube. Hans Vintler und Schloss Runkelstein, (= Runkelsteiner Schriften zur Kulturgeschichte 3), Bozen 2011, S. 71–114, bes. S. 73.

14 Heinz Moser, Familienarchiv Vintler Meran 1224–1896, (Tiroler Geschichtsquellen 48, hg. vom Tiroler Landesarchiv), Innsbruck 2003, S. 15, Nr. 1, 1224 Februar 3; Hans von Voltelini/Franz Huter (Bearb.), Die Südtiroler Notariatsimbreviaturen des dreizehnten Jahrhunderts, II. Teil. Acta Tirolensia 4, Innsbruck 1951, S. 414, Nr. 679, 1295 April 11; Gustav Pfeifer, Sozialer Aufstieg und visuelle Strategien im späten Mittelalter, wie Anm. 13, S. 73.

15 Walter Landi, Lehensregister des Fürstbistums Trient (1363–1391) – Lehensverleihungen von Bischof Albert von Ortenburg, in: Schloss Runkelstein – Die Bilderburg, Bozen 2000, S. 676, Kat.-Nr. 3.01; vgl. auch Armin Torggler, Das Runkelsteiner Sommerhaus – ein „Artushof"? Niklaus Vintler (ca. 1345–1413) und die Artus-Literatur, in: Artus auf Runkelstein. Der Traum vom Guten Herrscher, (= Runkelsteiner Schriften zur Kulturgeschichte 6), Bozen 2014, S. 137–158, bes. S. 145f.

16 Josef Riedmann, Die Anfänge von Runkelstein. Im Kontext der Auseinandersetzungen zwischen den Herren von Wangen, den Bischöfen von Trient, Kaiser Friedrich II. und den Grafen von Tirol, in: Schloss Runkelstein – Die Bilderburg, hg. von der Stadt Bozen unter Mitwirkung des Südtiroler Kulturinstitutes, Bozen 2000, S. 15–29.

lien, die nur teilweise dem Adel angehörten, hatte die Burg bereits im 14. Jahrhundert als Bestandteil von Aufstiegsstrategien gedient.[17] Unter diesen Besitzern ist im Besonderen Gottschalk (Knoger) von Bozen († 1334) zu erwähnen, der es aus einfachsten Verhältnissen in eine Spitzenposition unter den landesfürstlichen Funktionären in meinhardinischer Zeit geschafft hatte.[18]

Auf dem Erbwege war die Burg Runkelstein, deren strategisch-fortifikatorische Bedeutung bereits ab 1314 in Folge des Baus einer neuen Straße durch die Eisackschlucht nördlich von Bozen bis zur Trostburg[19] verloren gegangen ist, an Zyprian von Vilanders gefallen, der Runkelstein am 16. April 1385 an Nikolaus von Vilanders-Pardell verkaufte.[20] Am 9. Dezember desselben Jahres veräußerte Niklaus von Vilanders-Pardell die Burg an Niklaus und seinen Bruder Franz Vintler weiter.[21]

Federführend bei diesem Kauf dürfte Niklaus Vintler gewesen sein, der sich in der Folge häufiger nach der Burg nennt.[22] Dabei dürften den neuen Burgbesitzer weniger die kargen Einnahmen aus dem geringen mit der Burg verbundenen Gütern,[23] als vielmehr das mit dem Besitz einer solchen Anlage verbundene Prestige interessiert haben.[24] Tatsächlich ließ Vintler die Burg großzügig umbauen und die Räume mit monumentalen und in ihrer Aussage durchaus programmatischen Wandmalereien ausstatten, deren Fläche noch heute mehr als 500 m² einnimmt und ursprünglich wohl bei 800 m² betragen haben wird. Die Umbauarbeiten an der Burg ließ Vintler an der Ostwand einer ehemaligen kleinen Kammer im 2. Obergeschoss des Westpalas als Wandmalerei darstellen (Abb. 3).[25]

Niklaus und Franz Vintler gehörten als Söhne des im Weinhandel tätigen Konrad Vintler und der Bozner Wirtstochter Agnes Weiß dem Bürgerstand an. Ein weiterer Bruder Hans (I.) spielte bei der Erwerbung von Runkelstein offenbar keine Rolle und ist noch vor dem Ende des

17 Armin Torggler, Neues zur Besitzergeschichte der Burg Runkelstein um 1363. Mit einem Editionsanhang, in: Anno 1363 – Tatort Tirol. Es geschah in Bozen, (= Runkelsteiner Schriften zur Kulturgeschichte 5), Bozen 2013, S. 199–231.

18 Zu Gottschalk Knoger von Bozen vgl. Josef Riedmann, Gottschalk von Bozen, Richter von Enn-Neumarkt († 1334), in: Das Südtiroler Unterland, Bozen 1980, S. 107–125; Ders., Neues zu Tätigkeit des Gottschalk von Bozen, Richter von Enn-Neumarkt († 1334), in: Rainer Loose (Hg.), Eppan und das Überetsch – Wohnen und Wirtschaften an der Weinstraße und in angrenzenden Gebieten. (Veröffentlichungen des Südtiroler Kulturinstitutes 7), Lana 2008, S. 171–180; Armin Torggler, Neues zur Besitzergeschichte der Burg Runkelstein um 1363, wie Anm. 17, S. 203–207.

19 Zu dieser Wegverbindung, dem sogenannten Kuntersweg, vgl. Julia Hörmann, Die „Kuntersweg-Urkunden" – Eine Quellenübersicht, in: Tiroler Heimat 67, Innsbruck 2003, S. 49–61.

20 Armin Torggler, Neues zur Besitzergeschichte der Burg Runkelstein um 1363, wie Anm. 17, S. 223.

21 Armin Torggler, Das Runkelsteiner Sommerhaus – ein „Artushof"?, wie Anm. 15, S. 146.

22 Vgl. dazu die Nachweise bei Max Siller, Die Standesqualität der Vintler von Bozen zu Beginn des 15. Jahrhunderts. Prolegomena zu einer Interpretation von Hans Vintlers Pluemen der Tugent (1411), in: Krieg – Wucher – Aberglaube. Hans Vintler und Schloss Runkelstein, (= Runkelsteiner Schriften zur Kulturgeschichte 3) Bozen 2011, S. 45–70, bes. S. 52–58.

23 Die Burg Runkelstein verfügte über keinen eigenen Burgfrieden, sondern gehörte zu Burgfrieden von Wangen, vgl. Walter Schneider, Runkelstein innerhalb des Burgfriedens von Wangen, in: Schloss Runkelstein – Die Bilderburg, Bozen 2000, S. 515–527.

24 Armin Torggler, Neues zur Besitzergeschichte der Burg Runkelstein um 1363, wie Anm. 17, S. 225.

25 Vgl. dazu Joachim Zeune, Burg Runkelstein durch die Jahrhunderte: burgenkundliche und baugeschichtliche Marginalien, in: Schloss Runkelstein – Die Bilderburg, Bozen 2000, S. 31–47, bes. 35 mit Abb. 11 und 12. In der Umzeichnung interpretiert Joachim Zeune die mit Nr. 15 bezeichnete Struktur im Burghof als „Backhaus oder Weinpresse (?)" und die kreuzförmige Struktur (Nr. 14) als „Hofzisterne". Naheliegender ist aber eine Ansprache als Kalkbrennofen und als Mörtelmischvorrichtung.

14. Jahrhunderts verstorben.[26] Niklaus dürfte der älterste der Brüder gewesen sein.[27] Sein sozialer Aufstieg fand im Gefolge der Habsburger statt, die seit 1363 Tirol besaßen. Spätestens 1373 bekleidete Niklaus das einflussreiche Amt eines Landrichters von Gries,[28] das er sich durch umfangreiche Darlehen in Höhe von 4.000 Gulden an den österreichischen Herzog Leopold III. 1382 zu sichern verstand.[29] Die administrativen und richterlichen Funktionen waren seit spätestens 1380 Unterrichtern anvertraut unter denen sich 1383 auch Vintlers Schwiegersohn Wolfhard Metzner befand.[30] Niklaus wirtschaftliche Basis bildeten, neben den Erträgen aus den ererbten Gütern, die Gefälle aus den Pfandbesitzungen[31] sowie aus den „Schaltstellen der städtischen Ökonomie", darunter der Weinplatz mit dem Weinmessamt und der Fronwaage sowie der unteren Fleischbank.[32] Für eine kaufmännische Tätigkeit[33] gibt es hingegen nur wenige urkundliche Belege, was überwiegend mit der Überlieferungssituation zusammenhängt, die fast ausschließlich aus Dokumenten rechtlich administrativer Art besteht. Immerhin lassen in Verona und Brescia (?) ausgestellte Zahlungsversprechen aus dem Jahr 1382[34] auf eine Handelstätigkeit in Oberitalien schließen. Ausdrücklich bezeugt ist in den 1370er Jahren Vintlers Handelstätigkeit mit Getreide aus Bayern und Österreich in die Lombardei.[35]

Herrschaftsnähe zeigt sich bei Niklaus Vintler zunächst in Form diplomatischer Tätigkeit für den Landesfürsten. Bereits 1378 ist Niklaus in Belluno nachweisbar, 1381/82 war er erneut im östlichen Oberitalien anzutreffen, wo er im Mai 1381 zu jenen Vertrauten Herzog Leopolds III. gehörte, die zu Francesco da Carrara gesandt nach Padua wurden. Letztmals ist Niklaus Vintler 1407 in Venedig in diplomatischer Mission für Herzog Friedrich IV. tätig.[36] Seit 1392 bekleidete Niklaus Vintler das Amt eines obersten Amtmanns für ganz Tirol mit weitreichen-

26 René Wetzel geht 2015 von einem Ableben Hans' (I.) Vintler „ca. 1392" aus (vgl. René Wetzel, Hans (II.) Vintler († 1419) – eine biographische Skizze, in: Max Siller (Hg.), Hans Vintler: Die Blumen der Tugend (1411). Symposium nach 600 Jahren, Schlern-Schriften 362, Innsbruck 2015, S. 399–412, hier S. 399 und bereits im Jahr 2000 ders., Quis dicet originia annos? Die Runkelsteiner Vintler – Konstruktion einer adeligen Identität, in: Schloss Runkelstein – Die Bilderburg, hrsg. von der Stadt Bozen unter Mitwirkung des Südtiroler Kulturinstituts, Bozen 2000, S. 291–310, hier S. 298) aus.

27 Darauf deutet zumindest das für Franz in den Urkunden nachweisbare Diminutiv Fränzlein und seine häufige Stellung als Zweitgenannter hinter Niklaus Vintler in den Urkunden hin, vgl. dazu Max Siller, Landespolitische Reflexe in Hans Vintlers „Die Blumen der Tugent"?, in: Ders. (Hg.), Hans Vintler: Die Blumen der Tugend (1411). Symposium nach 600 Jahren, Bozen, 28.–30. September 2011, Aktenband, (Schlern-Schriften 362), Innsbruck 2015, S. 335–366, bes. S. 336.

28 Hannes Obermair, Bolzano Nord – Bozen Süd. Schriftlichkeit und urkundliche Überlieferung der Stadt Bozen bis 1500. Bd. 1: Regesten der kommunalen Bestände 1210–1400. Bozen, 2005, S. 383, Nr. 798, 1373 August 30, Bozen; Gustav Pfeifer, Sozialer Aufstieg und visuelle Strategien im späten Mittelalter, wie Anm. 13, S. 77.

29 Der Pfandbrief ist abschriftlich in der sogenannten Vintler-Chronik (*Uintlerisches Stambenbúech oder Stemmatographica Vintlerianae Prosapiae Descriptio Authore Adamo Vintler de Platsch*) des Hans Adam Vintler von Platsch (1638–1678) aus der Zeit um 1670 erhalten, vgl. Tiroler Landesmuseum Ferdinandeum, FB, Dipauliana 1087/6, S. 30–32.

30 Gustav Pfeifer, Sozialer Aufstieg und visuelle Strategien im späten Mittelalter, wie Anm. 13, S. 78.

31 Zu diesen zählte neben dem Gericht Gries seit 1386 das Gericht in der Bozner Wangergasse, vgl. Gustav Pfeifer, Sozialer Aufstieg und visuelle Strategien im späten Mittelalter, wie Anm. 13, S. 78. 1407 verpfändete Herzog Friedrich IV. von Österreich dem Niklaus Vintler für 1.535 Dukaten Güter in Durnholz, vgl. Heinz Moser, Familienarchiv Vintler Meran 1224–1896, wie Anm. 14, S. 11, Nr. F7.

32 Gustav Pfeifer, Sozialer Aufstieg und visuelle Strategien im späten Mittelalter, wie Anm. 13, S. 77.

33 Helmut Rizzolli spricht in diesem Zusammenhang vom „Handelsmann Niklaus Vintler", Helmut Rizzolli, Geld und Geldadel. Der adelige Münzmeister Friedrich von Hauenstein und sein literarisch tätiger Schwiegersohn Hans Vintler, in: Schloss Runkelstein – Die Bilderburg, hg. von der Stadt Bozen unter Mitwirkung des Südtiroler Kulturinstituts, Bozen 2000, S. 351–360, hier S. 351.

34 Kopial überliefert in der Vintler-Chronik, wie Anm. 29, S. 32f.

35 Gustav Pfeifer, Sozialer Aufstieg und visuelle Strategien im späten Mittelalter, wie Anm. 13, S. 80.

36 Armin Torggler, Das Runkelsteiner Sommerhaus – ein „Artushof"?, wie Anm. 15, S. 142f.

den Zuständigkeiten im Finanzbereich.[37] Diese schlossen die Zölle und Mauten, die Gefälle aus den Gerichten und die Steuern ebenso ein, wie die Zuständigkeit über die Juden in Tirol.[38]

Letztere erschien Niklaus Vintler in so hohem Maße mit Prestige verbunden, dass er Juden in einer geradezu monumentalen, acht Meter langen Szene im sogenannten Turniersaal darstellen ließ.[39] Der Judenschutz wurde hier mit der freilich prominenter in Szene gesetzten Turnierfähigkeit kombiniert, die Niklaus Vintler zu Jahresbeginn 1393 von Herzog Albrecht III. bestätigt wurde.[40] Die Turnierfähigkeit bedeutete für Niklaus Vintler offenbar einen entscheidenden Schritt auf dem Weg zur Akzeptanz seiner Ansprüche. Tatsächlich häufen sich seine Nennungen im Kreis von Exponenten des Adels seit Mitte der 1390er Jahre.

Bereits vor der Erwerbung der Burg Runkelstein verwendet Niklaus Vintler ein Siegel mit Wappen, dessen Verwendung 1376 belegt ist.[41] Dieses ältere Wappensiegel zeigt einen gespaltenen Schild mit einem heraldisch links oben eingeschriebenen, gleicharmigen Kreuz und erinnert mehr an ein Kaufmannszeichen, denn an ein adeliges Wappen. In der sogenannten Badestube auf Schloss Runkelstein lässt Niklaus Vintler dann ein anderes Wappen darstellen, das zwei silberne Bärentatzen in rotem Feld enthält.[42] In diesem Feld halten den auf das Wappen gesetzten Stechhelm zwei Männer, die entsprechend den Wappenfarben in roter und weißer Kleidung gewandet sind und in denen man die beiden Brüder Franz und Niklaus vermuten darf. Dieses Wappen mit den beiden aufrechten Bärentatzen begegnet auch als Niklaus' neues Siegelwappen seit der zweiten Hälfte der 1380er Jahre.[43]

Es lässt sich feststellen, dass insbesondere Niklaus Vintler seit Beginn der 1380er Jahre zielbewusst eine Annäherung an die Lebensform des Adels betrieben hat: Besetzung prestigeträchtiger Ämter, Anpfändung von Rechten und Besitztitel, Führung von Wappen und Verwendung von Siegel, Ankauf einer Burg, Dienst in der Nähe des Landesfürsten und Erreichung der Turnierfähigkeit. Sein Interesse an der geistigen Kultur des Adels verdeutlicht sich hingegen in besonderem Maße in den Wandmalereien des seit 1390 errichteten sogenannten Sommerhauses.

---

37 Gustav Pfeifer, Sozialer Aufstieg und visuelle Strategien im späten Mittelalter, wie Anm. 13, S. 79.

38 Armin Torggler, Juden auf Runkelstein. Niklaus Vintler als oberster Amtmann und die Darstellung von Juden in den Fresken der Bilderburg Runkelstein, in: Simon und Sarah in Bozen. Jüdische Präsenz in und außerhalb der Stadt bis zum 18. Jahrhundert (Runkelsteiner Schriften zur Kulturgeschichte 4), Bozen 2012, S. 47–68, bes. S. 51–54; die Bestallungsurkunde ediert bei Armin Torggler, Ernennungsurkunde für Niklaus Vintler zum obersten Amtmann in Tirol mit Beschreibung seiner Aufgaben, in: ebenda, S. 242–245.

39 Kristina Domanski/Margit Krenn, Die profanen Wandmalereien im Westpalas, in: Schloss Runkelstein – Die Bilderburg, hg. von der Stadt Bozen unter Mitwirkung des Südtiroler Kulturinstituts, Bozen 2000, S. 51–98, hier S. 88–90.

40 Christian Friedrich August von Meding, Nachrichten von adelichen Wapen. Hamburg 1786, S. 631–634, Nr. 902. Abschrift der Urkunde vom 5. Jänner 1393 ohne Angabe des Aufbewahrungsortes derselben, hier S. 633: *Wir Albrecht von G. G., Hertzog zu Oesterreich, zu Steyer, zu Kärndten, und zu Krayn Grafe zu Tyrol, etc. bekennen offentlich mit dem Brieff, daß für uns kommt unser lieber getreuer Niclas der Vintler von Bozen, unser obrister Amtmann bey der Etsch, und legt uns für, wie uns die Wappen von weyland seines Vettern Reimprecht seel. Von Thurn zu Bozen abgestorben, und ledig worden wären, und bath uns, daß wir ihm, und Frantzen seinem Bruder, und mit samt ihm, weyland Hansen seel. deß Vintler, ihres Brudern Söhnen, die verleihen geruheten, daß haben wir gethan, und haben als Landsfürst und Herr unsers Fürstenthums zu Tyrol, den genannten Niclasen und Frantzen Gebrüdern den Vintlern, und mit samt ihnen weyland Hansen seel. ihres Bruders Söhnen, auch ihr aller Erben, dieselben Wappen von Gnaden verliehen, und leihen auch mit dem Brieff, was wir ihn zu recht daran leihen sollen oder mögen, auff daß sie zu allen ritterlichen Spielen, Schimpff und Ernst die führen und nutzen sollen oder mögen, als Wappen und Landsrecht ist, und seynnd das die Wappen, ein Schild von Gold, und darinnen drey schwartze Perntatzen ohn Zeckel im Ph [...] gestratzet, item, auff den Helm zwey Perntatzen mit Zeckel, gekrönt von Gold, gerocket auff [...] haben. Mit Urkundt dieses Brieffs, Geben zu Wien, an der H. drey König Abend, Anno 1393.*

41 Gustav Pfeifer, Sozialer Aufstieg und visuelle Strategien im späten Mittelalter, wie Anm. 13, S. 91.

42 Kristina Domanski/Margit Krenn, Die profanen Wandmalereien im Westpalas, wie Anm. 39, S. 65–77.

43 Gustav Pfeifer, Sozialer Aufstieg und visuelle Strategien im späten Mittelalter, wie Anm. 13, S. 91.

Hier dominieren Szenen aus dem höfischen Roman und der Heldenepik. Beide literarischen Gattungen trugen seit dem 12./13. Jahrhundert über Landes- und Sprachgrenzen hinweg zum Selbstverständnis des Adels bei. Der bewusste Rückgriff auf diese Themen der ritterlich-höfischen Welt sollte dem Betrachter wohl die Vertrautheit des Auftraggebers mit den Idealen des Rittertums vor Augen führen und gleichzeitig die bürgerliche Herkunft der Vintler verschleiern.[44]

Im Detail blieben im Sommerhaus drei Freskenzyklen erhalten, die dem höfischen Roman um König Artus zugewiesen werden können. Es handelt sich um den Garel vom blühenden Tal des Pleier,[45] Gottfrieds von Straßburg Tristan und Isolde[46] sowie um den nur in Bruchstücken erhaltenen Wigalois des Wirnt von Grafenberg.[47] Die Bilderfolgen orientierten sich in diesen Fällen an konkreten literarischen Vorlagen,[48] von denen man vielleicht annehmen kann, dass sie in der Bibliothek der Vintler vorhanden waren.[49]

Inhaltlich komplexer gestaltet sich Fassadenmalerei am Sommerhaus, die sich grob in zwei Bereiche gliedert, die in unterschiedlichen Techniken ausgeführt sind. Im unteren Bereich finden sich in gleichmäßigen Medaillons Porträts der Kaiser,[50] während im oberen Bereich die sogenannten Triaden zu finden sind.[51] Diese – im Gegensatz zur Kaiserreihe in Terraverde – polychrome Bildsequenz zeigt im ersten Abschnitt die Neun Helden als Symbol der guten Herrschaft.[52] Auf sie folgen sechs weitere Triaden, deren Figuren einerseits wieder

44 Dieses Ziel scheint erreicht worden zu sein, denn fast viereinhalb Jahrhunderte nach Niklaus Vintlers Tod schrieb Beda Weber über die Vintler: „Kein einfaches Adelsgeschlecht in Tirol kann sich an Alter und Berühmtheit mit dem der Vintler messen", (Beda Weber, Meran und seine Umgebungen. Oder: Das Burggrafenamt von Tirol. Für Einheimische und Fremde, Innsbruck 1845, S. 86). Am Zustandekommen dieses Urteils dürften die Wandmalereien auf Schloss Runkelstein und im Besonderen die höfischen Szenen im sogenannten Sommerhaus nicht unbeteiligt gewesen sein.

45 Kristina Domanski/Margit Krenn, Die profanen Wandmalereien im Sommerhaus, in: Schloss Runkelstein – Die Bilderburg, hg. von der Stadt Bozen unter Mitwirkung des Südtiroler Kulturinstituts, Bozen 2000, S. 99–154, besonders S. 110–133; Diana Wiehn, Der Garel-Zyklus auf Schloss Runkelstein – Ein Rekonstruktionsversuch, in: Artus auf Runkelstein. Der Traum vom Guten Herrscher, (= Runkelsteiner Schriften zur Kulturgeschichte 6), Bozen 2014, S. 203–242.

46 Kristina Domanski/Margit Krenn, Die profanen Wandmalereien im Sommerhaus, wie Anm. 45, S. 133–149; Volker Schupp, Der Bilderzyklus von Tristan und Isolde im Sommerhaus, in: Schloss Runkelstein – Die Bilderburg, hg. von der Stadt Bozen unter Mitwirkung des Südtiroler Kulturinstituts, Bozen 2000, S. 331–350; vgl. dazu weiter auch Joana Mylek, Tristan und die Pluemen der Tugent. Das Verhältnis des Runkelsteiner Tristan-Zyklus zu den grünen Miniaturen der Vintlerischen Ausgabe der Pluemen der Tugent (ab 1411), in: Krieg – Wucher – Aberglaube. Hans Vintler und Schloss Runkelstein, (= Runkelsteiner Schriften zur Kulturgeschichte 3) Bozen 2011, S. 199–216.

47 Vgl. dazu im Detail: Antonia Gräber, Der Wigalois-Zyklus auf Schloss Runkelstein, in: Schloss Runkelstein – Die Bilderburg, hg. von der Stadt Bozen unter Mitwirkung des Südtiroler Kulturinstituts, Bozen 2000, S. 155–171 sowie Michaela Schedl, Der Wigalois-Zyklus auf Schloss Runkelstein. Von den Wandfresken zum Comic, in: Artus auf Runkelstein. Der Traum vom Guten Herrscher, (= Runkelsteiner Schriften zur Kulturgeschichte 6), Bozen 2014, S. 175–201. Zum Wigalois vgl. ferner Hans-Jochen Schiewer, Innovation und Konventionalisierung. Wirnts >Wigalois< und der Umgang mit Autor und Werk, in: Eckart Conrad Lutz/Johanna Thali/René Wetzel (Hg.), Literatur und Wandmalerei II. Konventionalität und Konversation, (Burgdorfer Colloquium 2001), Tübingen 2005, S. 65–83.

48 Vgl. dazu Armin Torggler, Das Runkelsteiner Sommerhaus – ein „Artushof"?, wie Anm. 15, S. 151–155.

49 Vgl. dazu kritisch Norbert H. Ott, Höfische Literatur in Text und Bild: Der literarische Horizont der Vintler, in: Schloss Runkelstein – Die Bilderburg, hg. von der Stadt Bozen unter Mitwirkung des Südtiroler Kulturinstituts, Bozen 2000, S. 311–330, hier S. 323f.

50 Vgl. dazu René Wetzel, Runkelsteiner Kaiserreihe (Burghof), in: Schloss Runkelstein – Die Bilderburg, hg. von der Stadt Bozen unter Mitwirkung des Südtiroler Kulturinstituts, Bozen 2000, S. 173–184.

51 Kristina Domanski/Margit Krenn, Die profanen Wandmalereien im Sommerhaus, wie Anm. 45, S. 99–109.

52 Zum Kanon der neun guten Helden siehe G. Ulrich Grossmann, König Artus vom Schönen Brunnen in Nürnberg, in: Artus auf Runkelstein. Der Traum vom Guten Herrscher, (= Runkelsteiner Schriften zur Kulturgeschichte 6), Bozen 2014, S. 73–83, hier S. 80.

dem höfischen Roman, überwiegend aber der Heldenepik rund um Dietrich von Bern entlehnt sind.[53]

Diese Figuren zeigen ein wohl bewusst breit gefächertes Spektrum an mittelalterlicher Literatur, die damals in den Kreisen des Adels aber auch des städtischen Patriziats weit verbreitet gewesen ist. Die Burg Runkelstein mit ihren Wandmalerein wurde von Niklaus Vintler wohl hauptsächlich als „eine noble Fest- und Repräsentationskulisse mit Memoria-Charakter"[54] oder als „Lustschloss und Sommerresidenz vor der Stadt"[55] benützt, während sein vornehmlicher Aufenthaltsort der Stadtsitz am Vintlertor, der heutige Ansitz Schrofenstein,[56] gewesen sein dürfte. Dieser aus einem Wohnturm bestehende Gebäudekomplex war – ähnlich wie die Räume der Burg Runkelstein – mit polychromen Wandmalereien ausgestattet, die ritterliche Kampfszenen sowie die bemerkenswerte Szene der „Herzensschmiede" zeigen.[57] Die häufige Wiederholung des älteren Wappens von Niklaus Vintler – den seit den 1380er Jahren von ihm gebrauchten weißen Bärentatzen im roten Feld – erlaubt eine Datierung der Malereien in das Jahrzehnt vor 1393.

Diese bemerkenswerten, erst 2005/06 freigelegten Reste zeugen davon, dass Niklaus Vintlers Bemühungen um eine Annäherung an den Adel sich nicht auf die Burg Runkelstein beschränkt haben, sondern auch seinen Stadtsitz umfassten. Letztlich können sogar die nur in Resten erhaltenen Wandmalereien in der ehemaligen Burg bei St. Afra/Wendelstein in Bozen mit Niklaus Vintler in Zusammenhang gebracht werden, fungierte diese Burg doch als Amtssitz des landesfürstlichen Amtmanns an der Etsch.[58]

Ebenfalls nicht auf Runkelstein beschränkt blieben die Bemühungen Niklaus Vintlers um einen adelsgleiche Memoria im sakralen Umfeld. Zwar stand auch hier die Burgkapelle (Abb. 4) von Runkelstein im Zentrum,[59] doch stiftete Vintler eine entsprechende Grablege im Bozner Franziskanerkloster.[60] Auch eine Allerheiligen-Kapelle hat Niklaus Vintler in demselben Kloster gestiftet,[61] ebenso wie eine Dreifaltigkeits-Kapelle in der Bozner Wangergasse, für die Niklaus Vintler eine Benefiziatenstelle geschaffen hat.[62]

---

53 Vgl. dazu Marcello Beato, König Artus und die drei *frumsten* Ritter der Tafelrunde. Neue Überlegungen zur Identifizierung der Artusritter des Runkelsteiner Triaden-Zyklus, in: Artus auf Runkelstein. Der Traum vom Guten Herrscher, (= Runkelsteiner Schriften zur Kulturgeschichte 6), Bozen 2014, S. 159–174 sowie Armin Torggler, Riesen und Zwerge auf Schloss Runkelstein, in: Riesen und Zwerge, (= Runkelsteiner Schriften zur Kulturgeschichte 10), Bozen 2016, S. 121–159.

54 Helmut Rizzolli, Geld und Geldadel, wie Anm. 33, S. 351.

55 Waltraud Kofler Engl, Profan und sakral. Die Bilderwelten der Vintler, in: Krieg – Wucher – Aberglaube. Hans Vintler und Schloss Runkelstein, (= Runkelsteiner Schriften zur Kulturgeschichte 3) Bozen 2011, S. 167–198, hier S. 181.

56 Armin Torggler, Das Runkelsteiner Sommerhaus – ein „Artushof"?, wie Anm. 15, S. 140f.

57 Waltraud Kofler Engl, Profan und sakral, wie Anm. 55, S. 181–183.

58 Zu dieser Burg und ihren Wandmalereien siehe Helmut Rizzolli/Armin Torggler, Die Burg bei St. Afra (Wendelstein), in: ARX. Burgen und Schlösser in Bayern, Österreich und Südtirol 36/2, Bozen 2014, S. 22–24, mit weiterer Literatur.

59 Friederike Wille, Die Fresken der Burgkapelle Runkelstein, in: Schloss Runkelstein – Die Bilderburg, hg. von der Stadt Bozen unter Mitwirkung des Südtiroler Kulturinstituts, Bozen 2000, S. 185–202 und Martin Hoernes, Die Burgkapelle von Runkelstein, in: ebenda, S. 431–441.

60 Zu dieser um 1660 zerstörten Grablege, die von einem „*Vintlerischen alten stein*" bedeckt wurde, vgl. Armin Torggler, Das Runkelsteiner Sommerhaus – ein „Artushof"?, wie Anm. 15, S. 145 mit Anm. 35.

61 So vermerkt Vintler-Chronik, wie Anm. 29, S. 51 über Niklaus Vintler: „*Jtem hatt er auch die kapell zu aller Heyligen bey Parrfüßern, so ietz die Sacrestey ist, erbaut, vndt fundirt, auch selbigem Kloster von Jhm vndt anderen Vintleren gar viel Guthaten erwießen worden, wie dann Joachims Vintler den Kreutzgang machen laßen*".

62 Die Vintler-Chronik, wie Anm. 29, S. 51 vermerkt dazu: *Circa anno 1396. Hatt Nicolaus Vintler von Rúnckhl vnd Rendlstain die H(eilige) Dreyfaltigkheit Capellen in der Wangner gaßen Zúe Pozen von neúen erhebt, vndt aúfgebaút, a(nn)o 1401 ist selbe capell consecriert worden. Vndt Hatt diese capellen seinen aigenen Beneficiaten, wie dann aúch allzeit der Elteste von dem Geschlecht der Vintler das Jus Patronatus darüber hatt, die abschrifft des Fundationsbriefs, so geschehen anno 1406 Jst bey dem Vrbare der Capellen Zúe endt dißes Stamenbúchs Zú finden.* Eine Abschrift des Stiftsbriefes von 1406 ist in derselben Chronik S. 292–299 ent-

Die Burgkapelle von Runkelstein ist am 31. Oktober 1390 eingeweiht worden und anlässlich dieser Weihe wurde eine bemerkenswerte Anzahl von Reliquien im Altar der Kapelle deponiert:[63] Partikel vom Kreuze Jesu und von der Holzsäule, an der Jesus gegeißelt worden war, eine Reliquie des Heiligen Stephanus, ein Partikel vom Kleid des Evangelisten Johannes, eine Reliquie des Evangelisten Lukas, eine des Apostels Jakobus des Älteren, eine des Märtyrers Mauricius, eine des Heiligen Bischofs Nikolaus, eine Leonhards des Bekenners, eine der Maria Magdalena, eine der Heiligen Cäcilia, eine Reliquie vom Kopf der Heiligen Justina, Knochen der Heiligen Katharina, Reliquien der zehntausend Jungfrauen und Partikel der Heiligen Luzia.

Niklaus Vintler ein Patrizier?

Eine Einordnung Niklaus Vintlers innerhalb der spätmittelalterlichen Gesellschaft bereitet nach wie vor Schwierigkeiten. Helmut Rizzolli bezeichnete Niklaus als »Ritterbürger« und Hans (II.), den Sohn seines Bruders Hans (I.), als den „Sohn eines »Ritterbürgers«".[64] Max Siller hingegen vertritt eine Zuordnung Niklaus Vintlers als Aufsteiger, der sich in der Zeit um 1411 „aus dem Verband der Bürger gelöst" habe und dessen „Aufstieg in die *nobilitas*, in den Adel, ... voll im Gang" ist.[65]

Zweifellos wird man Niklaus Vintler der bürgerlichen Oberschicht von Bozen zuweisen dürfen, die eine nicht geringe Affinität zum Ritteradel zeigte. Allerdings scheint die soziale Mobilität in Bozen in den ersten beiden Dritteln des 14. Jahrhunderts größer gewesen zu sein, als zur Zeit Niklaus Vintlers im letzten Abschnitt dieses Zeitraums. Gottschalk Knoger von Bozen und Botsch von Florenz[66] sind in diesem Zusammenhang herausragende Beispiele aus dem ersten bzw. zweiten Drittel des Jahrhunderts. Gustav Pfeifer postulierte für das dritte Drittel hingegen deutliche Tendenzen im Adel, sich nach unten stärker abzugrenzen.[67] Dementsprechend gelang es Niklaus Vintler offenbar kaum vom Umfeld als Adeliger akzeptiert zu werden. Erst sein Neffe Hans (II.) durchbrach in einer Zeit des politischen Ausnahmezustandes 1415 am Konzil von Konstanz die Standesgrenze[68] und die endgültige Übersiedlung der nachfolgenden Generation von Bozen in den Brixner Raum öffnete den Vintlern den Weg in die Kreise des bischöflich-brixnerischen Adels.

halten und vermerkt unter anderem, dass Niklaus Vintler für den Kapelan jährlich zwanzig Mark Berner an Erträgen vorgesehen hat.

63 Martin HOERNES, Die Burgkapelle von Runkelstein, wie Anm. 59, S. 439f mit Abbildung der Weiheurkunde von 1390 Oktober 31, Schloss Runkelstein; zur Reliquienliste dort siehe Walter LANDI, Kapellenweihe auf Runkelstein, in: Schloss Runkelstein – Die Bilderburg, hg. von der Stadt Bozen unter Mitwirkung des Südtiroler Kulturinstituts, Bozen 2000, S. 678, Kat.-Nr. 3.05.

64 Helmut RIZZOLLI, Geld und Geldadel, wie Anm. 33, S. 351 und 353.

65 Max SILLER, Die Standesqualität der Vintler von Bozen zu Beginn des 15. Jahrhunderts, wie Anm. 22, S. 64.

66 Gustav PFEIFER, Elitenintegration im Bozen des 14. Jahrhunderts. Am Beispiel des Botsch von Florenz († 1374), in: Anno 1363 – Tatort Tirol. Es geschah in Bozen (= Runkelsteiner Schriften zur Kulturgeschichte 5), Bozen 2013, S. 125–162.

67 Gustav PFEIFER, Sozialer Aufstieg und visuelle Strategien im späten Mittelalter, wie Anm. 13, S. 101f.

68 Armin TORGGLER, Die Zeit des Hans Vintler, in: Krieg – Wucher – Aberglaube. Hans Vintler und Schloss Runkelstein, (= Runkelsteiner Schriften zur Kulturgeschichte 3) Bozen 2011, S. 13–44, hier 32–36; Gustav PFEIFER, Sozialer Aufstieg und visuelle Strategien im späten Mittelalter, wie Anm. 13, S. 92f.

Darüber hinaus bleibt die Frage, ob sich in Bozen überhaupt eine Gruppe von Bürgern ausmachen lässt, die als Patrizierfamilien in engeren Sinne gelten können. Klaus Brandstätter postulierte für Bozen im 15. Jahrhundert, gestützt auf die Anzahl von 271 Häusern, eine Einwohnerzahl von 2.500 als Maximalwert und ordnet die Stadt „dem Typ der ansehnlichen Kleinstadt – an der Schwelle zur Mittelstadt" zu.[69] Die wirtschaftliche Bedeutung Bozens wurde durch den Weinhandel[70] und die überregionalen Märkte bestimmt, so dass die tatsächliche Anzahl der in der Stadt anwesenden Personen in- und außerhalb der Marktzeiten sowie vor und während der Weinlese stark geschwankt haben dürfte.

Dabei waren die Einwohner von Bozen nur in geringem Umfang am Fernhandel beteiligt,[71] der überwiegend von oberdeutschen und italienischen Kaufleuten dominiert wurde,[72] sodass sich bis in die frühe Neuzeit keine eigene soziale Schicht von Fernhandelskaufleuten in Bozen entwickelte.

Die städtische Verfassung Bozens stellte eine Besonderheit dar, indem bis weit ins 14. Jahrhundert drei Gerichtssprengel auf zwei unterschiedliche Stadtherrn – Bischof von Trient und Graf von Tirol (seit 1363 die Habsburger) – aufgeteilt war.[73] Darunter litt in erster Linie die kommunale Autonomie, die sich in nur sehr bescheidenem Umfang entwickeln konnte und erst spät die Kontrolle über grundlegende Positionen der städtischen Wirtschaft erringen konnte.[74] Ein zehnköpfiger Geschworenenrat mit zwei *procuratores* oder *sindici* bestand, wird erstmals in einer Urkunde von 1309 fassbar[75] und seit 1350 als Stadtrat erwähnt.[76] Die Mitglieder dieses Rates wurden offenbar durch den Landesfürsten als Stadtherrn bestellt, wie dies von Markgraf Ludwig von Brandenburg zum Jahr 1357 überliefert ist,[77] wobei der Eindruck entsteht, dass die Anzahl der Räte schwankte und der Rat überhaupt nur bei Bedarf eingesetzt wurde. Bis in die Zeit des Niklaus Vintler etablierte sich nun nach und nach dieser Stadtrat, der schließlich eine Reihe von Zuständigkeiten erringen konnte. Erst 1381 konnten die Bürger der drei Gerichte sich von Herzog Leopold III. das Recht ertrotzen den neunköpfigen Stadtrat

69 Klaus Brandstätter, Bozen an der Wende zum 15. Jahrhundert, in: Max Siller (Hg.), Hans Vintler: Die Blumen der Tugend (1411). Symposium nach 600 Jahren, Schlern-Schriften 362, Innsbruck 2015, S. 55–69, hier 55f.

70 Josef Nössing, Die Bedeutung der Tiroler Weine im Mittelalter, wie Anm. 11, S. 193–303; Ders., Bozens Weinhandel im Mittelalter und in der Neuzeit, in: Stadt und Wein, hg. von Ferdinand Opll, (= Beiträge zur Geschichte der Städte Mitteleuropas 14), Linz 1996, S. 181–192.

71 Zur Präsenz von Bozner Kaufleuten um 1400 im ostbayerischen Raum vgl. Klaus Brandstätter, Bozen an der Wende zum 15. Jahrhundert, wie Anm. 69, S. 58; zur Anwesenheit von Boznern um 1400 auf den Frankfurter und Nördlinger Messen siehe Hektor Ammann, Die Bedeutung der Südtiroler Notare des 13. Jahrhunderts für die Wirtschaftsgeschichte, in: Beiträge zur geschichtlichen Landeskunde Tirols. Festschrift für Universitätsprofessor Dr. Franz Huter (= Schlern-Schriften 207), Innsbruck 1959, S. 1–19, hier S. 10. Insgesamt scheint diese Handelstätigkeit aber in einem bescheidenen Rahmen geblieben zu sein.

72 Klaus Brandstätter, Bozen an der Wende zum 15. Jahrhundert, wie Anm. 69, S. 57f.

73 Franz Huter, Herzog Rudolf der Stifter und die Tiroler Städte. Festgabe der Gewerblichen Wirtschaft Tirols zum 600-Jahr-Jubiläum der Vereinigung Tirols mit Österreich (= Tiroler Wirtschaftsstudien 25), Innsbruck 1971, S. 40f; Klaus Brandstätter, Bozen an der Wende zum 15. Jahrhundert, wie Anm. 69, S. 59f.

74 So befanden sich das Kornmessamt und die Fronwaage als landesfürstliche Lehen in den Händen verschiedener herausragender Familien, nicht zuletzt der Vintler. Erst 1659 konnte die Stadt die Fronwaage käuflich erwerben, vgl. Klaus Brandstätter, Bozen an der Wende zum 15. Jahrhundert, wie Anm. 69, S. 60.

75 Otto Stolz, Die Ausbreitung des Deutschtums in Südtirol im Lichte der Urkunden III/2, München-Berlin, 1932, S. 9, Nr. 42a, 1309 Juli 15, Bozen.

76 Otto Stolz, Politisch-historische Landesbeschreibung von Südtirol, zweiter Teil der Landesbeschreibung von Tirol, 2. Lieferung: Viertel an der Etsch, (= Schlern-Schriften 40), Innsbruck 1938, S. 264f; Franz Huter, Herzog Rudolf der Stifter und die Tiroler Städte, wie Anm. 73, S. 42; Klaus Brandstätter, Bozen an der Wende zum 15. Jahrhundert, wie Anm. 69, S. 61.

77 Die Urkunde als Regest bei Hannes Obermair, Bozen Süd – Bolzano Nord. Schriftlichkeit und urkundliche Überlieferung der Stadt Bozen bis 1500, Bd. 1: Regesten der kommunalen Bestände 1210–1400, Bozen 2005, S. 355, Nr. 677, 1357 März 1, Bozen.

jährlich durch Wahl zu bestimmen.[78] Erst 1420 wir das Rathaus und 1442 erstmals ein Bürgermeister in der Überlieferung fassbar. Der damals von neun auf zwölf Mitglieder erweiterte Stadtrat umfasste nun auch drei Angehörige aus dem Adel.

Angesichts dieser verspäteten Herausbildung einer städtischen Ratsverfassung verwundert es nicht, dass sich in Bozen ein städtisches Patriziertum, wie es um 1400 in den süddeutschen und norditalienischen Städten bestand, nicht entwickeln konnte. Die Angehörigen der führenden Familien in Bozen waren daher auch mehr an Ämtern für die Stadtherren – insbesondere den Landesfürsten – denn an einer Mitgliedschaft in kommunalen Gremien interessiert.

Fazit

Niklaus Vintler betrieb im letzten Drittel des 14. Jahrhundert mit Nachdruck eine Annäherung an den niederen Adel. Trotz Teilerfolgen blieb diesen Bemühungen letztlich der Durchbruch versagt. Vintler orientierte sich dabei möglicherweise an süddeutschen und norditalienischen Vorbildern doch stellte das Fehlen einer patrizischen Oberschicht in Bozen ein entscheidendes Hindernis dar, um über diesen Umweg den sozialen Aufstieg zu schaffen. Die Aufteilung der Stadt auf zwei Stadtherren, die administrative Gliederung und die dadurch stark eingeschränkten kommunalen Gestaltungsmöglichkeiten wirkten sich hemmend auf die Entwicklung einer bürgerlichen Führungsschicht aus, die zudem eine starke Konkurrenz durch den Adel zu fürchten hatte, die sich letztlich sogar in einer starken Vertretung des Adels im sich entwickelnden Bozner Stadtrat des 15. Jahrhunderts niederschlug. Unter diesen besonderen Voraussetzungen betrieb Niklaus Vintler eine kompromiss- und alternativlose Annäherung an den Adel.

78 Klaus BRANDSTÄTTER, Bozen an der Wende zum 15. Jahrhundert, wie Anm. 69, S. 61.

Aristokratisierung und Architektur

Die Schlösser der Fugger im 16. Jahrhundert

Dietmar Schiersner

Die *Spur des Geldes* hieß eine 2015 ausgestrahlte ZDF-Dokumentation, die in zwei Folgen Krösus, Alexander den Großen, John Law, Nathan Rothschild und Jakob Fugger (1459–1525) porträtierte.[1] – Letzterem widmete im selben Jahr auch der amerikanische Wirtschaftsjournalist Greg Steinmetz eine Biographie. *The richest man, who ever lived. The life and times of Jacob Fugger* lautet der Titel seines, obschon weder historisch kompetenten noch belletristisch geglückten, so doch inzwischen in zahlreiche Sprachen[2] übersetzten Buches.[3] Beides, Film wie Buch, sind Belege für die ungeheure Faszination, die von dem unvorstellbaren Reichtum ausgeht, den ein einzelner, mal als tatkräftig, mal als skrupellos gezeichneter Mann angehäuft hat. Gegenüber solcher Faszination am Ausnahme-Individuum tritt im breiten Publikum – vielleicht bezeichnend für die zunehmend atomisierten sozialen Strukturen der Gegenwart – das Interesse für Fragen zurück, die aufs engste mit dem Thema dieses Tagungsbandes zusammenhängen: Wie gelingt es, materiellen Reichtum in Sozialprestige ‚umzumünzen', und wie ist es möglich, beides so auf Dauer zu stellen, dass einen Geld, Ansehen und Macht überleben und an die Nachkommen weitergegeben werden können?

Unter der Voraussetzung normativ abgesicherter, intakter familialer Strukturen lag die Antwort auf diese Frage in der Etablierung dynastischer Strukturen, in der Aristokratisierung der Lebens- bzw. der Feudalisierung der Einkommensform. Zur Anwendung kamen Strategien, die auch anderwärts in süddeutschen Reichsstädten, aber auch bei Stadtbürgern in Italien, England, Frankreich oder den Niederlanden im späten Mittelalter bzw. in der beginnenden Neuzeit beobachtet werden können:[4] Erwerb von Landbesitz und Adelstiteln, Heiratsverbindungen mit dem bereits etablierten Adel und Rückzug aus der Stadt aufs Land, verbunden mit der Kultivierung eines adligen Lebensstils und Habitus'.[5] Erfolg in sozialem bzw. kulturellem

1 Zweites Deutsches Fernsehen: Die Spur des Geldes. Folge 1: Münzen und Mächte (Buch und Regie: Judith Voelker); Folge 2: Die Macht der Millionen (Buch und Regie: Nina Koshofer), 3./10.5.2015. Verfügbar unter: https://www.zdf.de/dokumentation/terra-x/die-spur-des-geldes-teil-1-muenzen-und-maechte-100.html; https://www.zdf.de/dokumentation/terra-x/die-spur-des-geldes-teil-2-die-macht-der-millionen-100.html [zuletzt abgerufen am 27.8.2017].

2 Vgl. z.B. die deutsche Fassung: Greg Steinmetz: Der reichste Mann der Weltgeschichte. Leben und Werk des Jakob Fugger, München 2016.

3 Greg Steinmetz: The richest man who ever lived. The life and times of Jacob Fugger, New York 2015. Klischeebehaftet bis zur Unerträglichkeit ist vor allem das im Buch vermittelte Geschichtsbild vom kirchlich-religiösen Leben der Zeit.

4 Vgl. Mark Häberlein: Die Fugger. Geschichte einer Augsburger Familie (1367–1650), Stuttgart 2006, S. 186.

5 Von Pierre Bourdieu wurden die dabei ablaufenden Mechanismen bekanntlich beschrieben als Umtausch unterschiedlicher Kapitalarten. So lasse sich ökonomisches (Geld) in soziales (Beziehungen/Verbindungen) bzw. symbolisches (Adelstitel) oder kulturelles Kapital (Benehmen/Stil/Bildung) ‚ummünzen'. Vgl. Pierre Bourdieu: Ökonomisches Kapital, kulturelles Kapital, soziales Kapital, in: Reinhard Kreckel (Hg.): Soziale Ungleichheiten, Göttingen 1983, S. 183–198.

Sinn hatten solche Strategien dann, wenn der Aufsteiger schließlich von Seinesgleichen als adlig akzeptiert wurde.[6]

Am Beispiel der Fugger lassen sich die Stationen konkretisieren: 1507 kauft Jakob die Grafschaft Kirchberg-Weißenhorn,[7] 1511 wird er in den Adels-, 1514 in den Grafenstand erhoben, der seinen Nachkommen 1530 erblich zugesprochen wird. 1582 erhalten sie Sitz und Stimme am Reichstag.[8] Zu dieser Zeit sind die Fugger durch Konnubien längst fest im süddeutschen Reichsadel verankert, gelten also unter den Standesgenossen als adlig[9]. Allein in Ostschwaben sind zu Beginn des 17. Jahrhunderts etwa 100 Dörfer in ihrer Hand; in der Hauptsache bilden die Feudalleistungen der Bauern nach der endgültigen Aufgabe der Handelsgeschäfte in der Mitte des 17. Jahrhunderts die Existenzgrundlage der Familie.[10] Abgesehen von städtischen Bauten und Residenzen verfügen die Fugger auf ihren Landgütern um 1600 über weit mehr als ein Dutzend kleinerer und größerer Schlösser, die zum größten Teil noch heute existieren.[11]

Deren Situierung, Baugeschichte und überlieferte architektonische Gestalt sind wichtige Quellen für die Frage nach der Aristokratisierung der Kaufmannsfamilie: Denn wie kein anderes Medium wollen Gebäude weithin Wirkung auf den Betrachter erzielen und ein spontanes Bild von deren Bewohnern oder Besitzern vermitteln, von deren Macht, Reichtum oder Geschmack. Insbesondere Burg- und Schlossbauten gelten dabei als adelsspezifisch und signalisieren den Untertanen die soziale und rechtliche Überordnung der Burg- oder Schlossherren, den adligen Standesgenossen deren Ebenbürtigkeit. Man kann also annehmen, dass gerade ambitionierte Noch-nicht-Adlige[12] und Neunobilitierte bemüht sind, die aristokratischen Codes – hier: der Architektur – präzise zu kopieren und gegebenenfalls zu überbieten bzw. einzelne Aspekte besonders stark zu betonen.

---

6 Ronald Asch: Europäischer Adel in der Frühen Neuzeit. Eine Einführung, Köln/Weimar/Wien 2008, S. 34.

7 Vgl. zur bewusst dissimulierenden Form des Erwerbs (Kauf mit Rückkaufsrecht) aus der Hand Kaiser Maximilians (1486/1508–1519) Sarah Hadry: Die Fugger in Kirchberg und Weißenhorn. Herrschaftsverfassung und Leibeigenschaft, Konfessionalisierung und Residenzbildung (Materialien zur Geschichte der Fugger, Bd. 5), Augsburg 2007, S. 29–31.

8 Vgl. dazu jetzt Stefan Grüner: Mit Sitz und Stimme. Die Erlangung der Reichsstandschaft durch die Familie Fugger auf dem Augsburger Reichstag von 1582 (Materialien zur Geschichte der Fugger, Bd. 9), Augsburg 2017. Diss. Augsburg, 2014.

9 Vgl. zur Entwicklung der Heiratsverbindungen Gerhart Nebinger: Die Standesverhältnisse des Hauses Fugger (von der Lilie) im 15. und 16. Jahrhundert, in: Blätter des Bayerischen Landesvereins für Familienkunde 49 (1986), S. 261–276.

10 Vgl. Robert Mandrou: Die Fugger als Grundbesitzer in Schwaben 1560–1680. Eine Fallstudie sozio-ökonomischen Verhaltens am Ende des 16. Jahrhunderts, Göttingen 1997. – Abgesehen davon nutzten die Fugger die adelstypischen (Zu-) Erwerbsmöglichkeiten, im Hof- und Militärdienst sowie in Form kirchlicher Pfründen für Dom- oder Stiftsherren bzw. Stiftsdamen.

11 Vgl. Pankraz Fried: Die Fugger in der Herrschaftsgeschichte Schwabens (Schriften der Philosophischen Fachbereiche der Universität Augsburg 9), München 1976; Klaus Merten: Die Landschlösser der Fugger im 16. Jahrhundert, in: Städtische Kunstsammlungen Augsburg/Zentralinstitut für Kunstgeschichte München (Hgg.): Welt im Umbruch. Augsburg zwischen Renaissance und Barock. Bd. III: Beiträge, Augsburg 1981, S. 66–81; Klaus Merten: Schlösser in Baden-Württemberg. Residenzen und Landsitze in Schwaben, Franken und am Oberrhein, München 1987, S. 36f.; Adolf Layer/Gerhard Immler: Die Besitzungen der gräflichen und fürstlichen Familie Fugger, in: Andreas Kraus (Hg.): Handbuch der Bayerischen Geschichte, Bd. III, 2: Geschichte Schwabens bis zum Ausgang des 18. Jahrhunderts, 3., neu bearb. Aufl. München 2001, S. 375–381; Franz Karg: „Dem Fuggerischen namen erkauft." Bemerkungen zum Besitz der Fugger, in: Walter Pötzl (Hg.): Herrschaft und Politik. Vom Mittelalter bis zur Gemeindereform. Der Landkreis Augsburg: Bd. 3, Augsburg 2003, S. 238–249. – Eine reich bebilderte Bestandsaufnahme bietet der Reiseführer von Martin Kluger: Die Fugger um Augsburg, München und Ulm. Adel, Schlösser und Kirchen, Augsburg 2012.

12 Vgl. Kurt Andermann/Peter Johanek (Hgg.): Zwischen Nicht-Adel und Adel (Konstanzer Arbeitskreis für Mittelalterliche Geschichte, Bd. 53), Stuttgart 2001.

Tradition und Adligkeit – das Altersdefizit der Fugger

Wenn man bedenkt, dass der vielleicht wichtigste Faktor im Konzept ‚Adel' möglichst hohes Alter einer Familie, möglichst lange Familientradition ist,[13] dann stellt sich insbesondere die Frage, wie Aufsteiger mit ihrem entscheidenden Makel umgehen. Lässt sich beispielsweise das Streben nach Konnubien mit etablierten Adelsfamilien auch interpretieren als Versuch, fremdes Alter der eigenen Familie zu inkorporieren,[14] und soll das Prägen spezieller Ursprungserzählungen der Familie ein hohes, am besten sich noch im Dunkel der Mythologie verlierendes Alter buchstäblich zuschreiben, so kann schließlich auch der Schlossbau bewusst darauf abzielen, genealogische Defizite architektonisch zu kompensieren.

Die Ausgangssituation speziell für die Fugger, sich Adelsnähe und Alter zuzulegen, ist dabei keineswegs ideal: Noch bis 1538 ist die Familie nicht einmal Teil des reichsstädtischen Patriziates, das sich selbst als dem Adel des Umlandes ebenbürtig betrachtete; sie ist ferner zu Beginn des 16. Jahrhunderts weithin bekannt – zu bekannt jedenfalls, als dass sie sich noch unvermittelt eine adlige Identität bzw. Geschichte beilegen könnte.[15] Dagegen repräsentiert ihr Aufstieg eine moderne, ‚rationalere' Form der Aristokratisierung. Denn während noch im späten Mittelalter über zwei, drei Generationen hinweg das schrittweise Hineinwachsen in den Adel die Regel ist – verbunden nicht selten mit der Konstruktion einer adligen Genealogie und der Usurpation eines Titels –,[16] so werden seit Beginn des 16. Jahrhunderts formelle Nobilitierungen durch den König oder einen Fürsten Bedingung für den Aufstieg in den Adel. Bekanntermaßen ist speziell für den Adel der Fugger die enge Bindung an Habsburg konstitutiv.[17] Dabei hat Jakob Fugger selbst seine Nobilitierung offenbar noch nicht einmal forciert – auch seine Titel verwendet er nie –; sie scheint vielmehr pragmatisch nachgeholt worden zu sein, damit er als Lehensherr von seinen adligen Lehensnehmern überhaupt akzeptiert wurde.[18]

Erst der Großneffe Hans Jakob (1516–1575) initiierte mit dem *Geheimen Ehrenbuch* eine eigene Familiengeschichte, die 1542 bis 1549 vom Augsburger Clemens Jäger (ca. 1500–1561) ver-

13 Vgl. Otto Gerhard Oexle: Aspekte der Geschichte des Adels im Mittelalter und in der Frühen Neuzeit, in: Hans-Ulrich Wehler (Hg.): Europäischer Adel 1750–1950 (Geschichte und Gesellschaft, Sonderband 13), Göttingen 1990, S. 19–56.

14 Vgl. Markus Völkel: Der alte und der neue Adel. Johannes Engerds panegyrische Symbiose von Fugger und Montfort, in: Johannes Burkhardt (Hg.): Augsburger Handelshäuser im Wandel des historischen Urteils (Colloquia Augustana 3), Berlin 1996, S. 107–117.

15 Gregor Rohmann: „on allenn verdienst" – Wie die Fugger ihren Aufstieg im 16. Jahrhundert erklärten, in: Johannes Burkhardt/Franz Karg (Hgg.): Die Welt des Hans Fugger (1531–1598) (Materialien zur Geschichte der Fugger 1), Augsburg 2007, S. 73–82, hier S. 77: „Mit einem ‚Grafen Fuckerus', so plötzlich aus dem Hut gezaubert, hätten sich Hans Jakob Fugger und Clemens Jäger vermutlich schlicht lächerlich gemacht." Vielleicht noch pointierter Gregor Rohmann: Das Ehrenbuch der Fugger. Darstellung – Transkription – Kommentar (Studien zur Fuggergeschichte, Bd. 39/1), Augsburg 2004, S. 77: „Die Fugger hatten keinen Spielraum für Stilisierungen: Jedermann wußte, daß sie Weber aus Graben waren." Vgl. im selben Sinne Benedikt Mauer: Patrizisches Bewußtsein in Augsburger Chroniken, Wappen- und Ehrenbüchern, in: Werner Rösener (Hg.): Adelige und bürgerliche Erinnerungskulturen des Spätmittelalters und der Frühen Neuzeit (Formen der Erinnerung 8), Göttingen 2000, S. 163–176, hier S. 164.

16 Asch: Europäischer Adel (wie Anm. 6), S. 34. – Als Beispiel für den (erfolgreich) fingierten Adel einer Memminger Patrizierfamilie vgl. Luitpold Brunner: Die Vöhlin von Frickenhausen, Freiherrn von Illertissen und Neuburg an der Kammel, in: Zeitschrift des Historischen Vereins für Schwaben und Neuburg 2 (1875), S. 259–375.

17 Das *Ehrenbuch* der Fugger thematisiert diesen Zusammenhang ausdrücklich. Vgl. Rohmann: Ehrenbuch (wie Anm. 15), S. 76.

18 Thea Düvel: Die Gütererwerbungen Jacob Fuggers des Reichen (1494–1525) und seine Standeserhöhung. Ein Beitrag zur Wirtschafts- und Rechtsgeschichte (Studien zur Fuggergeschichte, Bd. 4), München/Leipzig 1913, S. 100.

fasst[19] und in der Werkstatt Jörg Breus d.J. (1510–1547) prachtvoll mit farbigem Buchschmuck und Wappenmalereien versehen wurde. Erstmals wird darin jener Ort genannt, aus dem ein 1367 in einem Augsburger Steuerbuch belegter Hans *Fucker*[20] zusammen mit seinem Bruder Ulin nach Augsburg gekommen sei: das etwa 25 km nördlich von Augsburg gelegene Graben auf dem Lechfeld.[21] Verglichen mit den phantasievollen Ursprungsmythen, die sich andere Augsburger Familie zulegten – die Welser beispielsweise führten sich zurück auf einen unter Kaiser Justinian (527–565) erfolgreichen General Franziskus Belisarius (auch *Velesarius* geschrieben), die Langenmantel immerhin auf einen Soldaten römischer Abstammung, der im Umkreis Kaiser Friedrich Barbarossas (1155–1190) in Italien erstmals auftaucht –,[22] wirkt die Herkunftserzählung der Fugger geradezu lächerlich wahrscheinlich. Gregor Rohmann interpretiert dies als ‚paradoxe Legitimationsstrategie', weil gerade deren „niedere Herkunft" zum „Dreh- und Angelpunkt der Selbstwahrnehmung der Fugger" geworden sei.[23] In die gleiche Richtung geht Benedikt Mauers Bemerkung, der die „Selbstdarstellung" der Fugger ein „Ersatz- und nicht Gegenbild altpatrizischer Erinnerung" nennt.[24] Fast möchte man an jenen *Magnificat*-Vers denken, der die gnadenreiche Erwählung Mariens mit ihrer ‚Niedrigkeit' begründet: *Quia respexit humilitatem ancillae suae.*

Ob es nun tatsächlich Graben oder möglicherweise auch irgendein anderer Ort des Augsburger Umlandes war – entscheidend ist der Verzicht auf Mythologisierung und die selbstbewusste Darstellung des Gewöhnlichen: Die Not fehlenden Alters wird ersetzt durch die Tugend des Aufstiegs, den das *Ehrenbuch* bewusst über mehrere Stufen hinweg stilisiert, retardiert und – dies ist das Entscheidende – so vom Individuellen ins Familiale hebt.[25] Zugleich besitzt der Aufstieg eine soziale Richtung und Dimension, die Integration der Fugger durch Konnubien in den (etablierten) Adel, wie es die Wappenmalereien ästhetisch wirkungsvoll vorführen. Wenn also das *Ehrenbuch* auf genealogische Fiktionen verzichtet oder verzichten muss, bedeutet dies nicht, dass die aristokratische *Antiquitas*-Norm negiert würde. Mit der Integration in den Adel geht vielmehr die Internalisierung seiner Wertvollstellungen einher.

19 Zu ihm Pius DIRR: Clemens Jäger und seine Augsburger Ehrenbücher und Zunftchroniken. Zur Kenntnis der Historiographie des 16. Jahrhunderts, in: Zeitschrift des Historischen Vereins für Schwaben und Neuburg 36 (1910), S. 1–32; Götz VON PÖLNITZ: Clemens Jäger. Der Verfasser der Fugger-Chronik, in: HZ 164 (1941), S. 91–101, sowie jetzt ROHMANN: Ehrenbuch (wie Anm. 15), S. 24–31. – Hans Jakob Fugger nahm nachweislich kontinuierlich Einfluss auf den Inhalt des Buches. Vgl. Gregor ROHMANN: „mit seer grosser muhe und schreiben an ferre Ort". Wissensproduktion und Wissensvernetzung in der deutschsprachigen Familienbuchschreibung des 16. Jahrhunderts, in: Birgit STUDT (Hg.): Haus- und Familienbücher in der städtischen Gesellschaft des Spätmittelalters und der Frühen Neuzeit (Städteforschung: Reihe A, Darstellungen, Bd. 69), Köln/Weimar/Wien 2007, S. 87–120, bes. S. 113.

20 Stadtarchiv Augsburg, Steueramt, Steuerbuch 1367 (fol. 3r).

21 Um die urkundlich nicht belegte Herkunft plausibel zu machen, werden in geradezu wissenschaftlicher Manier als Argumente Fugger'scher Grundbesitz in Graben und die mündliche Tradition angeführt. ROHMANN: Ehrenbuch (wie Anm. 15), S. 208.

22 MAUER: Patrizisches Bewußtsein (wie Anm. 15), S. 166 (zu den Welsern), 173 (zu den Langenmantel). Vgl. DIRR: Clemens Jäger (wie Anm. 19), hier S. 18.

23 ROHMANN: Ehrenbuch (wie Anm. 15), S. 77.

24 MAUER: Patrizisches Bewußtsein (wie Anm. 15), hier S. 163.

25 So wird beispielsweise der Nobilitierung Jakob Fuggers keine Erwähnung getan, um diesen Aufstiegsschritt desto wirkungsvoller für die Generation seiner Neffen aufzusparen. Vgl. ROHMANN: Ehrenbuch (wie Anm. 15), S. 77.

Adel ‚untermauern' – Tradition und Innovation in den Schlossbauten der Fugger

Erfüllte das Fugger'sche *Ehrenbuch* seine Funktion der aristokratischen Selbstverortung vor allem nach innen, für die Familie selbst,[26] so richtete sich die Botschaft der Schlossbauten an einen denkbar weiten Kreis von Rezipienten, zumal die Ansichten der Gebäude auch jenseits des unmittelbaren Augenscheins durch Druckgraphiken vermittelt werden konnten. Freilich kommt hier nicht wie im Falle von Hans Jakob Fuggers *Ehrenbuch* nur ein einziger *Fundator* in Betracht, sondern eine ganze Reihe von Bauherren während des 16. Jahrhunderts, und freilich stand jedes einzelne Unternehmen, sei es ein Umbau oder ein Neubau, auch unter je eigenen Bedingungen und Voraussetzungen und folgte unterschiedlichen Zweckbestimmungen, wie im folgenden eine Bestandsaufnahme der wichtigsten Fugger'schen Schlossbauten zeigen kann. Lassen sich dennoch – solche Überlegungen sollen am Ende nochmals gebündelt werden – auch an den Schlössern der Fugger übergreifend Strategien der Selbstdarstellung erkennen? Denn dass mit der Errichtung von Gebäuden Geschichten von Größe und Bedeutung erzählt werden können, war den Fuggern aus dem reichsstädtischen Umfeld ja längst geläufig: Jakobs Häuser am Weinmarkt,[27] die Fuggerkapelle in St. Anna,[28] aber auch die Fuggerei[29] drücken den Anspruch auf Zugehörigkeit zur städtischen Elite, ja auf Führung – auch in Fragen des Geschmacks – aus, bezeugen aber zugleich in ihren qualitativen und quantitativen Dimensionen das Hinauswachsen der Fugger aus dieser Schicht bzw. die Schwierigkeit, sie innerhalb der Reichsstadt gesellschaftlich und politisch in den gängigen Kategorien zu verorten. Eine „Sonderstruktur" nannte Olaf Mörke die Aufsteigerfamilie deshalb.[30]

Die frühesten Schloßbauten der Fugger, die Ende des 15. Jahrhunderts unter Jakob Fugger nahe Villach erbaute Fuggerau, eine „Kombination aus Industriebetrieb und wohl noch burgähnlichem Schloß", und ein für die 1506 erworbene Hofmark Schmiechen errichtetes Gebäude, haben sich, auch in Abbildungen, nicht erhalten.[31] In Kirchberg wird 1507 eine bereits vorhandene Burg umgebaut, die dann im 18. Jahrhundert eine völlige Umgestaltung erfährt. Dagegen ist die ursprüngliche Gestalt des Weißenhorner Schlosses aus dem frühen 16. Jahrhundert noch heute gut zu erkennen. (Abb. 1) In seiner „betonten architektonischen Anspruchslosigkeit"[32] vergleicht es sich mit den zahlreichen Landsitzen patrizischer Augsburger oder Ulmer Familien der Zeit.[33] In diese Tradition gehören auch noch das unter Jakobs

26 Zum Adressatenkreis vgl. Rohmann: Ehrenbuch (wie Anm. 15), S. 35.

27 Norbert Lieb: Die Fugger und die Kunst im Zeitalter der Spätgotik und frühen Renaissance (Studien zur Fuggergeschichte, Bd. 10), München 1952, S. 92–120; Ders.: Die Fugger und die Kunst im Zeitalter der hohen Renaissance (Studien zur Fuggergeschichte, Bd. 14), München 1958, S. 158–168.

28 Lieb: Zeitalter der Spätgotik und frühen Renaissance (wie Anm. 27), S. 135–249.

29 Lieb: Zeitalter der Spätgotik und frühen Renaissance (wie Anm. 27), S. 250–258.

30 Olaf Mörke: Die Fugger im 16. Jahrhundert. Städtische Elite oder Sonderstruktur? Ein Diskussionsbeitrag, in: Archiv für Reformationsgeschichte 74 (1983), S. 141–162. Vgl. Dietmar Schiersner: In der Region zu Hause – im Reich verankert. ‚Fuggerland' im Überblick, in: Johannes Burkhardt (Hg.): Die Fugger und das Reich. Eine neue Forschungsperspektive zum 500jährigen Jubiläum der ersten Fuggerherrschaft Kirchberg-Weißenhorn (Studien zur Fuggergeschichte, Bd. 41), Augsburg 2008, S. 15–32.

31 Merten: Landschlösser (wie Anm. 11), S. 66.

32 Merten: Landschlösser (wie Anm. 11), S. 66.

33 Vgl. Rolf Kießling: Patrizier und Kaufleute als Herrschaftsträger auf dem Land, in: Walter Pötzl (Hg.): Herrschaft und Politik. Vom Mittelalter bis zur Gemeindereform. Der Landkreis Augsburg: Bd. 3, Augsburg 2003, S. 216–237; Alexandra Kohlberger: Schlösser des 17. und 18. Jahrhunderts, in: Walter Pötzl (Hg.): Herrschaft und Politik. Vom Mittelalter bis zur Gemeindereform. Der Landkreis Augsburg: Bd. 3, Augsburg 2003, S. 266–277. – Herbert Karl

Neffen Anton (1493–1560) erworbene Brandenburg bei Illertissen[34] bzw. die unter Raymund (1489–1535) zwischen 1530 und 1535 ausgeführten Bauten in Gablingen, Biberbach und Mickhausen.[35] Der eindrucksvolle Bergfried in Markt (Abb. 2) bildet dazu insofern eine Ausnahme, weil er in seinem Kern noch in die zweite Hälfte des 16. Jahrhunderts datiert, gerade dessen auffälliger, historisierender oktogonaler Aufbau und Zinnenkranz stammt allerdings aus der ersten Hälfte des 17. Jahrhunderts.[36] – Eine Steigerung hinsichtlich der Dimension und der ästhetischen Schlüssigkeit in der Konzeption stellt dagegen der ab 1535 erfolgende (Neu- ?) Bau von Schloss Oberndorf am Lech dar, das im Dreißigjährigen Krieg allerdings bis auf die Vorburg zerstört wurde. Wenige Jahre vor den Konnubien der Fugger mit den reichsgräflichen Familien Ortenburg, Eberstein und Montfort sieht Klaus Merten hier einen neuartigen „Gestaltungswillen“ umgesetzt, „der der reichsgräflichen Würde des Hauses durchaus gemäß ist“.[37] (Abb. 3)

Verhehlt noch Oberndorf seine Nähe zu reichsstädtischen Architektur nicht – zwei parallele Flügel mit einem haubenbekrönten Turm erinnern an die Ansicht des alten Augsburger Rathauses (Abb. 4) –,[38] so wird erst mit der Anlage von Schloss Babenhausen 1541 bis 1546 unter Leitung des Augsburger Baumeisters Quirin Knoll „etwas ganz Neuartiges“ geschaffen.[39] Ausmaß und Aussage des Baus werden offensichtlich, nähert man sich Babenhausen aus westlicher Richtung: Am Ostrand des Günztales auf einem Hochplateau errichtet wirkt die Anlage unmittelbar aufgrund ihrer schieren Größe und Massigkeit. (Abb. 5) Äußerst zurückhaltende Fassadengliederung und sparsame Ornamentik unterstützen den robusten Gesamteindruck, dessen „martialische [...] Strenge“ sich mit dem kurz zuvor, 1537 bis 1541, errichteten oberungarischen Bibersburg – Schloss, Warenlager und Festung gegen die Türken in einem – vergleicht.[40] Nach den Erfahrungen des Bauernkrieges von 1525 und vor dem Hintergrund der konfessionellen Spannungen im Reich am Vorabend des Schmalkaldischen Krieges war auch die fortifikatorische Anmutung der Babenhausener Anlage kaum nur architektonisches Spiel, sondern sollte Untertanen und ambitionierte Nachbarn ernsthaft ermahnen und warnen. Erst Ende 1538 hatte Anton Fugger die Lehenshoheit über Babenhausen den württembergischen Herzögen abgekauft und im Januar des Folgejahres die seit 1471 mit Hochgerichtsrechten ausgestattete reichsunmittelbare Herrschaft erworben.[41] Den umfassenden po-

KRAFT: Patrizierschlößchen rings um Ulm. Baufreudige Reichsstadt-Prominenz vor vier Jahrhunderten, in: Ulmer Forum 48 (1978/79), S. 58–61; Hans Eugen SPECKER: Ulmer Patrizier und Bürger, publiziert am 14.10.2015; in: Historisches Lexikon Bayerns, URL: http://www.historisches-lexikon-bayerns.de/Lexikon/Ulmer_Patrizier_und_Bürger [zuletzt aufgerufen am 14.09.2017].

34 MERTEN: Landschlösser (wie Anm. 11), S. 68.

35 MERTEN: Landschlösser (wie Anm. 11), S. 66f. Den Typus dieser Patrizierschlösser repräsentiert „in höchster Klarheit“ Schloss Erbach bei Ulm, 1550–1552 erbaut von Raymunds Neffen Hans Paumgartner (1488–1549). Es handelt sich um einen Kastenbau mit zwei parallelen Satteldächern, vier Zinnengiebeln und runden Ecktürmen, umgeben von einer Mauer mit vier ebenfalls runden Ecktürmen (ebd., S. 67).

36 Georg DEHIO: Handbuch der deutschen Kunstdenkmäler. Bayern III: Schwaben, München/Berlin 1989, S. 672.

37 MERTEN: Landschlösser (wie Anm. 11), S. 68.

38 MERTEN: Landschlösser (wie Anm. 11), S. 68.

39 MERTEN: Landschlösser (wie Anm. 11), S. 68.

40 Bei den ursprünglichen Schweifgiebel war dieser Eindruck vielleicht abgemildert. Sie wurden im 19. Jahrhundert im Zuge einer umfassenden ‚Gotisierung‘ zu Treppengiebeln umgebaut. MERTEN: Landschlösser (wie Anm. 11), S. 68. – Zu Bibersburg vgl. Peter KALUS: Die Fugger in der Slowakei (Materialien zur Geschichte der Fugger, Bd. 2), Augsburg 1999, S. 230–268.

41 Gerhard KÖBLER: Historisches Lexikon der deutschen Länder. Die deutschen Territorien und reichsunmittelbaren Geschlechter vom Mittelalter bis zur Gegenwart, 6., vollst. überarb. Aufl. Darmstadt 1999, S. 31; Hans-Michael KÖRNER/Alois SCHMID (Hg.): Handbuch der Historischen Stätten. Bayern I: Altbayern und Schwaben (Kröners Taschenausgabe, Bd. 324), Stuttgart 2006, S. 74f.

litischen bzw. Verfassungsanspruch des neuen Landesherrn sollte dank des eindrucksvollen Prospektes niemand übersehen können.

Darin aber erschöpft sich noch nicht die ikonologische Interpretierbarkeit der westlichen Schauseite: Bei näherer Betrachtung erweist sich der einheitlich wirkende Baukörper als Kompositum von drei bzw. vier miteinander verbundenen Elementen. Den nördlichen Eckpunkt stellt der mitsamt der Pfarrkirche St. Andreas von den neuerrichteten Mauern umgebene Kirchturm aus dem 15. Jahrhundert dar, der 1562 seinen oktogonalen Aufbau erhielt.[42] Im Süden wurde der nach den letzten Inhabern der Herrschaft so benannte, mutmaßlich aus dem 15. Jahrhundert stammende Rechbergbau[43] erhalten und in die neue Front gleich einem überdimensionierten Eckrisalit integriert. Ein vorspringender Torturm unterbricht den Rechbergbau und Neues Schloss verbindenden Schlossflügel etwa in der Mitte. Was wie aus einem Guss wirkt, war das Ergebnis der Verbindung überkommener und neuer Bauelemente, die bei allen praktischen Vorteilen eine programmatische Lesart nahelegt, denn die architektonische Integration des alten Rechberg-Schlosses in die neue Gesamtanlage unterstrich die Kontinuität, in der die im doppelten Sinne noch junge Adelsherrschaft des 1530 in den erblichen Reichsgrafenstand erhobenen Anton Fugger in Babenhausen stand. Den zweiten Eckpunkt dieser Herrschaft bildete augenfällig die Kirche, die der Bauherr in die schützenden Schlossmauern hineinnehmen ließ, einerseits Eigenkirche mit fuggerischem Patronatsrecht, andererseits *Ecclesia militans*, auf deren Seite er im Kampf der Konfessionen Stellung bezogen hatte.

Einen wichtigen weiteren Schritt markiert, ermöglicht durch die Erfolge des Kaisers im Schmalkaldischen Krieg, 1551 der Erwerb mehrerer Güter aus der Hand Hans Walther von Hirnheims (1500–1557) durch Anton Fugger. Die „Absicht zur Erweiterung seiner Herrschaft" ließ ihn dafür „die unerhörte Summe" von 200.000 fl. aufbringen.[44] Erst Antons Söhne jedoch errichteten in Duttenstein, Stettenfels, Niederalfingen und Kirchheim a. d. Mindel eigene Schlösser.

Einer der merkwürdigsten Bauten entstand unter Marx Fugger (1529–1597), nach der Güterteilung von 1575 Herr zu Nordendorf und Oberndorf, ab 1573 in Niederalfingen bei Aalen. Auf den Resten einer hochmittelalterlichen, stauferzeitlichen Anlage errichtete der Augsburger Stadtbaumeister Veit Miller dort gleichsam ‚das Bild von einer Burg' – mit all ihren typischen ikonographischen Elementen:[45] Weithin sichtbar auf einer Anhöhe über dem Kochertal erhebt sich der Bau, unregelmäßig in der Anlage, beherrscht von einem mächtigen Bergfried und „von aufwendigen Zwingeranlagen geschützt",[46] die Fassade durchgehend mit Buckelquadern rustiziert, Schwalbenschwanzzinnen und Schießscharten an Bergfried, Ecktürmen und der von einem Graben umgebenen Ringmauer. Den Besucher führt der steil ansteigende Weg schließlich über eine Zugbrücke vor ein mächtiges, in seiner sparsamen Gestaltung geradezu archaisch wirkendes Portal.[47] (Abb. 6, 7) Der außergewöhnliche Bau fordert immer wieder zu Deutungen heraus: In kunsthistorisch-immanenter Perspektive wird er als Phänomen von

42 Dehio: Schwaben (wie Anm. 36), S. 152.
43 Dehio: Schwaben (wie Anm. 36), S. 155.
44 Götz von Pölnitz: Anton Fugger, 3. Band 15481560, Teil I: 15481554, Tübingen 1971, S. 175.
45 Vgl. Michael Schmidt: Reverentia und Magnificentia. Historizität in der Architektur Süddeutschlands, Österreichs und Böhmens vom 14. bis 17. Jahrhundert, Regensburg 1999, S. 120.
46 Georg Dehio: Handbuch der Deutschen Kunstdenkmäler. Baden-Württemberg I: Die Regierungsbezirke Stuttgart und Karlsruhe, München/Berlin 1993, S. 587.
47 Vgl. die Beschreibung bei Merten: Landschlösser (wie Anm. 11), S. 73, und Sylvia Wölfle: Die Kunstpatronage der Fugger 1560–1618 (Studien zur Fuggergeschichte, Bd. 42), Augsburg 2009, S. 41.

‚(Proto-) Romantik' *avant la lettre*,[48] zumindest als „Beispiel für die historisierenden Tendenzen des 16. Jahrhunderts"[49] beschrieben, andere weisen auf seine Funktion als Jagd- oder Lustschloss ohne Repräsentationsfunktionen hin,[50] wodurch der Bauherr frei für einen stärker spielerischen Umgang mit der Architektur gewesen sei. Bei näherer Analyse zeigt sich denn auch, dass Marx Fugger in Niederalfingen keineswegs auf neo-staufische ‚Stilreinheit' aus war, sondern in Einzelheiten des Dekors, bei den Tür- und Fensterprofilen, beim Treppengiebel und – an dieser Stelle geradezu programmatisch – durch die das Eingangsportal flankierenden toskanischen Halbsäulen geschmackvoll-zurückhaltend moderne künstlerische Akzente setzen wollte.[51] Gebildeten Besuchern – den „mit aktuellen künstlerischen Strömungen vertrauten Angehörigen der Führungsschichten"[52] – musste dies ebenso auffallen wie die eigentlich auf den Mittelmeerraum verweisenden Schwalbenschwanzzinnen.[53] Vor solchen Gästen wollte sich der Bauherr als Kenner von Kunst und Geschichte präsentieren.[54]

Nicht selten wird der ‚neue Altbau' aber auch mit dem dynastischen Defizit der Fugger in Verbindung gebracht. Möglicherweise sollte gerade nach der Eheschließung von Marx Fugger mit Sibylla (1531–1589), „einer Tochter aus dem uralten gräflichen Hause der Eberstein", (1557) der Mangel einer eigenen fuggerischen „Stammburg" behoben werden,[55] vorgetäuschtes Alter also „kompensieren [...], was an realer dynastischer Tradition fehlte".[56] Auch wer die Wirkung der Niederalfinger *Antiquitas*-Suggestion auf die Zeitgenossen eher skeptisch beurteilt, hält eine ‚prospektive Memorialfunktion' der Burg für wahrscheinlich, mit der für künftige Fugger-Generationen eine Erweiterung historischer Identität bis tief ins Mittelalter bezweckt worden sein könnte.[57] Ausschließen lässt sich das keineswegs. Aber wie ernsthaft konnte diese Aufgabe einer von den zentralen Güterkomplexen des Marx Fugger um Nordendorf und Oberndorf gut 100 Kilometer entfernten Besitzung zugedacht werden, auf der dieser sich überdies nur sporadisch aufhielt?[58] Und warum wurde dann die Ansicht der Niederalfinger

48 Bruno BUSHART: Burg Niederalfingen. Wandlungen deutscher Romantik, in: Schwäbische Heimat 4 (1953), S. 150–154, bes. S. 153f.; MERTEN: Landschlösser (wie Anm. 11), S. 75.

49 DEHIO: Baden-Württemberg I (wie Anm. 46), S. 587; vgl. Ulrich SCHÜTTE: Das Schloß als Wehranlage. Befestigte Schloßbauten der Frühen Neuzeit im alten Reich, Darmstadt 1994, S. 272f.

50 Otto HÄCKER: Auf den Spuren der Ahelfinger. Eine Geschichts- und Kunstwanderung auf heimatlichen Pfaden, in: Ellwanger Jahrbuch 1922/1923, S. 3–33, bes. S. 33. – Ein Tiergehege im Schlossgraben ist jedenfalls für 1685 gesichert, auch Pferdezucht wurde in Niederalfingen vermutlich betrieben. Vgl. WÖLFLE: Kunstpatronage (wie Anm. 47), S. 51. Marx Fugger besaß eigene Gestüte in Ungarn sowie in Sonthofen und Hindelang im Allgäu und veröffentliche 1578 ein hippologisches „Standardwerk". Wolfgang ZORN: Art. ‚Fugger, Markus', in: Neue Deutsche Biographie 5 (1961), S. 721–722 [Online-Version]; URL: https://www.deutsche-biographie.de/gnd118639110.html#ndbcontent, hier S. 722.

51 Vgl. WÖLFLE: Kunstpatronage (wie Anm. 47), S. 50f.

52 WÖLFLE: Kunstpatronage (wie Anm. 47), S. 50.

53 Die Schwalbenschwanz-, Kerb- oder Ghibellinenzinne ist besonders im Italien der zweiten Hälfte des 12. und im 13. Jahrhundert verbreitet. Bereits zu dieser Zeit werden solche Zinnen „mehr nach Fernwirkung als für die Verteidigung bemessen". Günther BINDING: Architektonische Formenlehre. Darmstadt [3]1995, S. 184.

54 Vgl. WÖLFLE: Kunstpatronage (wie Anm. 47), S. 52.

55 MERTEN: Landschlösser (wie Anm. 11), S. 73f. – Die Grafen von Eberstein verfügten mit der im 12. Jahrhundert erbauten, aber im 13. Jahrhundert an die Markgrafen von Baden übergegangenen Burg „Alt-Eberstein" über eine solche Stammburg. Gerhard HOFFMANN: Die Burg Alt-Eberstein, in: Hugo SCHNEIDER (Hg.): Burgen und Schlösser in Mittelbaden. Schriftenreihe: Die Ortenau. Zeitschrift des Historischen Vereins für Mittelbaden 64 (1984), S. 85–89.

56 SCHÜTTE: Schloß als Wehranlage (wie Anm. 49), S. 272f., zit. n. WÖLFLE: Kunstpatronage (wie Anm.47), S. 42.

57 WÖLFLE: Kunstpatronage (wie Anm. 47), S. 44f.

58 Marx amtete zwischen 1576 und 1582 als Augsburger Stadtpfleger und anschließend als Reichskammergerichtsrat in Speyer. Zorn: „Fugger, Markus" (wie Anm. 50).

‚Stammburg' in den nicht zuletzt der prospektiven Memoria dienenden bebilderten Fugger-Geschichten nicht reproduziert?[59]

Mit guten Gründen hält deswegen Sylvia Wölfle ein Motiv für entscheidender, das sich aus geographischer Lage und vor allem territorialer Verfassung Niederalfingens ergab. Denn zum einen lag die Herrschaft zwar innerhalb der Fürstpropstei Ellwangen, entferntere Nachbarn waren jedoch die protestantische Reichsstadt Aalen und vor allem der Herzog von Württemberg, der als oberster Lehnsherr auch weiterhin an landesherrlichen Ansprüchen festhielt. Noch Jahrzehnte später, während des Dreißigjährigen Kriegs, entzog Württemberg zwischen 1632 und 1634 Niederalfingen den Fuggern noch einmal, und auch in den bei der Erbteilung 1575 Hans Fugger zugefallenen ehemals hirnheimischen Herrschaften Duttenstein bei Heidenheim und Stettenfels bei Heilbronn ergaben sich zum Teil noch im 18. Jahrhundert Kontroversen mit dem ebenfalls württembergischen Lehnsherrn, zuletzt als Ludwig Xaver Fugger (1688–1746) auf Stettenfels Kapuziner ansiedeln wollte.[60]

Vor diesem Hintergrund nimmt es nicht wunder, wenn Hans und Marx Fugger zügig nach dem Erwerb der Güter des Hans Walther von Hirnheim den Um- oder Neubau markanter Burgen bzw. Schlösser betrieben, die jeweils als „monumentale Herrschaftszeichen" von der Höhe herab – alle diese Anlagen waren ‚Höhenburgen' – ihren „Machtanspruch" in das Land hineintrugen.[61] Tatsächlich verteidigungsfähig war freilich keines dieser Schlösser. Gerade im Falle Niederalfingens wird so auch die auffällige Verwendung fortifikatorischer Elemente verständlich, von den auf Fernwirkung bedachten Zinnen über die betont regelmäßige Rustizierung – sie findet sich in der Militärarchitektur der Zeit z. B. am Nürnberger Zeughaus oder der Amberger Stadtbefestigung –[62] bis hin zu dem eindrucksvollen Bergfried, der bis zu einem Brand im 19. Jahrhundert zudem noch um einen sechs Meter langen Holzaufbau erhöht war und eine Haube aus Kupfer trug.[63] Letzteres schließlich mag als Zitat aus der Sakralarchitektur im 16. Jahrhundert auch eine selbstbewusst gegen die protestantischen württembergischen Herzöge gerichtete konfessionelle Markierung ausgedrückt haben. Ob die Bezeichnung ‚Marienburg', die Niederalfingen heute gelegentlich trägt, eine längere Tradition besitzt und möglicherweise ebenfalls auf die katholische Orientierung Bezug nimmt, muss jedoch bislang offen bleiben.

Das ebenfalls aus der Hirnheim'schen Verkaufsmasse 1551 erstandene Kirchheim a.d. Mindel schließlich fiel bei der Güterteilung 1575 Hans Fugger zu. Er machte die im Umkreis der meisten bisherigen ostschwäbischen Erwerbungen der Fugger gelegene und mit weitgehenden landesherrlichen Rechten ausgestattete Herrschaft „zum Stammsitz seiner Linie".[64] Dem

59 Wölfle: Kunstpatronage (wie Anm. 47), S. 46: „Niederalfingen erhielt im Rahmen der Familienaufzeichnungen [...] keinen besonderen Stellenwert."

60 Die Streitigkeiten führten schließlich auch zum Verkauf von Stettenfels an Württemberg. Merten: Landschlösser (wie Anm. 11), S. 72. Vgl. Alfred Schröder: Das Bistum Augsburg historisch und statistisch beschrieben, Bd. 9: Das Landkapitel Kirchheim, Augsburg 1934, S. 71 Anm. 20: „1747 den Fuggern einer Seitenlinie abgeärgert aus religiöser Unduldsamkeit [sc. des Herzogs von Württemberg] [...]".

61 Wölfle: Kunstpatronage (wie Anm. 47), S. 48. – Duttenstein wurde von Hans Fugger zwischen 1564 und 1572 errichtet. Die dort verwendeten „landesüblichen, um 1570 aber schon etwas altmodischen Zinnengiebel". erklären sich ebenfalls aus der angestrebten fortifikatorischen Fernwirkung. Merten: Schlösser in Baden-Württemberg (wie Anm. 11), S. 37 (Zitat). Vgl. Dehio: Baden-Württemberg I (wie Anm. 46), S. 151. – Zu Stettenfels ebd., S. 731; Merten: Landschlösser (wie Anm. 11), S. 72.

62 Merten: Landschlösser (wie Anm. 11), S. 73.

63 Merten: Landschlösser (wie Anm. 11), S. 73; Wölfle: Kunstpatronage (wie Anm. 47), S. 44.

64 Schröder: Landkapitel Kirchheim (wie Anm. 60), S. 72. – Zu den mit der Herrschaft verbundenen Rechten vgl. ebd. S. 75f.

dort 1578 bis 1582 errichteten Schloss musste also auch eine andere Funktion zukommen als den in den westlichen Exklaven errichteten Bauten. Auseinandersetzungen mit dem Lehnsherrn, hier dem freilich konfessionell gleichgerichteten Hochstift Augsburg, gab es allerdings auch in Kirchheim. Sie konnten erst 1586 bzw. endgültig 1595 beigelegt werden.[65] Die Ausführung des Neubaus war insofern auch Zeichen von Selbstbewusstsein und Durchsetzungswillen in einer ungeklärten Situation, denn erst 1573 und nochmals 1575 hatten die Nachfolger von Kardinal Otto Truchsess von Waldburg (1543–1573) die Belehnung der Fugger mit Kirchheim verweigert.

Schloss Kirchheim wurde wohl an der Stelle einer 1289 erstmals erwähnten mittelalterlichen Burg errichtet, die Hans Walther von Hirnheim noch 1549 hatte verändern lassen.[66] An deren Standort an der Südseite des Ortes über dem Mindeltal, „auf beherrschender Höhe",[67] erzielte der Bau eine beeindruckende Fernwirkung. (Abb. 8) Reste des Vorgängerbaus fanden jedoch – hier „wahrscheinlich zum ersten Mal" –[68] keine Verwendung. Statt dessen entstand unter der Leitung des Augsburger Stadtbaumeisters Jakob Eschay (gest. 1606) ein „in Größe und architektonischem Anspruch" bis *dato* völlig neuartiges Fuggerschloss,[69] eine höchst moderne, fast regelmäßige, im Grundriss annähernd quadratische Vierflügelanlage mit Ecktürmen, als deren Vorbild das herzogliche Dachauer Schloss (1546–1577) genannt wird.[70] Als Prototyp dieser Gebäudeform nördlich der Alpen gilt jedoch das 1557 bis 1563 in Meßkirch unter Froben Christoph (1519–1566) begonnene Schloss der Grafen von Zimmern, dessen Gestalt gerade im oberschwäbischen Hochadel Nachahmung fand,[71] so in den Waldburger Anlagen in Wolfegg (1580–1583) und Zeil (1597–1612).[72] Kirchheim ist mithin – neben und zugleich mit dessen beispiellosem ästhetischen Anspruch[73] – Zeichen der sozialen und politischen Orientierung an dieser Gruppe der Reichsgrafen und der Ausrichtung am fürstlichen Vorbild.

Etwas jedoch unterscheidet Kirchheim von den genannten Bauten von Dachau bis Meßkirch und verbindet das Schloss mit der in Babenhausen gewählten Konzeption: Wie dort, so wurde auch hier ein älterer Kirchenbau samt Turm in das neue Ensemble integriert.[74] In Kirchheim allerdings sollte die spätgotische Pfarrkirche St. Peter und Paul nicht nur Teil des Prospektes sein. Der Chor, das von Eschay verlängerte Langhaus und der um einen oktogonalen Aufbau samt Schweifhaube erhöhte Turmunterbau waren vielmehr der architektonische „Ausgangspunkt" für den Neubau[75] und wurden nicht nur optisch, sondern auch physisch –

65 Die Einzelheiten bei SCHRÖDER: Landkapitel Kirchheim (wie Anm. 60), S. 71f.

66 SCHRÖDER: Landkapitel Kirchheim (wie Anm. 60), S. 77; DEHIO: Schwaben (wie Anm. 36), S. 566; Franz A. KARG: Schloß Kirchheim, 2., durchges. Aufl. Lindenberg 2001

67 SCHRÖDER: Landkapitel Kirchheim (wie Anm. 60), S. 77.

68 MERTEN: Landschlösser (wie Anm. 11), S. 75.

69 MERTEN: Landschlösser (wie Anm. 11), S. 75.

70 DEHIO: Schwaben (wie Anm. 36), S. 566; MERTEN: Landschlösser (wie Anm. 11), S. 78. – Möglicherweise begünstigte die Eheverbindung Hans Fuggers mit Elisabeth Nothaft von Weißenstein aus dem Umkreis des Münchner Hofes den künstlerischen Transfer.

71 Vgl. MERTEN: Landschlösser (wie Anm. 11), S. 78; Stefan UHL: Zimmerische Burg- und Schlossbauten im 15. und 16. Jahrhundert, in: Casimir BUMILLER/Bernhard RÜTH/Edwin Ernst WEBER (Hgg.): Mäzene, Sammler, Chronisten. Die Grafen von Zimmern und die Kultur des schwäbischen Adels, Stuttgart 2012, S. 204–216, bes. S. 215f.

72 Vgl. Georg DEHIO: Handbuch der Deutschen Kunstdenkmäler. Baden-Württemberg II: Regierungsbezirke Freiburg und Tübingen, München/Berlin 1997, S. 851–853 und S. 856f.

73 Dabei muss auch die fulminante Innenausstattung des Schlosses berücksichtigt werden. Vgl. DEHIO: Schwaben (wie Anm. 36), S. 567f.; Markus HUNDEMER: Zum Ausstattungsprogramm von Schloß Kirchheim. Neue Überlegungen, in: BURKHARDT/KARG: Hans Fugger (wie Anm. 15), S. 177–196.

74 Vgl. zur Kirche DEHIO: Schwaben (wie Anm. 36), S. 564f. – In Meßkirch, Wolfegg und Zeil stehen die (älteren) Kirchenbauten stets mehr oder weniger separiert.

75 MERTEN: Landschlösser (wie Anm. 11), S. 77. Vgl. DEHIO: Schwaben (wie Anm. 36), S. 564.

nahezu exakt in der Mitte des entstehenden Westflügels – so in diesen eingebaut, dass die Apsis in den Innenhof des Schlosses hineinragt. (Abb. 9) Ein über dem Chorgewölbe entstehender Raum des Westflügels diente als Schlosskapelle,[76] unter der sich der Altarraum der Pfarrkirche und darunter die herrschaftliche Gruft befand:[77] *Praxis pietatis*, Altarsakrament und Memoria gelangten zu einer architektonisch ausgedrückten Synthese. Der Schlossbau insgesamt besitzt als Monstranz oder Tabernakel dienende Funktion für das Allerheiligste, dessen zentrale konfessionelle Bedeutung aus den Dokumenten des Konzils von Trient (1545–1563) ebenso erhellt wie aus den Schwerpunkten der Visitationsunternehmungen auch im Bistum Augsburg der Zeit.[78] Das Schloss der Fugger nahm, wenn man so will, den Namen des Residenzortes beim Wort und wurde zum Heim für die Kirche, zum ‚Kirch-Heim'. Dabei stach die ästhetische Integration von Kirche und Schloss ursprünglich noch stärker ins Auge und war weithin als programmatische Aussage erkennbar. Denn vor den baulichen Veränderungen bzw. Rückbauten im 19. Jahrhundert – 1852 wurden der Nordflügel und die Nordhälfte des Westflügels bis zur Kirche und die Ecktürme um ihre oberen Teile abgetragen sowie mit Zeltdächern bedeckt[79] – waren auch die vier ebenfalls um einen Achteckaufsatz erhöhten Ecktürme mit Schweifhauben wie am Kirchturm versehen. (Abb. 10) – Konsequent entsprach im übrigen der architektonischen Bedeutung des Kirchenbaus die personelle und liturgische Aufwertung der gut dotierten Patronatspfarrei durch zwei, 1578 noch von Hans und 1598 von dessen Sohn Marx (1564–1614) errichtete Schlosskaplaneien. Deren Stiftungsvermögen ging 1601 dann sogar in die Ausstattung eines eigens gegründeten, für vier bis fünf Kleriker bestimmten Dominikanerklosters neben dem Schloss ein.[80]

Ergebnisse

Im Schlossbau der Fugger lassen sich innerhalb des 16. Jahrhunderts drei Phasen ausmachen: In einer ersten Phase (bis 1535) dominieren bei Übernahmen, Um- und Neubauten schlichte, den patrizischen und landadligen Nachbarn verwandte Bauten; in einer zweiten (1535/1541–1546), sich andeutend mit Oberndorf, jedenfalls aber mit Babenhausen, werden die bisherigen eigenen architektonischen Dimensionen und jene bei den benachbarten Adligen gesprengt. Den Höhepunkt repräsentiert schließlich, drittens (1578–1582), das Kirchheimer Schloss, das sich an fürstlichen Bauten, dem herzoglichen Schloss Dachau, orientiert.

Die Annahme, die Fugger würden auf das ‚Alters-Defizit' ihrer Familie planmäßig mit dem anachronistischen Rückgriff auf architektonische Versatzstücke älterer Zeiten reagieren, trifft dabei nicht zu. Die ‚Mittelalter-Suggestion' bzw. die Altersanmutung erweist sich selbst

76 Schröder: Landkapitel Kirchheim (wie Anm. 60), S. 88; Heinrich Habel: Landkreis Mindelheim (Bayerische Kunstdenkmale, Bd. 31), München 1971, S. 184 (Raum Nr. 15).

77 Schröder: Landkapitel Kirchheim (wie Anm. 60), S. 88.

78 Vgl. Dietmar Schiersner: Visitation im *Territorium non clausum*. Die Visitationsprotokolle des Landkapitels Ichenhausen im Bistum Augsburg (1568–1699). Einleitung, Edition und Kommentar (Jahrbuch des Vereins für Augsburger Bistumsgeschichte, Sonderreihe Heft 8), Augsburg 2009, bes. S. XIII–XVII; Ders.: Die Katholische Reform im Augsburger Landkapitel Weißenhorn und ihre Überlieferung im Dekanatsarchiv (1602–1630), in: Jahrbuch für Augsburger Bistumsgeschichte 43 (2009), S. 109–175, bes. S. 115f.

79 Karg: Kirchheim (wie Anm. 66), S. 6 und S. 8.

80 Schröder: Landkapitel Kirchheim (wie Anm. 60), S. 84–86.

in Niederalfingen als gebrochen, weil die stauferzeitlichen Stilelemente der Burg im ästhetischen Gesamtkontext relativiert werden. Vor allem aber senden Turm, Mauern und Zinnen an den württembergischen – evangelischen – Lehnsherrn und mittelbaren Nachbarn keine genealogisch-soziale Botschaft, sondern das Signal selbstbewusster, historisch verankerter Landesherrschaft.

Was hingegen signifikant häufig auftritt und deshalb eine strategische Zielsetzung nahelegt, ist die architektonische Integration älterer Bauteile insbesondere dann, wenn es sich um sakrale Elemente handelt. Der Konfessionalisierung des Schlossbaus, wie sie sich in der escorial-artigen Konzeption von Babenhausen und dann vor allem in Kirchheim manifestiert, liegt dabei sowohl eine religiöse als auch eine familiale Aussageabsicht zugrunde: Gleichsam symbolisch wird mit dem alten Kirchengebäude die ‚Alte Kirche' in den Kontext der neuen Zeit transferiert – nicht im Sinne einer Translokation, sondern als Transtemporation. Es ist die architektonische Übersetzung jener Vorstellung von *Reformatio* als eines auf Kontinuität, nicht Bruch bedachten Erneuerungsprozesses, wie ihn die katholische Kirche theologisch im Trienter Konzil (1545–1563) für sich in Anspruch nimmt. Die alte Kirche im neuen Schloss ist *Confessio* der Bauherren, und sie ist Selbstverpflichtung, dieser Kirche Raum und Schutz zu gewähren.

‚Familiensache' ist die Kirche für die Fugger damit aber nicht nur im Sinne des Dienstes an ihr,[81] denn die Familie ihrerseits erhält etwas für sie Wertvolles zurück: Die Identifikation mit der Kirche – das ist die genealogische Pointe – verhilft ihr zu einem, paradox formuliert, zeitlosen Alter, weil die endliche, speziell im Falle der Fugger auch kurze profane Geschichte in einer ‚vor aller Zeit' anhebenden Heilsgeschichte aufgehoben wird:[82] Zum Bergfried wird der Kirchturm. Was die Schlossarchitektur ‚nur' als Metapher beschwört, besitzt freilich reale Bezüge, werden doch durch die Konfessionalisierung gerade auch für den Adel in mancher Hinsicht die ‚Karten neu gemischt':[83] Konnubien sortieren sich zunehmend nach gemeinsamem Bekenntnis, alte Verbindungen reißen ab, neue gewinnen an Bedeutung, die Nobilitierungs- und Klientelpolitik des Kaisers verbindet sich mit konfessionellen Intentionen. Bei ihrem Aufstieg in die Aristokratie profitieren die Fugger von der für sie zur rechten Zeit einsetzenden Dynamik der Konfessionalisierung. Innerhalb des sich formierenden katholischen Lagers gewinnen – zumindest im entscheidenden Zeitfenster – bekenntnismäßige Solidaritäten tendenziell höhere Bedeutung als ein um zwei oder drei adlige Generationen weiter reicherer Stammbaum. Über ihn verfügen die Fugger, als am Ende des 16. Jahrhunderts die konfessionelle Dynamik an Kraft verliert.

81 Vgl. Dietmar SCHIERSNER: Frömmigkeit – Familienräson – Große Politik. Die ‚Konfessionalität' der Fugger als Forschungsproblem, in: DERS. (Hg.): Familiensache Kirche? Die Fugger und die Konfessionalisierung (Materialien zur Geschichte der Fugger, Bd. 8), Augsburg 2016, S. 7–19.

82 Dies dürfte noch näher als die bei ROHMANN: Ehrenbuch (wie Anm. 15), S. 77f., beschriebene Erinnerungsstrategie an die von Claude Lévi-Strauss als „kalt" bezeichnete Option des Umgangs mit Geschichte herankommen. Vgl. Jan ASSMANN: Das kulturelle Gedächtnis. Schrift, Erinnerung und politische Identität in frühen Hochkulturen. 6. Aufl., München 2007 (1992), S. 68–70.

83 Vgl. Volker PRESS: Soziale Folgen der Reformation, in: Marian BISKUP/Klaus ZERNACK (Hgg.): Schichtung und Entwicklung der Gesellschaft in Deutschland und Polen im 16. und 17. Jahrhundert. Parallelen, Verknüpfungen, Vergleiche (Vierteljahresschrift für Sozial- und Wirtschaftsgeschichte, Beiheft 74), Wiesbaden 1983, S. 196–243.

Zwischen Stadt und Burg

Städtische Gerichtsherren in der Deutschschweiz

Peter Niederhäuser

Der Bauer wurde Bürger, der Bürger ein Amtmann, und sobald er ein Lehen empfing, begründete er darauf einen Titel und baute ein Bürglein – der Zürcher Chronist Johannes Stumpf zeichnete in der Mitte des 16. Jahrhunderts ein nüchternes, vom traditionellen Geschichtsbild stark abweichendes Panorama einer Adelswelt, die in der Schweiz eher bescheiden erschien. Der frühere Adel sei „nit also prachtig und kostlich gewesen als bey unseren tagen", so Stumpf, heute sehe man täglich Bürger und Bauern durch Herrendienst, Lehen, Freiheiten, Ehrenämter und Reichtum zum Adel aufsteigen.[1] Wen genau der Chronist bei seiner Gegenüberstellung von ärmlichem und kostlichem Adel vor Augen hatte, ist unklar. Trotz des wiederholten Hinweises auf bürgerliche Aufsteiger dachte Stumpf wohl eher an den höheren Adel in den benachbarten Fürstentümern als an die Situation in Zürich und anderen eidgenössischen Orten. Dort gab es zwar durchaus wohlhabende Patrizier mit adligem Anspruch und Burgenbesitz, deren Alltag blieb aber sicher bescheidener und stärker in eine reichsstädtische Politik eingebunden.

Angesichts einer Geschichtstradition, die historisch bedingt lange das Ideal von Freiheit, Demokratie und Bauerntum betonte, wurde dieser neue, patrizische Adel, wie er in Abgrenzung zum tradionellen Adel bezeichnet wird, weitgehend vernachlässigt. Mittlerweile ist das Gewicht dieser Führungsgruppe in den eidgenössischen Städte- und Länderorten erkannt und beschäftigt sich die Forschung mit deren Einfluss auf die frühneuzeitliche Staatlichkeit.[2] Einige dieser Familien bestehen bis in die Gegenwart, haben aber ihren politischen wie ökonomischen Vorrang längst eingebüsst. Sichtbarste Symbole dieser Periode sind Zeugnisse wie Schlossanlagen, Wappen oder Malereien, die auf die materielle Kultur und das Streben nach Prestige hinweisen. Dabei gab es über wirtschaftliche, verwandtschaftliche oder politische

1 Johannes Stumpf: Gemeiner loblicher eydtgnoschafft stetten, landen und völckeren chronick wirdiger thaaten beschreybung, Zürich 1547/48, 4. Buch, S. 292 f. Vgl. zur Adelsgeschichte von Stumpf auch Rudolf Gamper: Der Adel in den Zürcher Chroniken, in: Peter Niederhäuser (Hg.): Alter Adel – neuer Adel? Zürcher Adel zwischen Spätmittelalter und Früher Neuzeit (Mitteilungen der Antiquarischen Gesellschaft in Zürich, Bd. 70), Zürich 2003, S. 125–141.

2 Als Auswahl von neueren Publikationen: Hans Conrad Peyer: Die Anfänge der schweizerischen Aristokratien, in: Kurt Messmer/Peter Hoppe: Luzerner Patriziat. Sozial- und wirtschaftsgeschichtliche Studien zur Entstehung und Entwicklung im 16. und 17. Jahrhundert (Luzerner historische Veröffentlichungen 59), Luzern 1976, S. 3–28; Martin Illi: Die Constaffel in Zürich. Von Bürgermeister Rudolf Brun bis ins 20. Jahrhundert, Zürich 2003; Stefan Frey: Fromme feste Junker. Neuer Stadtadel im spätmittelalterlichen Zürich (Mitteilungen der Antiquarischen Gesellschaft in Zürich, Bd. 84), Zürich 2017; Roland Gerber: Gott ist Burger zu Bern. Eine spätmittelalterliche Stadtgesellschaft zwischen Herrschaftsbildung und sozialem Ausgleich (Forschungen zur mittelalterlichen Geschichte, Bd. 39), Weimar 2001; Andre Holenstein/Georg von Erlach/Sarah Rindlisbacher (Hgg.): Im Auge des Hurrikans. Eidgenössische Machteliten und der Dreissigjährige Krieg (Sonderausgabe der Berner Zeitschrift für Geschichte 77), Baden 2015; Josef Wiget: Von Haudegen und Staatsmännern. Geschichte und Geschichten der Schwyzer Familie Reding ab der Schmiedgass, Schwyz 2007; künftig auch der Tagungsband mit dem Arbeitstitel: Adel und Patriziat in der Zentralschweiz, in: Der Geschichtsfreund 170 (2017).

Kontakte zahlreiche Berührungspunkte mit dem süddeutschen Raum. Der Rhein und der Bodensee bildeten keine starre Grenze, sondern waren vielmehr bis weit in die Neuzeit hinein Gebiete des Austausches, obschon sich die eidgenössischen Orte aufgrund des großen Gewichts der fremden Kriegsdienste stark Richtung Italien und Frankreich hin orientierten und zweifellos unterschiedlichste kulturelle Anregungen aufgriffen.[3]

Wer aber waren diese vor allem städtischen Gerichts- oder Twingherren, welche die eidgenössische Politik der Zeit beeinflussten? Welche Bedeutung besassen für sie adlige Werte wie Titel, Wappen oder Burgen als Zentren kleinerer Herrschaften? Waren diese Neu-Adligen stärker auf dem Land als in der Stadt sesshaft? Mit welchen Mitteln suchten sie ihren elitären Anspruch zu zeigen und zu bewahren? Was genau macht die Besonderheit dieser Führungsgruppe aus? Nach einer allgemeinen Einführung zu den politischen Strukturen sollen einzelne Persönlichkeiten sowie die Rolle der Gerichtsherrensitze und der Sachkultur vorgestellt werden, ehe abschließend auf das komplementäre Verhältnis von städtischem und ländlichem Wohnsitz eingegangen wird.

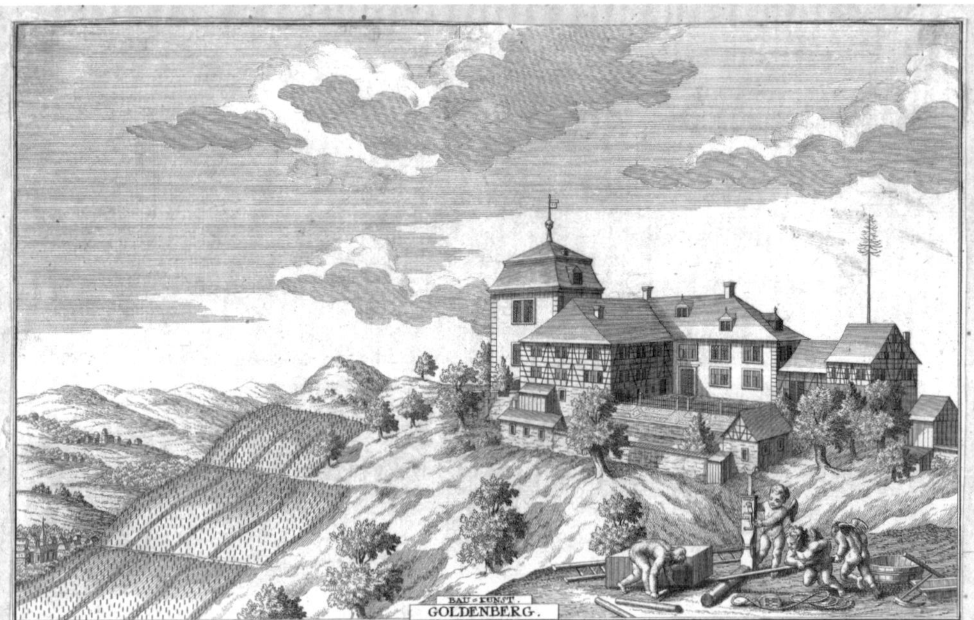

Abb. 1: Von der Adelsburg zum Landsitz: Der mittelalterliche Turm von Schloss Goldenberg (Kanton Zürich) wurde in eine frühneuzeitliche Wohnanlage integriert und diente Zürcher Patriziern als Sommerresidenz. Ansicht von Nözli, um 1750. (Zentralbibliothek Zürich)

3 André HOLENSTEIN: Mitten in Europa. Verflechtung und Abgrenzung in der Schweizer Geschichte, Baden 2014.

Eidgenössischer Adel

Böse, grobe und schnöde Bauern, die keine Tugend und kein adliges Blut besitzen, die sich gegen ihre natürlichen Landesherren, die Herzöge von Österreich, aufgelehnt und viele Adlige mit dem Schwert erschlagen, vertrieben und vertilgt hätten[4] – die berühmten und vielzitierten Sätze aus dem Manifest Kaiser Maximilians vom 22. April 1499 schildern die Eidgenossen als Feinde der natürlichen, adlig und fürstlich geprägten Ordnung, die sich gegen die Deutsche Nation, gegen das Heilige Reich und gegen die ganze Christenheit stellten. Angefügt wurde diesem Manifest – wie auch verschiedenen Chroniken der Zeit – Verzeichnisse jener Adelsgeschlechter, die den Eidgenossen angeblich zum Opfer gefallen sein sollen. Auch wenn Propaganda und Realität nicht vermischt werden dürfen, so nahm die Entstehung der Eidgenossenschaft in einem stark adlig geprägten Reich eine besondere Stellung ein. Im Laufe des Spätmittelalters verfestigten sich die eidgenössischen Orte zu einem staatlichen Gebilde, das mit den fürstlichen Territorien kontrastierte.[5] Bedeutete die Verdrängung Habsburgs aber wirklich die Elimination des Adels? Wurde Politik jetzt von Bauern gemacht?

Was allzu lange allzu rasch bejaht worden ist, zeigt sich dank den Forschungen über den *neuen* Adel in einem anderen Licht. Auf dem Gebiet der Alten Eidgenossenschaft gab es bis in die Neuzeit sehr wohl einen alteingesessenen Adel wie die Herren von Erlach, Landenberg oder Hallwyl, deren Einfluss aber auf der landesherrlichen Ebene spätestens mit dem Wegfall Habsburg-Österreichs schrumpfte. Umgekehrt trat bei den meisten eidgenössischen Orten ab dem ausgehenden Mittelalter eine neue Oberschicht in Erscheinung, die adlige Werte aufgriff und gezielt den Kontakt zum alten Adel suchte.

Sie profitierte dabei vom Wandel der Herrschaftsverhältniße, der mit dem Ausgreifen der eidgenössischen Orte auf die Landschaft zusammenhing. Sowohl die Städte- wie die Länderorte bauten sich ab dem Ende des 14. Jahrhunderts ein Untertanengebiet auf, dessen Verwaltung die bevorzugte Pfründe des „neuen" Adels war. Gleichzeitig gelang es dieser Führungsgruppe, die politische Entscheidungsfindung stärker in den eigenen Händen zu konzentrieren. Festigung und Ausbau der Macht des Ratsgremiums und Beschränkung des politischen Einflusses auf einige wenige Familien gingen Hand in Hand und stellten selbstverständlich keine eidgenössische Besonderheit dar. Diese Funktionselite lebte seltener von Handel und Gewerbe als vielmehr vom „Staatsdienst" mit seinen unterschiedlichen Ämtern und Pfründen wie auch vom Vermögen und vom Militärwesen. Dank ihrer strategischen Lage und dank der Bereitschaft, Söldner zur Verfügung zu stellen, erlebte die Eidgenossenschaft im ausgehenden Mit-

4 Zitiert nach Claudius Sieber-Lehmann/Thomas Wilhelmi (Hgg.): In Helvetios – Wider die Kuhschweizer. Fremd- und Feindbilder von den Schweizern in antieidgenössischen Texten aus der Zeit von 1386 bis 1532 (Schweizer Texte, Neue Folge, Bd. 13), Bern 1998, S. 88–91; vgl. auch Guy P. Marchal: Die Antwort der Bauern. Elemente und Schichtungen des eidgenössischen Geschichtsbewusstseins am Ausgang des Mittelalters, in: Hans Patze (Hg.): Geschichtsschreibung und Geschichtsbewusstsein im späten Mittelalter (Vorträge und Forschungen Bd. 31), Sigmaringen 1987, S. 757–790; Ders.: Die schweizerische Geschichtsschreibung und die österreichische Herrschaft: Ergebnisse und Fragen, in: Peter Rück (Hg.): Die Eidgenossen und ihre Nachbarn im Deutschen Reich des Mittelalters, Marburg 1991, S. 15–36.

5 Bernhard Stettler: Die Eidgenossenschaft im 15. Jahrhundert. Die Suche nach einem gemeinsamen Nenner, Zürich 2004; Roger Sablonier: Schweizer Eidgenossenschaft im 15. Jahrhundert – Staatlichkeit, Politik und Selbstverständnis, in: Josef Wiget (Hg.): Die Entstehung der Schweiz – Vom Bundesbrief 1291 zur nationalen Geschichtskultur des 20. Jahrhunderts, Schwyz 1999, S. 9–42; Regula Schmid: The Swiss Confederation before the Reformation, in: Amy Nelson Burnett/Emidio Campi (Hgg.): A Companion to the Swiss Reformation (Brill's Companions to the Christian Tradition, Bd. 72), Boston 2016, S. 14–56.

telalter goldene Zeiten. Die Fürsten buhlten um die Gunst und vor allem um Söldner und suchten mit offiziellen Zahlungen an die einzelnen Orte wie auch mit heimlichen Überweisungen an einflussreiche Politiker ihre Interessen zu fördern. Pensionen, Kriegsdienste und diplomatische Kontakte trugen zu einer auffallenden Renaissance von Adelskultur und Schlossarchitektur bei, suchte sich doch dieses Patriziat über Heiratsbeziehungen zu traditionsreichen Adelsgeschlechtern, über den Erwerb von Wappenbriefen und Adelstiteln, über den Kauf adliger Rechte und Güter sowie über einen betont adligen Lebenswandel von der breiten Bevölkerung abzugrenzen. Einige schillernde Persönlichkeiten der zweiten Hälfte des 15. Jahrhunderts sollen diese gerade in Städten wie Zürich, Bern oder Luzern gut dokumentierte Entwicklung exemplarisch veranschaulichen.

Felix Schwarzmurer stieg in Zürich rasch die Ämterlaufbahn empor, war 1469 Obervogt in Andelfingen und von 1473 bis 1487 Landvogt auf der Kyburg; von 1475 bis zu seinem Tod 1493 gehörte er zudem dem Kleinen Rat als dem zentralen politischen Gremium der Stadt an. 1490 erhielt er schließlich das ehrenvolle Amt eines Reichsvogtes. In den Burgunderkriegen 1476 bei Grandson zum Ritter geschlagen, kaufte er wenig später Burg und Herrschaft Altikon, Zehntrechte in Dübendorf sowie Turm und Herrschaft Freienstein. In der Kirche Pfäffikon (ZH) liess er sich zudem unter einer Georgsdarstellung prominent mit seinem Wappen als Stifter verewigen. Über Eheverbindungen war seine Familie mit den adligen Geschlechtern von Münchwil und Hinwil verwandt. Nichts würde darauf hinweisen, dass zwei Generationen vorher die Schwarzmurer noch Apotheker waren und erst um 1400 zu den führenden Geschlechtern Zürichs aufstiegen.[6] Mit seiner Karriere, dem Ritterschlag und dem Besitz von Burgen gehörte Felix Schwarzmurer auf jeden Fall zu den einflussreichsten Zürchern dieser Zeit, stand allerdings im Schatten von Hans Waldmann, eines Zürchers, dem wie kaum einem anderen den Aufstieg an die Schaltstellen der Macht gelang und sich ebenfalls durch Rittertitel und Burgenbesitz auszeichnete. Er wurde als umstrittener und eigenmächtiger Bürgermeister jedoch 1489 hingerichtet.[7]

Ein Zeitgenosse von Schwarzmurer und Waldmann war der Luzerner Heinrich Hasfurter. Er trat 1447 in den Kleinen Rat ein, übernahm verschiedene Vogteien und krönte seinen Aufstieg 1460 mit der Wahl zum Schultheißen, ein Amt, das er bis zu seinem Tod 1483 wiederholt bekleiden sollte. In den Burgunderkriegen wurde er 1477 vom Herzog von Lothringen zum Ritter geschlagen, ihm gehörten unter anderem die Burgherrschaften Baldegg, Wildenstein sowie Heidegg nebst weiteren Gütern zwischen Schaffhausen und Oberitalien. Als mit Abstand reichster Luzerner seiner Zeit war Hasfurter einer der schillerndsten, wenn auch wenig bekannter Vertreter des eidgenössischen Patriziats – sein Vater stammte aus Bamberg und hatte erst 1418 das Luzerner Bürgerrecht erworben.[8] Andere markante Angehörige der Luzerner Oberschicht waren die Feer, Meggen, Hertenstein oder Pfyffer mit einem ähnlichen Profil.

6 FREY, Junker (wie Anm. 2), S. 19f. Für biografische Hinweise zu einzelnen Personen sei hier pauschal auf das Historisch-biografische Lexikon der Schweiz, 7 Bände, Neuenburg 1921–1934, und das Historische Lexikon der Schweiz, Basel 2002–2014, verwiesen.

7 Ulrich VONRUFS: Die politische Führungsgruppe Zürichs zur Zeit von Hans Waldmann (1450–1489). Struktur, politische Networks und die sozialen Beziehungstypen Verwandtschaft, Freundschaft und Patron-Klient-Beziehung (Geist und Werk der Zeiten, Nr. 94), Bern 2002. Vgl. auch Ulf DIRLMEIER: Merkmale des sozialen Aufstiegs und der Zuordnung zur Führungsschicht in süddeutschen Städten des Spätmittelalters, in: Hans-Peter BECHT (Hg.): Pforzheim im Mittelalter. Studien zur Geschichte einer landesherrlichen Stadt (Pforzheimer Geschichtsblätter 6), Sigmaringen 1983.

8 Josef KURMANN: Die politische Führungsschicht in Luzern 1450–1500, Luzern 1976. Vgl. auch MESSMER/ HOPPE, Luzerner Patriziat (wie Anm. 2).

Dabei fällt nicht zuletzt die regelmäßige Teilnahme an Kriegszügen und der (lukrative) Empfang ausländischer Pensionen auf.

Am schönsten zeigt sich die „Aristokratisierung" der Alten Eidgenossenschaft in Bern, das wie kein anderer eidgenössischer Ort den patrizischen Geist verkörpert und dessen Familien bis in die Neuzeit politischen Einfluss ausübten. Stellvertretend für das 15. Jahrhundert sei hier Thüring von Ringoltingen erwähnt, der seine Laufbahn als Grossrat begann, Vogteien verwaltete und 1458 zum Schultheiß gewählt wurde. Er starb 1483 als letzter der Familie und besass neben der stattlichen Schlossherrschaft Landshut Mannlehen der Grafen von Neuenburg und der Herzöge von Savoyen; sein Erbe ging an die Familie von Diesbach über.[9] Vom historisch und genealogisch interessierten Thüring stammt die Übersetzung des populären französischen Ritterromans Melusine ins Deutsche, auf ihn dürfte zudem das Dreikönigsfenster im Berner Münster zurückgehen, welches das Ideal des ehrenwerten Herkommens thematisiert. Ein gutes Jahrhundert zuvor lebte die Familie unter dem sprechenden Namen *Zigerli* vom Handel mit Käse und Butter im Simmental; ihre Karriere in der Stadt Bern verband sie mit der Übernahme von Namen und Wappen der längst ausgestorbenen Herren von Ringoltingen.

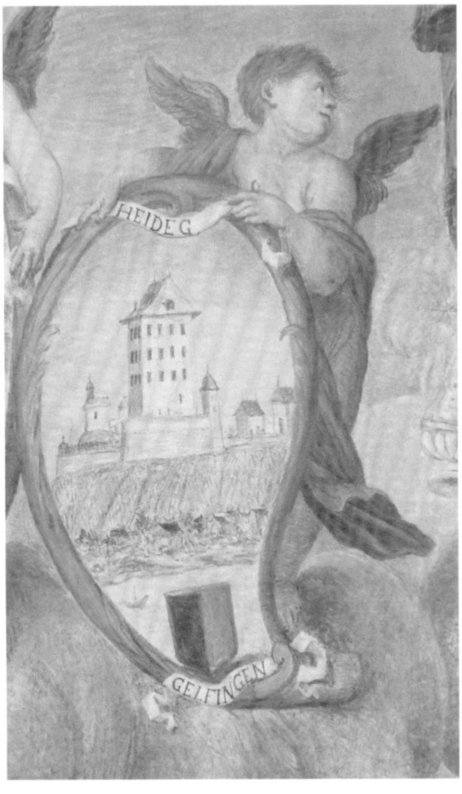

Abb. 2: Das Standessymbol eines neuadligen Aufsteigers: Schloss und Herrschaft Heidegg (Kanton Luzern kamen 1483 an Heinrich Hasfurter. Die Deckenmalerei im Festsaal von 1702 zeigt die markante Turmburg. (Foto Peter Niederhäuser).

9 Vinzenz Bartlome: Thüring von Ringoltingen – ein Lebensbild, in: André Schnyder, in Verbindung mit Ursula Rautenberg (Hg.): Thüring von Ringoltingen: Melusine (1456). Nach dem Erstdruck um 1473/74, Wiesbaden 2006, Bd. 2, S. 49–60. Zum bernischen Umfeld vgl. auch Ellen J. Beer/Norberto Gramaccini/Charlotte Gutscher-Schmid/Rainer C. Schwinges (Hgg.): Berns grosse Zeit. Das 15. Jahrhundert neu entdeckt (Berner Zeiten, Bd. 2), Bern 1999.

Alle drei Personen gehörten typischen Aufsteigerfamilien an, die um 1400 in der Stadt Fuss fassten und rasch die Ämterlaufbahn einschlugen. Ihre Karriere im Dienste der Kommune wurde begleitet von der Anpassung an adlige Werte wie Titel und der Kauf von Schlossherrschaften in der näheren oder weiteren Umgebung der Stadt. Diese wurden zum eigentlichen Symbol dieser Familien, die sich nach ihrem Besitz auch Gerichts- oder Twingherren nannen und ihren Rang oft mit Baumaßnahmen in diesen Schlössern zum Ausdruck brachten. Ludwig von Diesbach sprach bei seinem Schloss Landshut treffend von einem *hubsch adelych chleynett*, einem hübschen adligen Kleinod.[10]

Gerichtsherren und Burgenbesitz

Gerichtsherrschaften waren bis zum Untergang der Alten Eidgenossenschaft 1798 ein charakteristisches Merkmal der staatlichen Strukturen. Auch wenn die eidgenössischen Orte ihre Hoheit territorial zur Geltung brachten und damit eigentlich den Fürstentümern nicht unähnlich waren, blieb ihre Herrschaft lückenhaft.[11] Zum Eindruck eines Flickenteppichs trugen die Gerichtsherrschaften bei, die auf mittelalterliche Vogteien zurückgingen, lange eine Domäne des traditionellen Adels waren und nur zum Teil in eidgenössischen Besitz übergingen. In diesen ländlich geprägten Herrschaften konnte sich in einer Art Nische auch jener alte Adel halten, der auf Distanz zur städtischen Politik bleiben wollte und kein Interesse an der Übernahme städtischer Ämter hatte – so etwa die Effinger von Wildegg, die Herren von Hallwyl oder auch die Landenberger. Familien wie die Mülinen, Erlach oder Bonstetten hingegen passten sich den neuen Verhältnißen an und bekleideten in der städtischen Verwaltung wichtige Aufgaben, wobei ihre adlige Herkunft stets präsent blieb.

Zahlreiche Gerichtsherrschaften blieben bis 1798 in der Hand entweder von geistlichen Institutionen oder von Familien mit adligem oder patrizischem Hintergrund, welche sich durch die Ausübung der niederen Gerichte in einem Dorf oder in mehreren Siedlungen auszeichneten. Dabei ging es weniger um die Gerichtsrechte an sich als um die „Herrschaft" und die Wahrung der Ordnung zur Legitimation des gerichtsherrlichen Vorrangs. Der eigentlichen Rechtsprechung waren enge Grenzen gesetzt, standen doch die Junker Gerichtsherren unter dem Druck der Dorfbevölkerung wie des städtischen Rates, der peinlich genau auf die Eingrenzung der niedergerichtlichen Kompetenzen achtete und selbst immer wieder in die dörfliche Urteilfindung eingriff.[12]

Trotz der Einschränkungen waren Gerichtsherrschaften ein Symbol adligen Ranges, und ihre Bedeutung ging weit über die Rechtsprechung hinaus. Die Kontrolle über ein Gericht, die *Herrlichkeit*, war nur ein Aspekt von Herrschaft. Vielmehr verbanden sich gerichts-, grund-,

10 Urs Martin ZAHND: Die autobiografischen Aufzeichnungen Ludwig von Diesbachs. Studien zur spätmittelalterlichen Selbstdarstellung im oberdeutschen und schweizerischen Raume (Schriften der Berner Burgerbibliothek 17), Bern 1986, S. 70.

11 STETTLER, Eidgenossenschaft (wie Anm. 5), S. 231f.

12 Zu den Gerichtsherrschaften im ostschweizerischen Umfeld siehe Bruno SCHMID: Die Gerichtsherrschaften im alten Zürich, in: Zürcher Taschenbuch 1969, S. 8–34; Bruno GIGER: Gerichtsherren, Gerichtsherrschaften, Gerichtsherrenstand vom Ausgang des Spätmittelalters bis in die Frühe Neuzeit, in: Thurgauer Beiträge zur Geschichte 130 (1993), S. 5–216; Peter NIEDERHÄUSER: Zürcher Gerichtsherren und Gerichtsherrschaften im Übergang zur Frühen Neuzeit, in: DERS., Adel (wie Anm. 1), S. 61–83; Stefan FREY, Junker (wie Anm. 2).

kirchen- und leibherrliche Rechte zu einem eindrücklichen Konglomerat von Besitztiteln und Privilegien und schuf innerhalb der Herrschaft ein fein gestricktes Netz von Abhängigkeiten. Das Schloss stand für das Zentrum der Herrschaft, war Ort einer mehr oder weniger stattlichen Eigenwirtschaft wie repräsentativer Sommersitz und drückte so anschaulich den Rang des Inhabers aus. In Anlehnung an Pierre Bourdieu lassen sich Gerichtsherrschaften als ökonomisches, kulturelles, soziales und symbolisches Kapital definieren, dienten sie doch der Ausübung von Macht, der Investition, dem Prestige und der Zugehörigkeit zu einer bestimmten Gruppe.[13] Hinter den *feinen Unterschieden* verbergen sich einerseits die Abgrenzung zu den Dorfbewohnern und Untertanen, andererseits die Konkurrenz zu anderen Patriziern, wo sich beim Kampf um Pfründen wie um die Rangordnung innerhalb der Stadt Nähe und Rivalität die Waage hielten.

Die Stadt und der städtische Rat waren die entscheidenden Orte der Politik, und dennoch waren Gerichtsherrensitze auf der Landschaft bei den städtischen Ratsherren begehrt und beliebt. Stadt und Land gehören hier eng zusammen. Innerhalb der eidgenössischen Orte waren der Selbstdarstellung und der Selbstinzenierung offensichtliche Grenzen gesetzt. Weder finden sich in Zürich oder Bern im 15./16. Jahrhundert ostentative Stadtpaläste der Oberschicht noch reich ausgestattete „private" Kirchenräume oder andere Symbole individuellen Rangdenkens. Die Konkurrenz mehrerer Geschlechter scheint hier allzu auffällige und augenscheinliche Prestigebauten verhindert und zu einer gewissen Nivellierung geführt zu haben, die erst ab 1600 mit dem Bau einzelner reich geschmückter Renaissance- und Barockhäuser teilweise aufgebrochen wurde.[14]

Weit freier konnten sich diese Ratsherren in ihren Gerichtsherrschaften entfalten. In der Nachfolge des traditionellen Adels stehend, passten sie die oft veralteten und bescheidenen Burganlagen den Wohn- und Repräsentationsbedürfnissen ihrer Zeit an und förderten Kirchenbauten, die vor der Reformation eine eigentlichen Blütezeit erlebten.[15] Während der Schlossbau in der spätmittelalterlichen Ostschweiz eher zurückhaltend blieb und sich durch große Herrenhäuser mit Treppengiebel, allenfalls auch durch Umfassungsmauern mit Zinnen und Schießscharten auszeichnete, manifestierte sich im Umfeld der Stadt Bern ab der zweiten Hälfte des 15. Jahrhunderts eine besondere Architektur, die ganz gezielt auf mittelalterliche Burgen zurückging, dabei aber unter dem Einfluss von Frankreich eine neue Formensprache entwickelte. Ein besonders schönes Beispiel stellt die Herrschaft Worb in der Nähe von Bern dar. Hier gelang es der Familie von Diesbach, ebenfalls Aufsteiger mit bürgerlichen Wurzeln, im 15. Jahrhundert die verschiedenen Teile der Herrschaft in einer Hand zu vereinen. Die verwahrloste Burg wurde im Geist des Mittelalters grundlegend erneuert und zu einem demonstrativ wehrhaften, primär aber wohnlichen Schloss umfunktioniert. Mit dem Erwerb des Kirchensatzes 1516 bauten die von Diesbach ihre Macht weiter aus und passten auch das

13 Unter den zahlreichen Publikationen Bourdieus seien hier besonders hervorgehoben: Pierre Bourdieu: La noblesse. Capital social et capital symbolique, in: Didier Lancien/Monique de Saint Martin (Hgg.): Anciennes et nouvelles aristocraties de 1880 à nos jours, Paris 2007, S. 385–397; Ders.: Ökonomisches Kapital, soziales Kapital, kulturelles Kapital, in: Reinhard Kreckel (Hg.): Soziale Ungleichheiten (Soziale Welt, Sonderband 2), Göttingen 1983, S. 183–198.

14 Dölf Wild: Patrizische Wohnkultur in der Stadt Zürich 1350–1600, in: Niederhäuser, Adel (wie Anm. 1), S. 165–172.

15 Christian Renfer: Von der Burg zum Landsitz. Zürcherischer Herrschaftsbau zwischen Spätmittelalter und Neuzeit, in: Niederhäuser, Adel (wie Anm. 1), S. 143–163; Jürg Schweizer: Der bernische Schlossbau im 15. Jahrhundert, in: Beer u. a., Berns grosse Zeit (wie Anm. 9), S. 173–187; Ders.: Schlösser und Landsitze in der Landschaft Bern, in: Mittelalter 14 (2009), S. 42–57; Peter Jezler: Der spätgotische Kirchenbau in der Zürcher Landschaft. Die Geschichte eines „Baubooms" am Ende des Mittelalters, Wetzikon 1988.

Gotteshaus den neuen Bedürfnissen an. Der ausgesprochen aufwändig gestaltete Chor mit dem auffallenden Netzgewölbe wurde mit einem Scheibenzyklus versehen, der wie eine Ahnengalerie die Wappen von Angehörigen und Verwandten der Familie zeigt. Es ist möglich, aber nicht belegt, dass die Kirche der Patrizierfamilie auch als Grablege diente.[16] Die kostspieligen Bauarbeiten an Burg und Kirche demonstrieren die Bemühungen um die Schaffung eines „Familiendenkmals“ mit herrschaftlichem Anspruch, wie er auf bernischem Gebiet auch in der Kirche von Utzensdorf zum Ausdruck kommt. Der dortige, oben bereits erwähnte Schlossherr zu Landshut, Thüring von Ringoltingen, förderte 1457 den Bau des mächtigen Kirchturms und brachte sein sorgfältig skulptiertes Wappen unübersehbar an der Aussenmauer an.

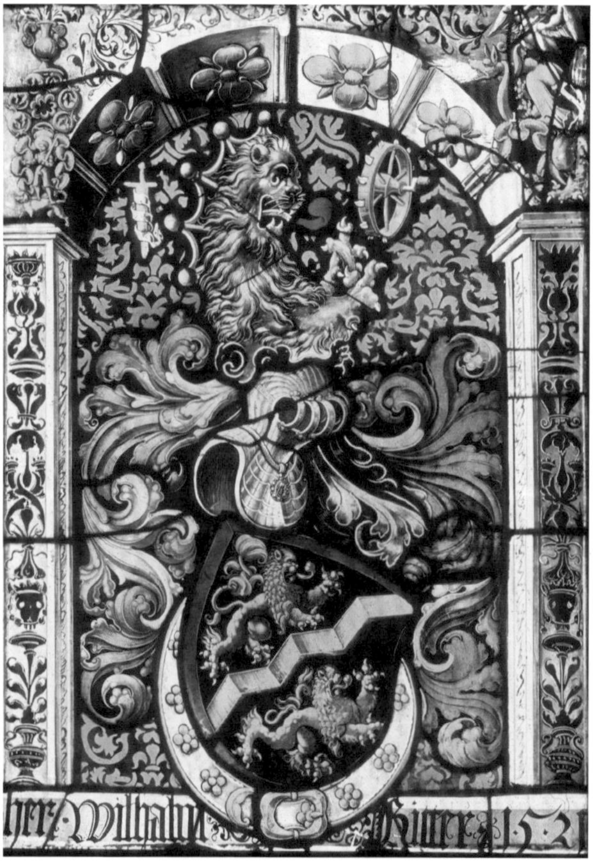

Abb. 3: Religion und Repräsentation: Wappenscheibe von Ritter Wilhelm von Diesbach von 1521 im Chor der Kirche Worb (Kanton Bern). Die reiche Verzierung zeigt unter anderem die Embleme des zypriotischen Schwertordens und des Katharinenordens. (Denkmalpflege des Kantons Bern)

16 Peter EGGENBERGER, in Zusammenarbeit mit Georges DESCŒUDRES und Jürg SCHWEIZER: „Ein bettelbrief denen von kilchdorff in Mh. landtschaft an iren buw.“ Der „Kirchenbauboom“ auf der Landschaft, in: BEER u. a., Berns grosse Zeit (wie Anm. 9), S. 392–409, hier S. 395–400.

Dank dem Ausgreifen einer neuen städtischen Oberschicht auf die Landschaft erhielten zahlreiche Burgen eine neue Bedeutung und wurden zu komfortablen Landsitzen umgewandelt. Eine einheitliche Entwicklung fehlt, und nicht immer sind die Baumaßnahmen deutlicher fassbar. Sicher aber wurde ganz gezielt mittelalterliche Burgenarchitektur zitiert, auch wenn die Wehrhaftigkeit überholt war. Nur wenig wissen wir über den Wohncharakter, der wohl meist saisonal war – die Stadt blieb, zumindest vorläufig, Lebensmittelpunkt. Ausnahmen bestätigen jedoch die Regel: Gerade in der Ostschweiz finden sich immer wieder Gerichtsherren, die zwar Stadtbürger waren, aber Herrschaften im Einflussbereich anderer Städte kauften und sich immer stärker dem Landadel annäherten. Der Ravensburger Kaufmann Rudolf Mötteli etwa trat 1458 in das Burgrecht der Stadt Zürich ein und erwarb die Burg Alt-Regensberg, die er mit einem erstaunlichen Aufwand modernisierte.[17] Die detaillierte Rechnung spricht über 30 Arbeitern, vom Einbau von sechs Stuben, von Fenstern mit venezianischem Glas, von der Arrondierung des Bauerngutes, von der Anpflanzung von Reben wie auch vom Anlegen mehrerer Fischweiher. Angeblich flossen mehrere Tausend Gulden in den Ausbau der Burg. Allerdings überwarf sich Mötteli bald mit der Stadt Zürich und musste dieser schließlich nach einem längeren Rechtsstreit die Herrschaft abtreten. Mötteli hielt sich immer von der Zürcher Politik fern – wollte er auf Alt-Regensberg einzig eine Art Gutsbetrieb für den städtischen Markt realisieren?

Stadt und Land

Wo genau lagen die Interessen am Besitz von Gerichtsherrschaften und welche Rolle spielten diese im Selbstverständnis der städtischen Ratsfamilien? Wo kamen im Falle solcher Herrschaften Stadt und Land zusammen, wo gingen sie auseinander? Auf den ersten Blick scheint klar, dass es sich um ein komplementäres Verhältnis handelt. Die „große“ Politik konzentrierte sich auf die Stadt, die einträglichen Ämter und Pfründen wurden vom städtischen Rat ausgegeben, und alle Gerichtsherren besassen in der Stadt ihren Hauptwohnsitz. Das ländliche Standbein steht für den adligen Habitus und war zugleich eine willkommende Möglichkeit der Kapitalanlage. Die Konzentration auf die Stadt war von der Struktur vorgegeben: Wer an der kommunalen und eidgenössischen Politik teilhaben wollte, musste sich in der Nähe des Machtzentrums aufhalten. Zur zentralen Funktion der Stadt passt, dass sich die Patrizier fast ausnahmslos in städtischen Kirchen bestatten liessen. Über den Alltag und das Pendeln der Patrizierfamilien zwischen städtischem und ländlichem Wohnsitz ist im ausgehenden Mittelalter so gut wie nichts bekannt. Mobilität war immer ein wichtiger Faktor; Kriegsdienste im Ausland oder längere diplomatische Reisen gehörten zum Leben der Führungsgruppe und werfen die Frage nach den Aufgaben einer Ehefrau in Abwesenheit ihres Mannes auf.

17 Im Folgenden Robert Durrer: Die Familie von Rappenstein, genannt Mötteli und ihre Beziehungen zur Schweiz Separatdruck aus dem Geschichtsfreund 48/49 (1893/94), Einsiedeln 1893/94; Hugo Schneider: Die Burgruine Alt-Regensberg im Kanton Zürich (Schweizer Beiträge zur Kulturgeschichte und Archäologie des Mittelalters, Bd. 6), Olten/Freiburg i.Br. 1979. Vgl. zum patrizischen Landgut auch Dorothee Guggenheimer: Städtische Landsitze in der Umgebung von St. Gallen: Eine mentalitätsgeschichtliche Einordnung, in: Schloss Greifenstein „ist ein lustig Sitz“: städtische Repräsentation auf dem Land, St. Gallen 2010, S. 21–32.

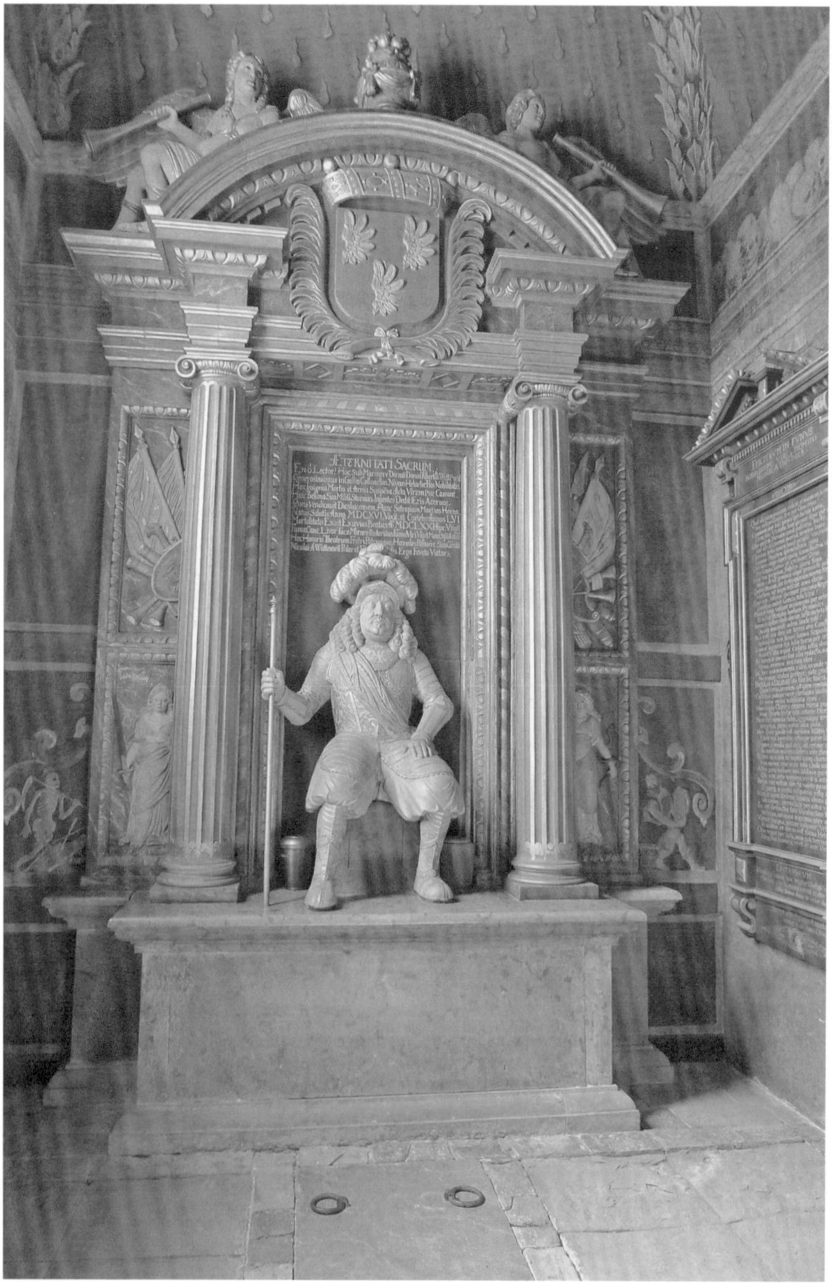

Abb. 4: Die Grabkappelle einer Offiziersfamilie: Repräsentatives Grabmal für Albrecht von Wattenwyl in der Dorfkirche von Oberdiessbach (Kanton Bern), errichtet nach 1670. (Foto Peter Niederhäuser)

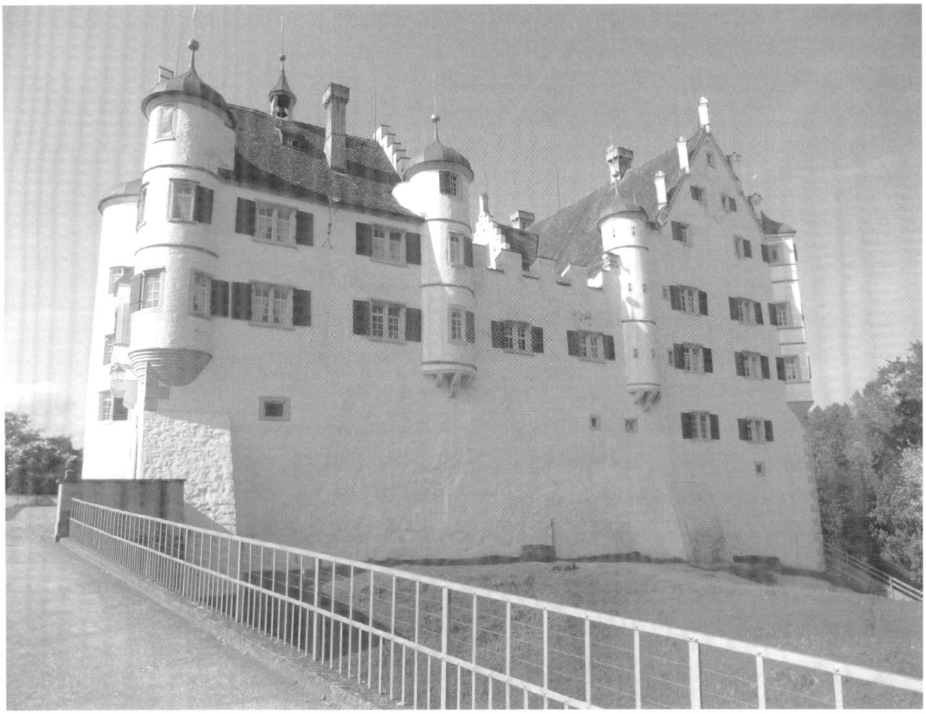

Abb. 5: Im Zeichen einer frühneuzeitlichen Burgenrenaissance: Das Schloß Altenklingen (Kanton Thurgau) wurde kurz vor 1600, wohl in Anlehnung an Augsburger Bauten, von der sanktgallischen Familie Zollikofer errichtet. (Foto Peter Niederhäuser)

Und doch scheint sich dieses patrizische Stadt-Land-Verhältnis ab dem 16. Jahrhundert wenigstens partiell zu wandeln.[18] Die große Mehrheit der Gerichtsherren blieb in der Stadt sesshaft und suchte im Staatsdienst Auskommen und Prestige, einzelne verzichteten jetzt aber bewusst auf die Möglichkeit einer Karriere im Rat, andere werteten ihren Landsitz zumindest symbolisch und architektonisch weiter auf. In Anlehnung an den Reichsadel begannen sich die eidgenössischen Patrizier zunehmend nach ihrer Herrschaft zu nennen: Werdmüller von Elgg, Meiss von Teufen, Segesser von Brunegg, Pfyffer von Altishofen, Göldli von Tiefenau, Blarer von Wartensee, Mötteli von Rappenstein oder Zollikofer von Altenklingen. Neue, zeitgemäße Bauten entstanden, die sich definitiv von der mittelalterlichen Burg verabschiedeten, aber gerade im Osten der Schweiz weiterhin an den entsprechenden architektonischen Versatzstücken wie Türmchen, Erker und Treppengiebel festhielten. Eine gewollt einheitliche Formensprache zeigte sich im Umfeld der Familien Escher-Meiss und bei den Zollikofer, die um 1650 in Winterthur-Wülflingen, Teufen und Berg am Irchel beziehungsweise um 1600 in

18 Peter Niederhäuser: Schweiz, in: Werner Paravicini (Hg.) und Jan Hirschbiegel/Anna Paulina Orlowska/Jörg Wettlaufer (Bearb.): Höfe und Residenzen im spätmittelalterlichen Reich. Grafen und Herren (Residenzenforschung Bd. 15.IV, Teilband 1, Ostfildern 2012, S. 113–121; Peter Niederhäuser: Rückzugsorte des Adels? Freisitze in der Ostschweiz, in: Kurt Andermann/Gustav Pfeifer: Ansitz – Freihaus – corte franca. Bauliche und rechtsgeschichtliche Aspekte adligen Wohnens in der Vormoderne (Akten der Internationalen Tagung Brixen 2011) (Veröffentlichungen des Südtiroler Landesarchivs 36), Innsbruck 2013, S. 449–467.

Altenklingen, Sonnenberg und in der Stadt St. Gallen weitgehend identische Schlossanlagen errichten liessen und so eine eigenständige Zeichensprache wählten.

Nur wenige zogen jedoch vollständig aus der Stadt weg und gaben dabei den Einsitz im Kleinen Rat auf. Zu diesen gehörten die Meiss aus Zürich, die um 1600 die Herrschaft Teufen-Freienstein erbweise übernehmen konnten und hier wenig später ein repräsentatives neues Schloss errichteten, oder die von Wattenwyl aus Bern, die nach längerem Kriegsdienst beim französischen König 1647 die Herrschaft Oberdiessbach erwarben und in Anlehnung an westliche Vorbilder das Neue Schloss als Teil einer Gartenlandschaft – ein exemplarischer Ausbruch aus den tradierten architektonischen Konventionen – erbauen liessen.[19] Der Entscheid für einen ständigen Wohnsitz auf der Landschaft brachte eine Annäherung an den Landadel und verband sich mit der Wahl neuer baulicher Formen und die gelegentlich radikale Ersetzung der mittelalterlichen Gebäude durch zeitgemäße Schlossarchitektur. Sichtbar wird diese Entwicklung auch an der Einrichtung von Familiengrablegen in den zur Gerichtsherrschaft gehörenden Kirchen; als besonders eindrückliches Beispiel sei hier die in den 1670er-Jahren angebaute Grabkapelle der von Wattenwyl in Oberdiessbach erwähnt. Besassen diese Geschlechter bislang in städtischen Pfarrkirchen eine Gruft, falls in der Reformation nicht aufgehoben, so führte die endgültige Verlagerung auf die Landschaft zu einer Aufwertung der ländlichen Kirchen als Orte, die gleichermassen Symbole der familiären Identität wie des gesellschaftlichen Vorrangs der Junker Gerichtsherren darstellten. Auch in dieser Beziehung glichen sich diese Patrizier immer stärker dem traditionellen Landadel an.

Die bauliche Entwicklung von der Burg zum Schloss, die Blütezeit von Wappenscheiben oder die Ausstattung von Kirchen erinnern an eine Renaissance adliger Sachkultur, wie sie gerade für die eidgenössische Führungsgruppe charakteristisch ist. Der Aufstieg an die Spitze der städtischen Politik war mit der Übernahme adliger Embleme verbunden, die als Zeichen der Distinktion gegenüber anderen Ratsherren wie auch gegenüber den einfachen Bürgern oder Untertanen dienten. Waren innerhalb der vergleichsweise eng reglementierten städtischen Verhältnißen der Spielraum für diese Art von Selbstinszenierung bescheiden, so entfalteten sich auf der Landschaft solche Möglichkeiten weit besser. Burgen und die dazu gehörigen Gerichtsherrschaften bildeten jenen Rahmen, der in Ergänzung zu den städtischen Institutionen adlig-patrizisches Leben ermöglichten und gleichzeitig wichtige Pfeiler des Rentnerdaseins waren. Den Schlossbauten als hübschen adligen Kleinodien galt dabei besondere Aufmerksamkeit, um abschließend noch einmal Ludwig von Diesbach zu zitieren. Das adlig verwies auf die jene Tradition, an welche die Patrizier anknüpften, das hübsch stand für den repräsentativen Charakter, und hinter dem Kleinod verbargen sich sowohl die nicht unerheblichen Kosten wie auch Stolz und Selbstverständnis jener Landjunker, die hier ein standesgemäßes Leben führten.

19 Hans BRAUN: Die Familie von Wattenwyl, Bern 2004; Walther VON MEISS: Aus der Geschichte der Familie Meiss von Zürich, in: Zürcher Taschenbuch 1928, S. 1–85, 1929, S. 1–92.

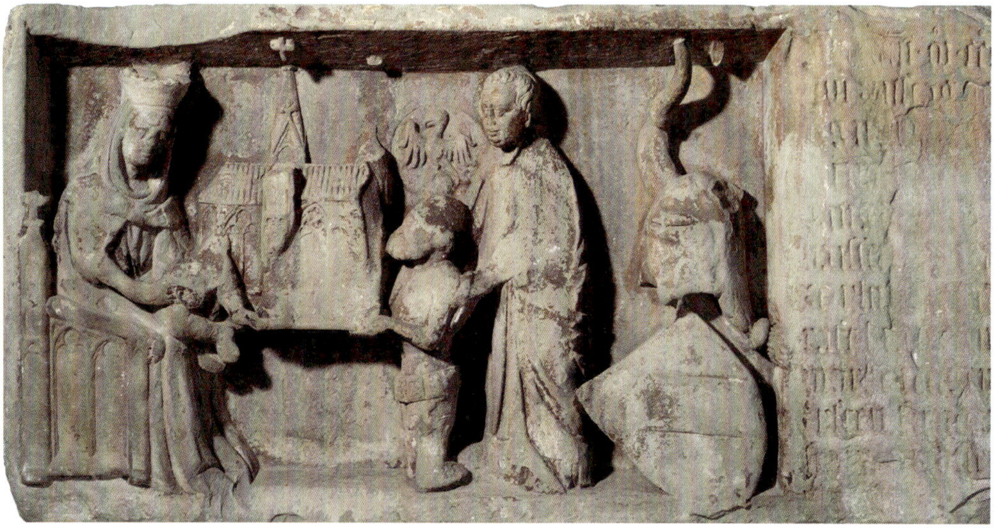

Abb. 1: Grundsteinlegungsrelief vom Brautportal des Ulmer Münsters, Museum Ulm
Foto: Museum Ulm, Bernd Kegler

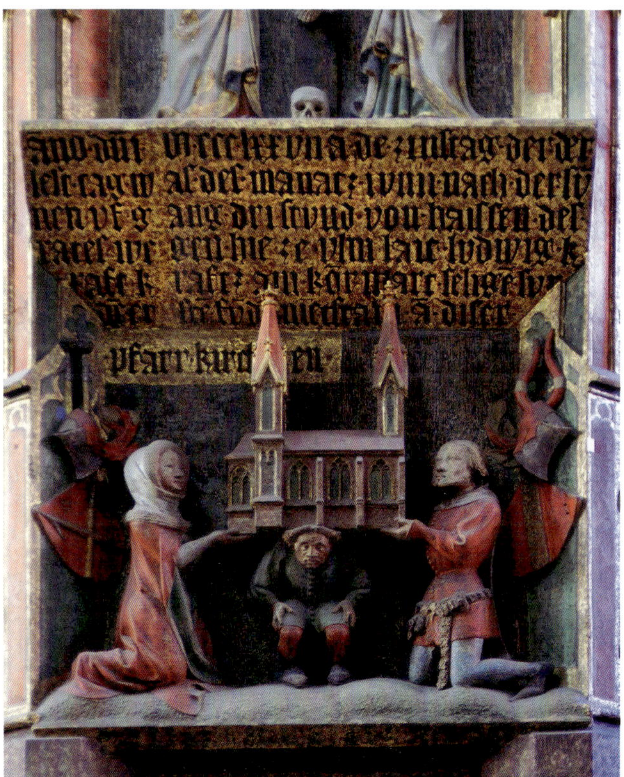

Abb. 2: Lutz Krafft und Elisabeth Ehinger als Stifter, Ulmer Münster
Foto: Haus der Stadtgeschichte – Stadtarchiv Ulm

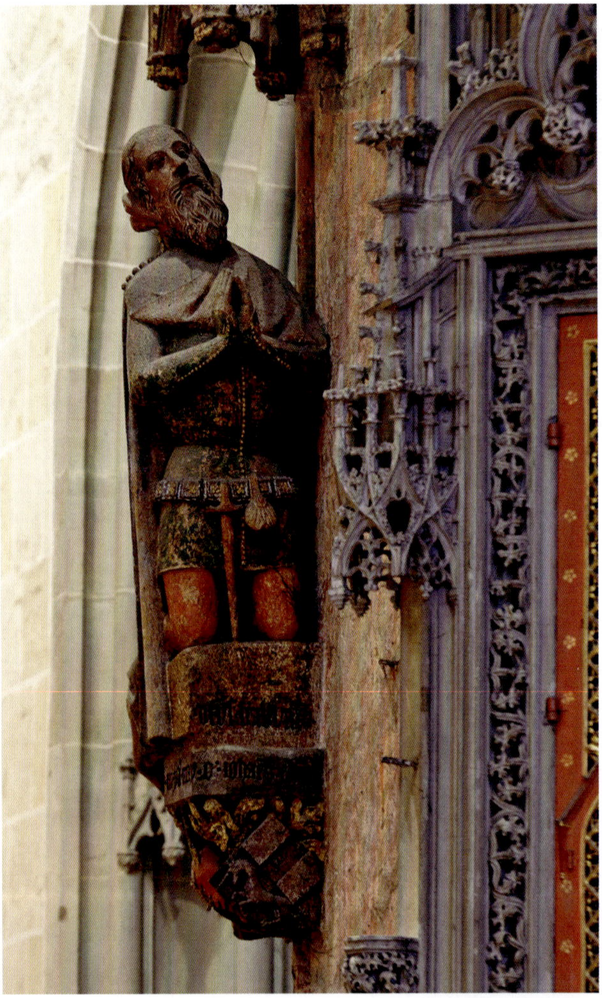

Abb. 3: Skulptur des Johannes Ehinger, Ulmer Münster
Foto: Haus der Stadtgeschichte – Stadtarchiv Ulm, Nadja Wollinsky

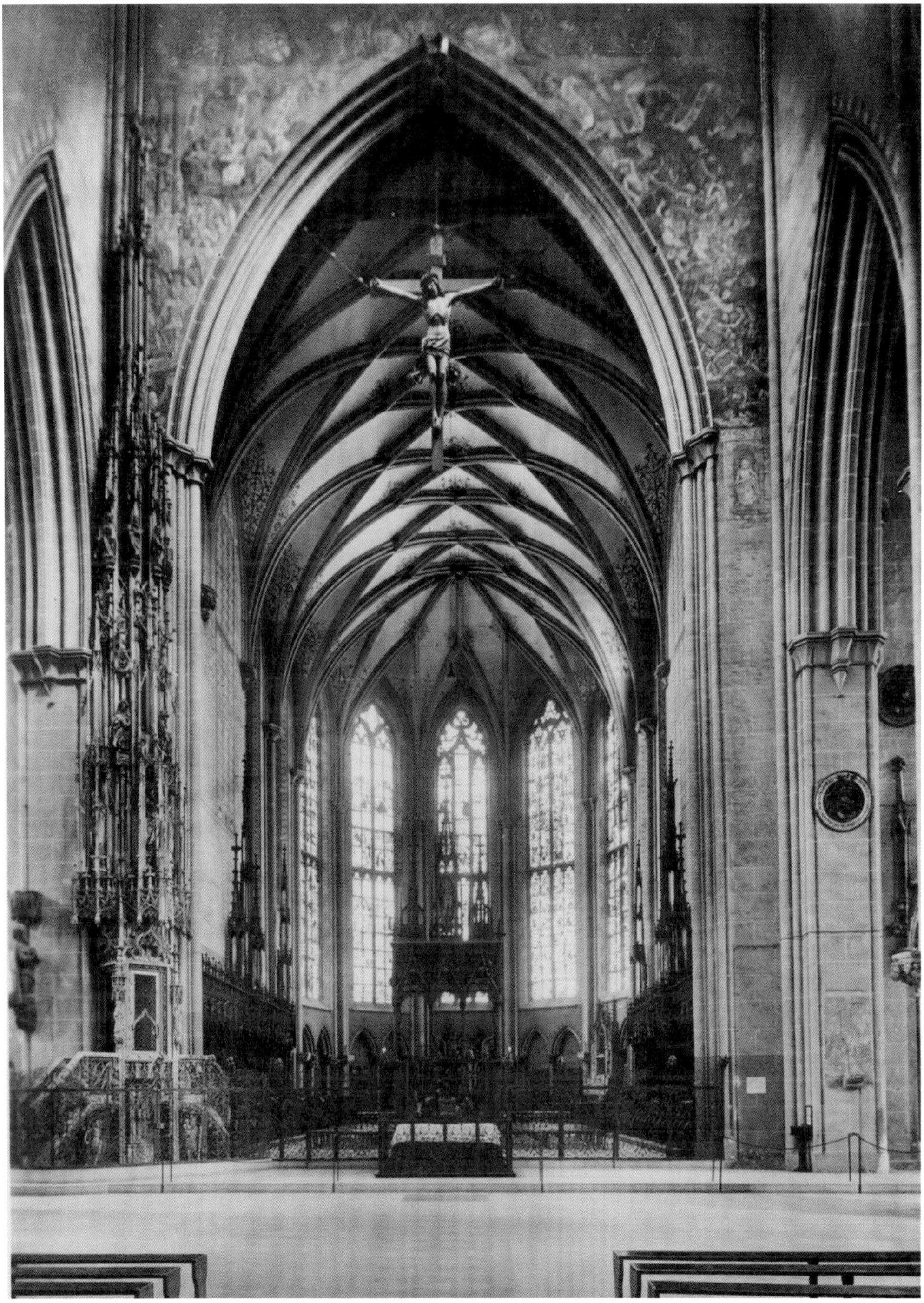

Abb. 4: Chor des Ulmer Münsters
Foto: Haus der Stadtgeschichte – Stadtarchiv Ulm

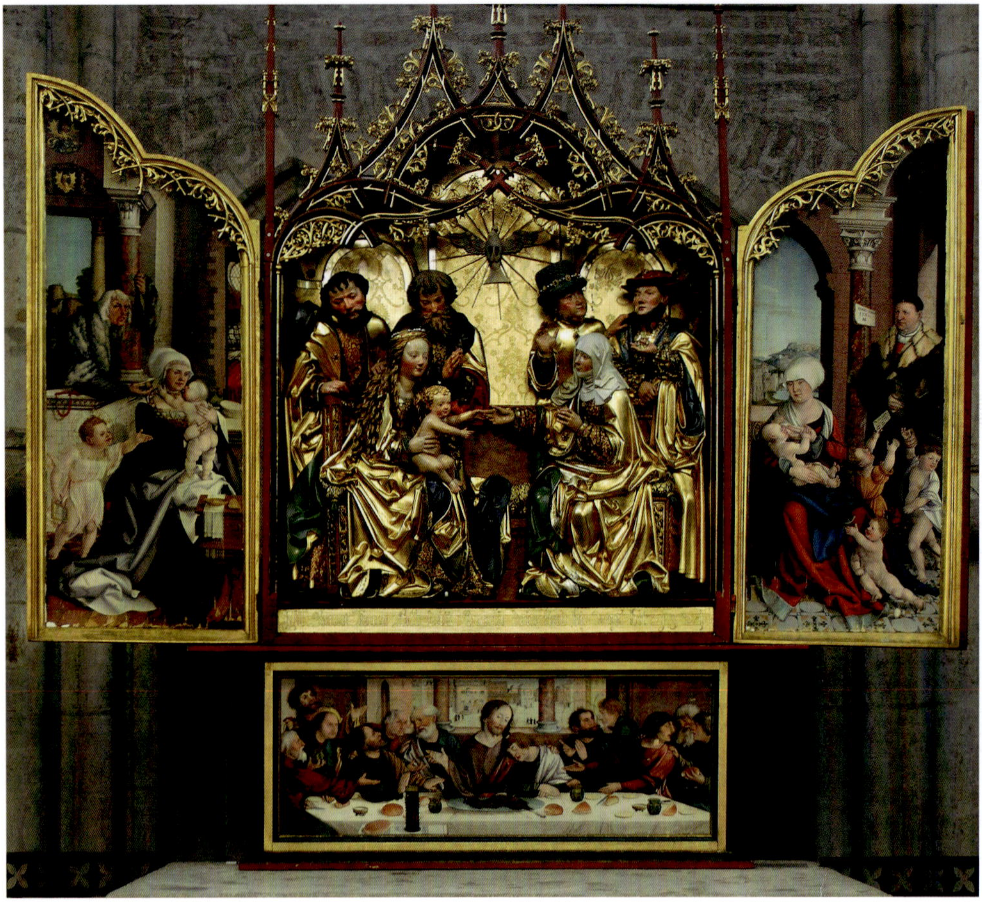

Abb. 5: Altarretabel der Familie Hutz, 1521, Ulmer Münster
Foto: Haus der Stadtgeschichte – Stadtarchiv Ulm

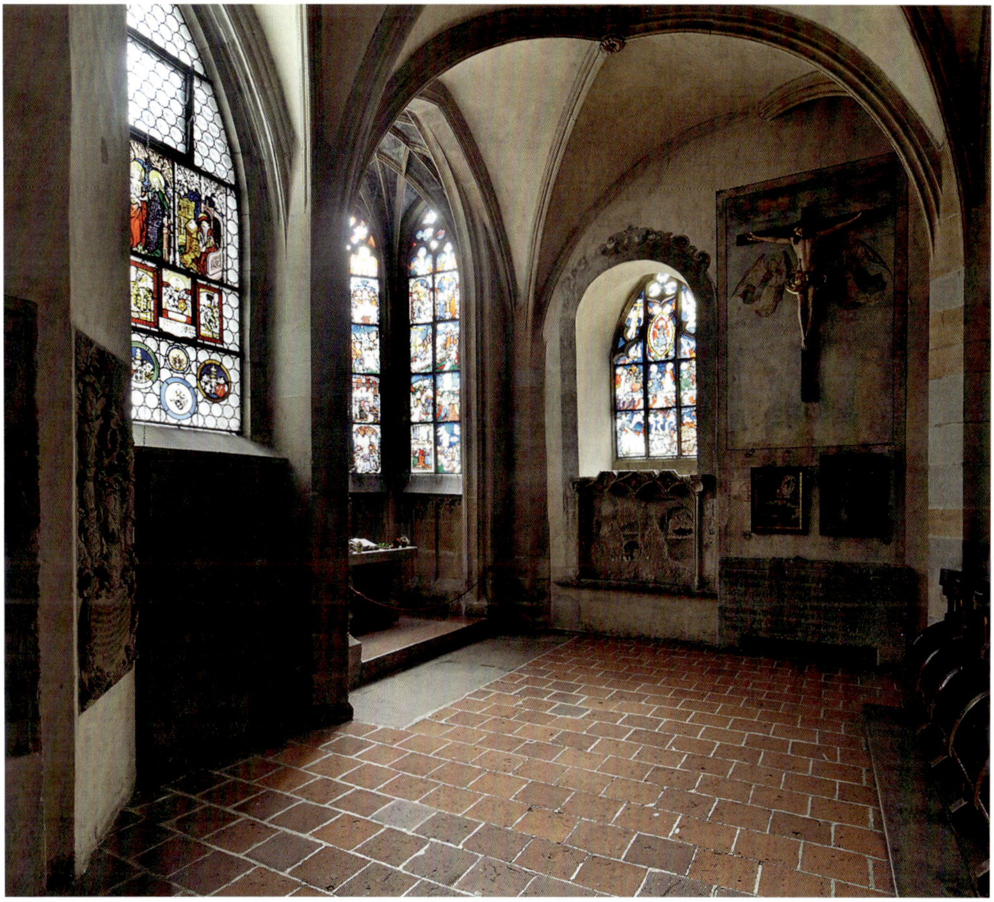

Abb. 6: Besserer-Kapelle im Ulmer Münster
Foto: Haus der Stadtgeschichte – Stadtarchiv Ulm, Nadja Wollinsky

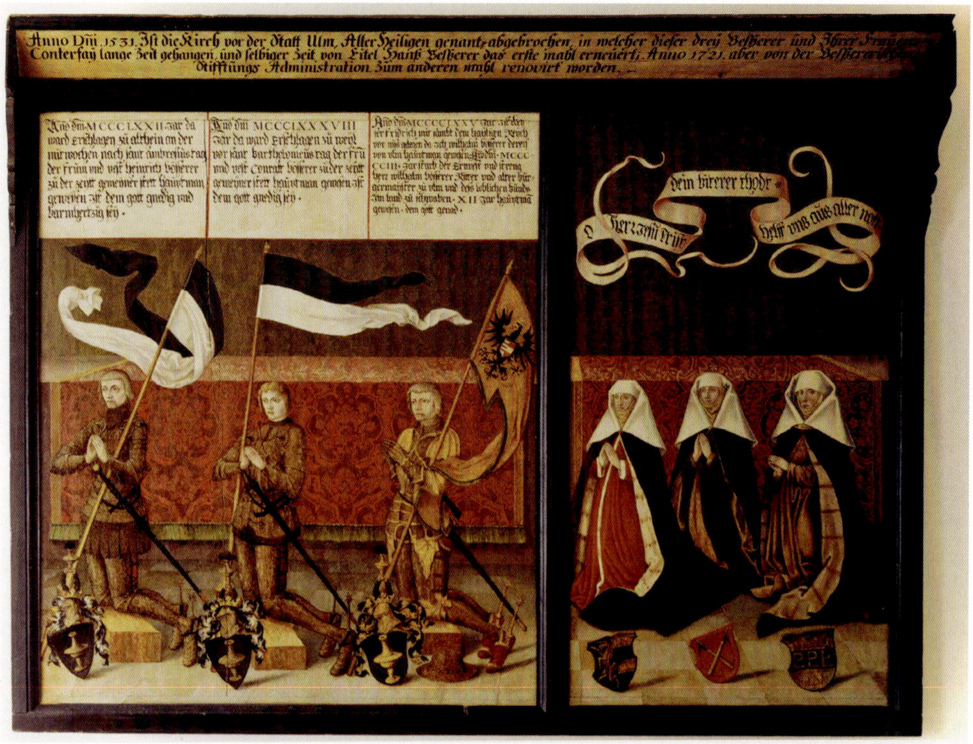

Abb. 7: Gedenktafel des Wilhelm Besserer, nach 1504, Museum Ulm
Foto: Museum Ulm

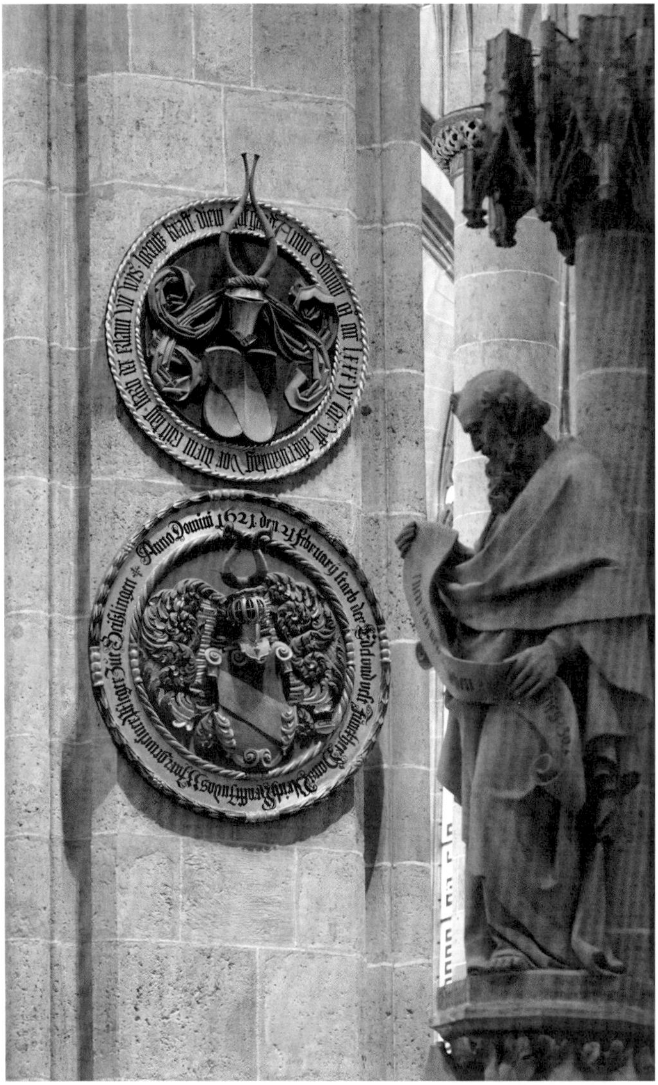

Abb. 8: Totenschilde von Mitgliedern der Familie Krafft im Ulmer Münster
Foto: Haus der Stadtgeschichte – Stadtarchiv Ulm, Nadja Wollinsky

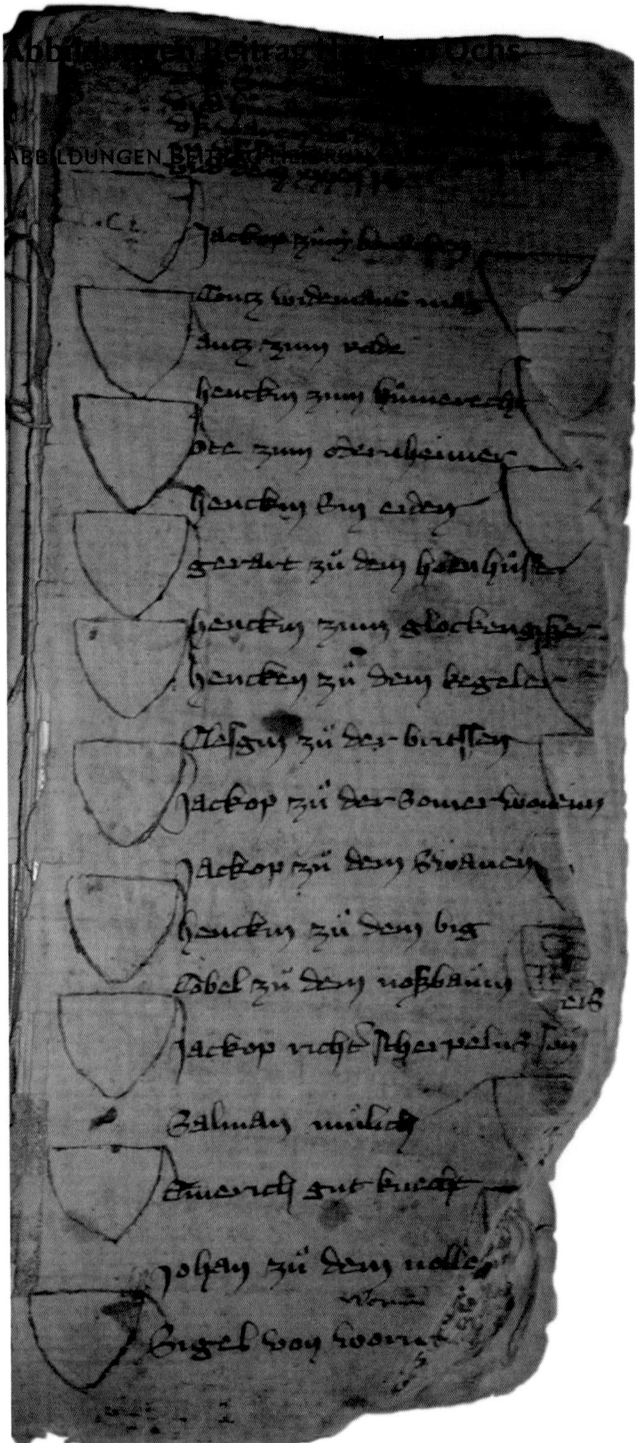

Abb. 1: Anfang der Namensliste in der Handschrift. HStA Darmstadt Abt. C 1 A, Nr. 181, fol. 1r.

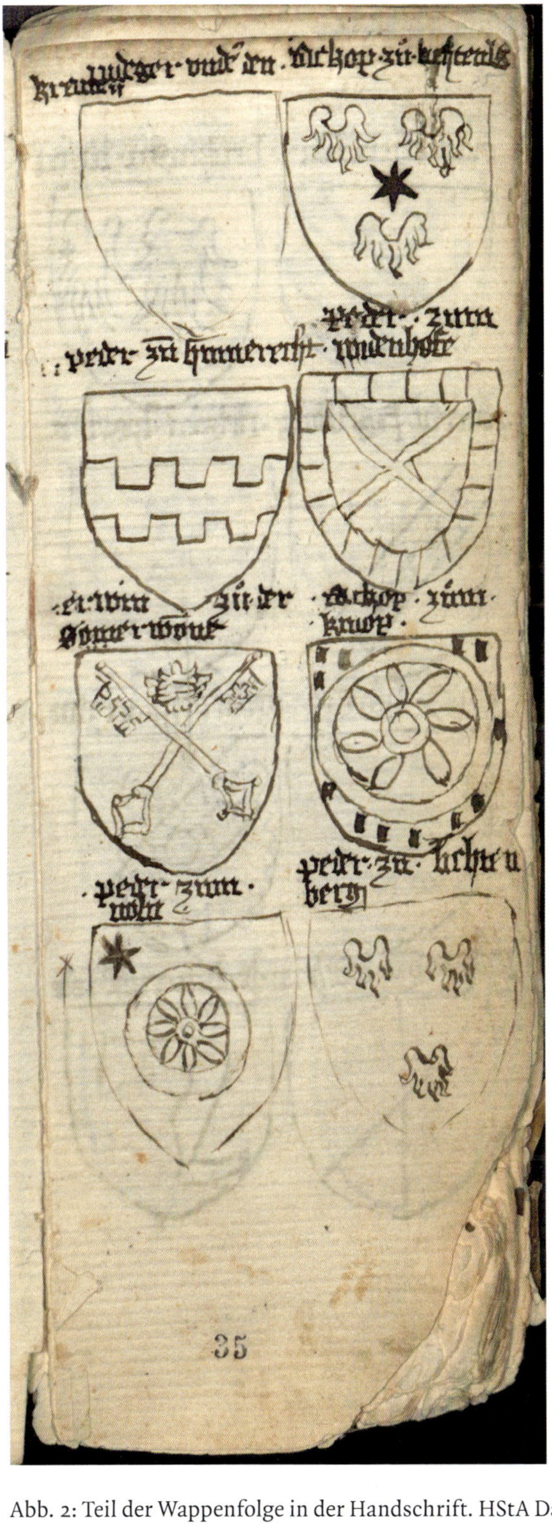

Abb. 2: Teil der Wappenfolge in der Handschrift. HStA Darmstadt Abt. C 1 A, Nr. 181, fol. 35r.

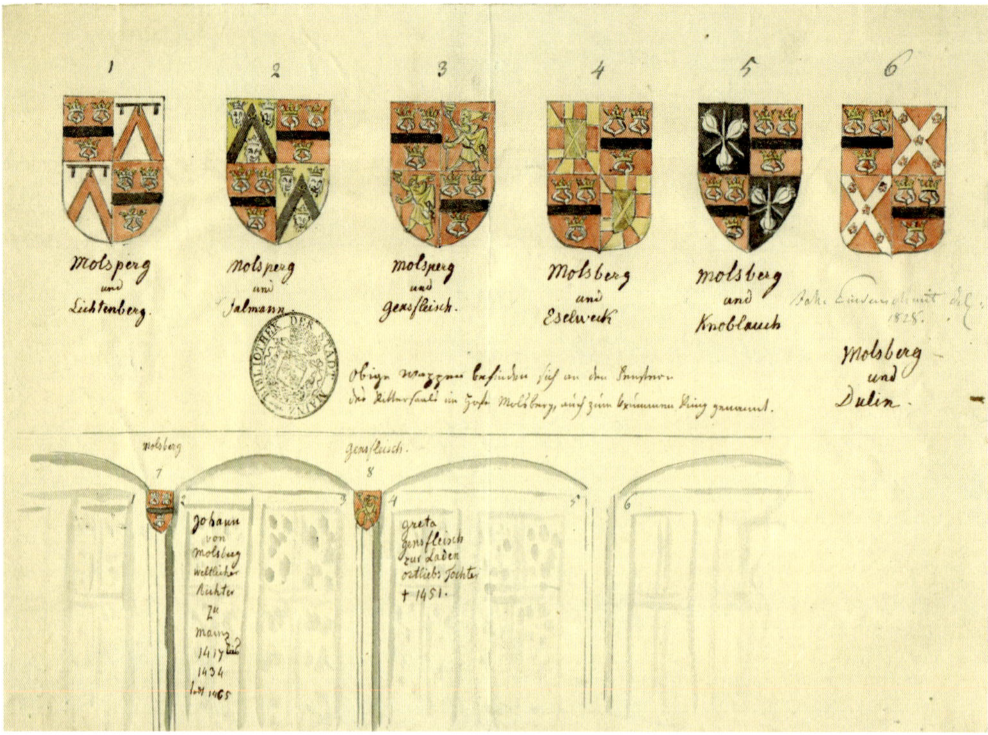

Abb. 3: Zeichnung der Wappenfolge im Haus Molsberg von J. Lindenschmit. StA Mainz, BPSP / 2588B.

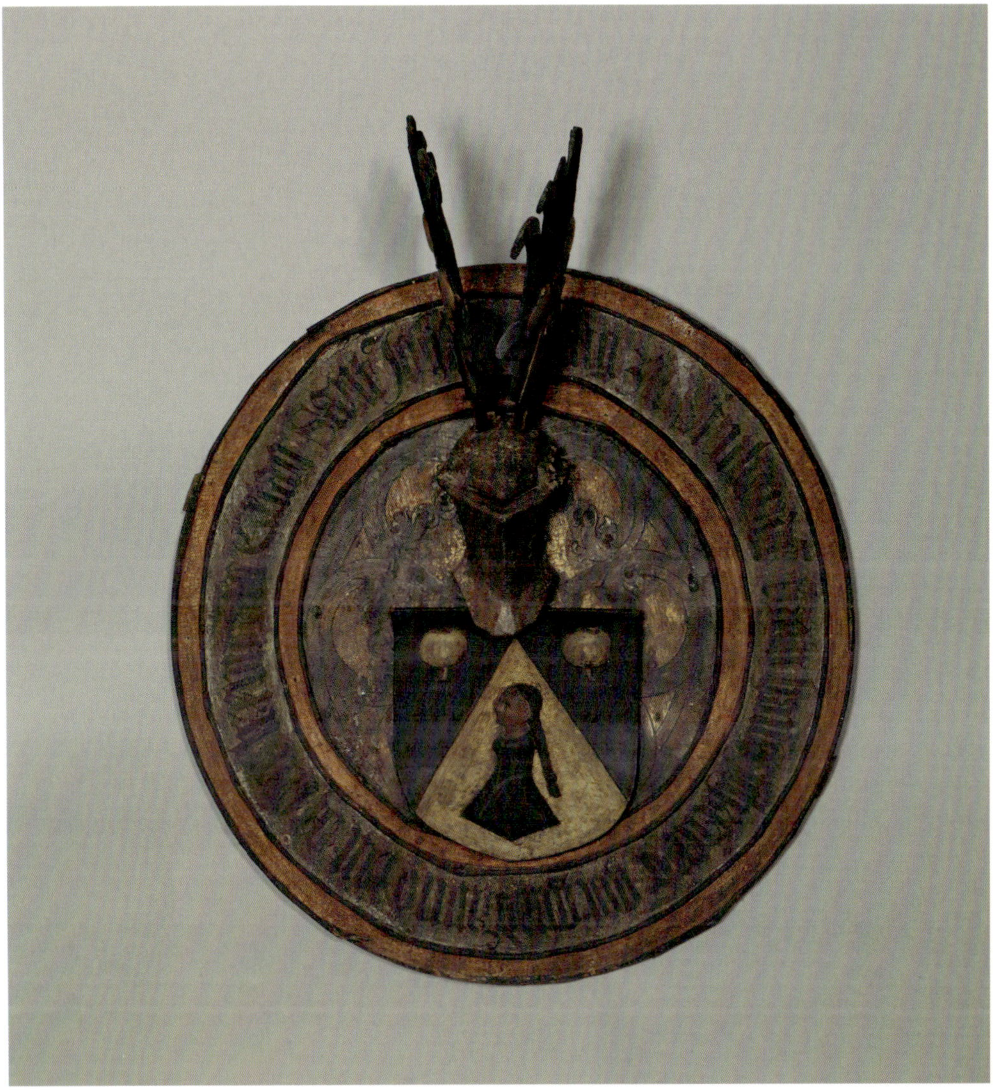

Abb. 1: Totenschild des Hans Schreyer (gest. 1477). GNM, KG 1063. Monika Runge, 2015.

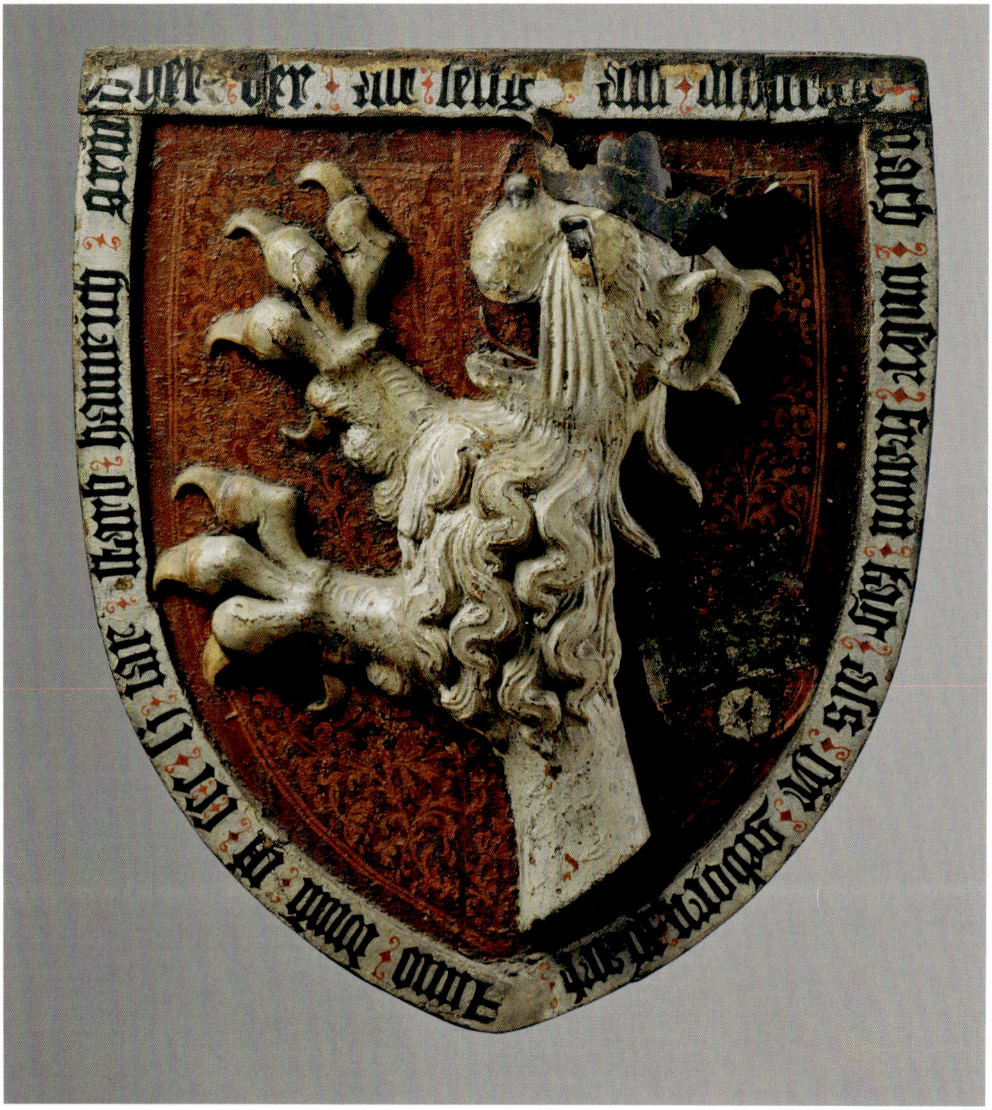

Abb. 2: Totenschild des Heinrich Grundherr, als Beispiel für einen Schild aus der Gruppe der Dreieckschilde des Geschlechts. GNM, KG 33. Monika Runge, 2015.

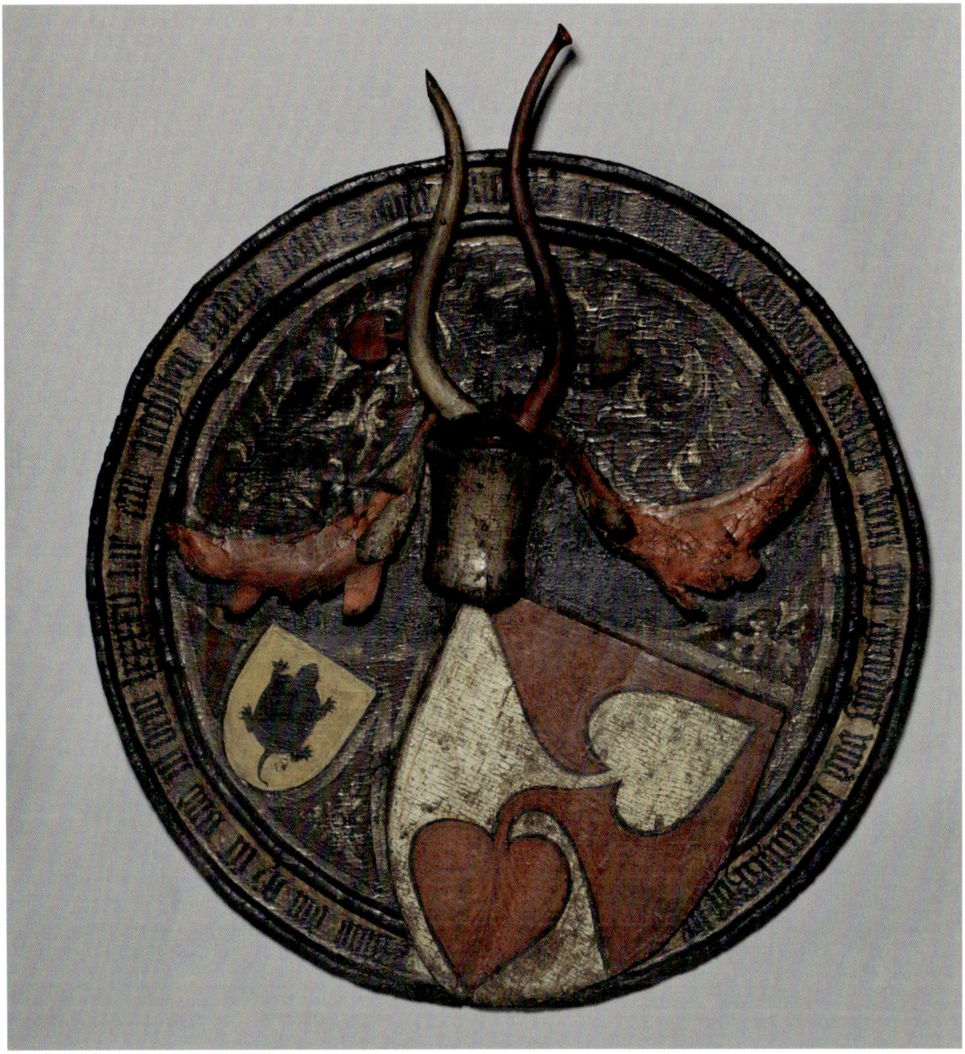

Abb. 3: Totenschild des Anton Ortlieb (gest. 1395). GNM, KG 1056. Monika Runge, 2015.

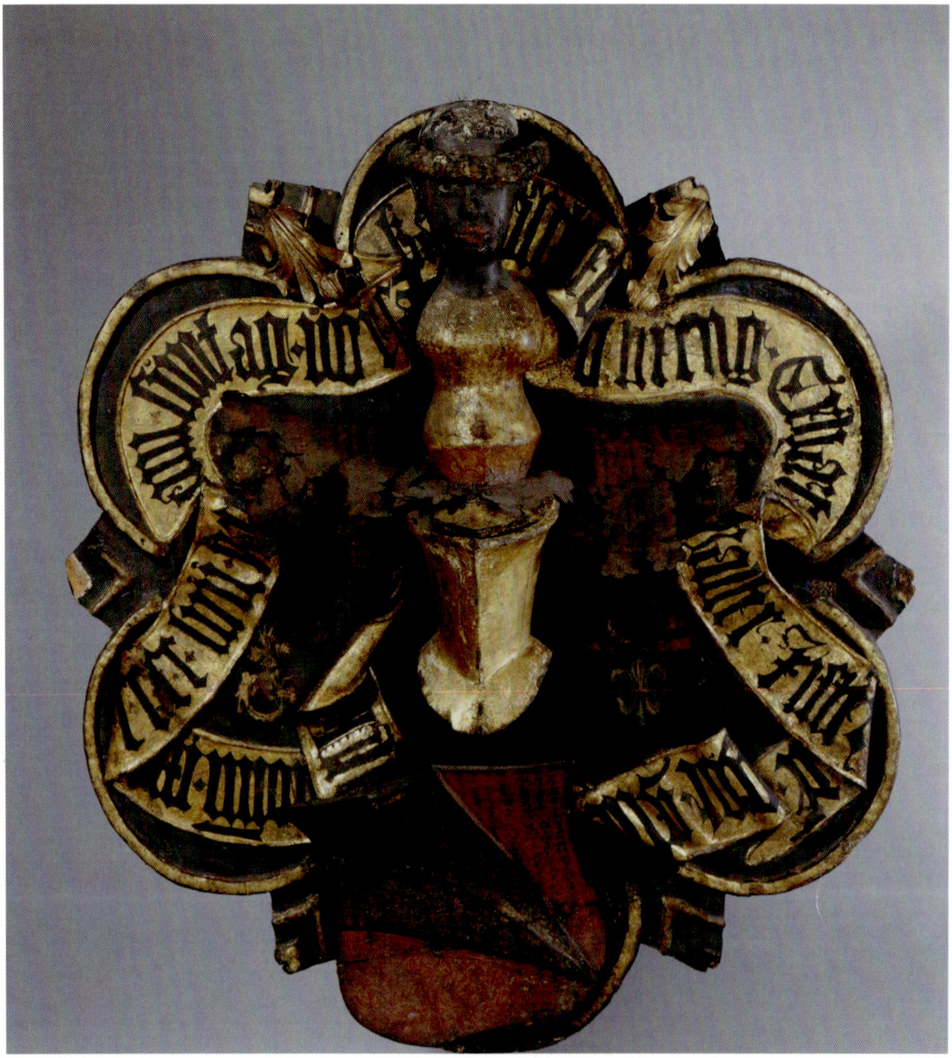

Abb. 4: Totenschild des Erhard Haller (gest. 1457). GNM, KG 55. Monika Runge, 2015

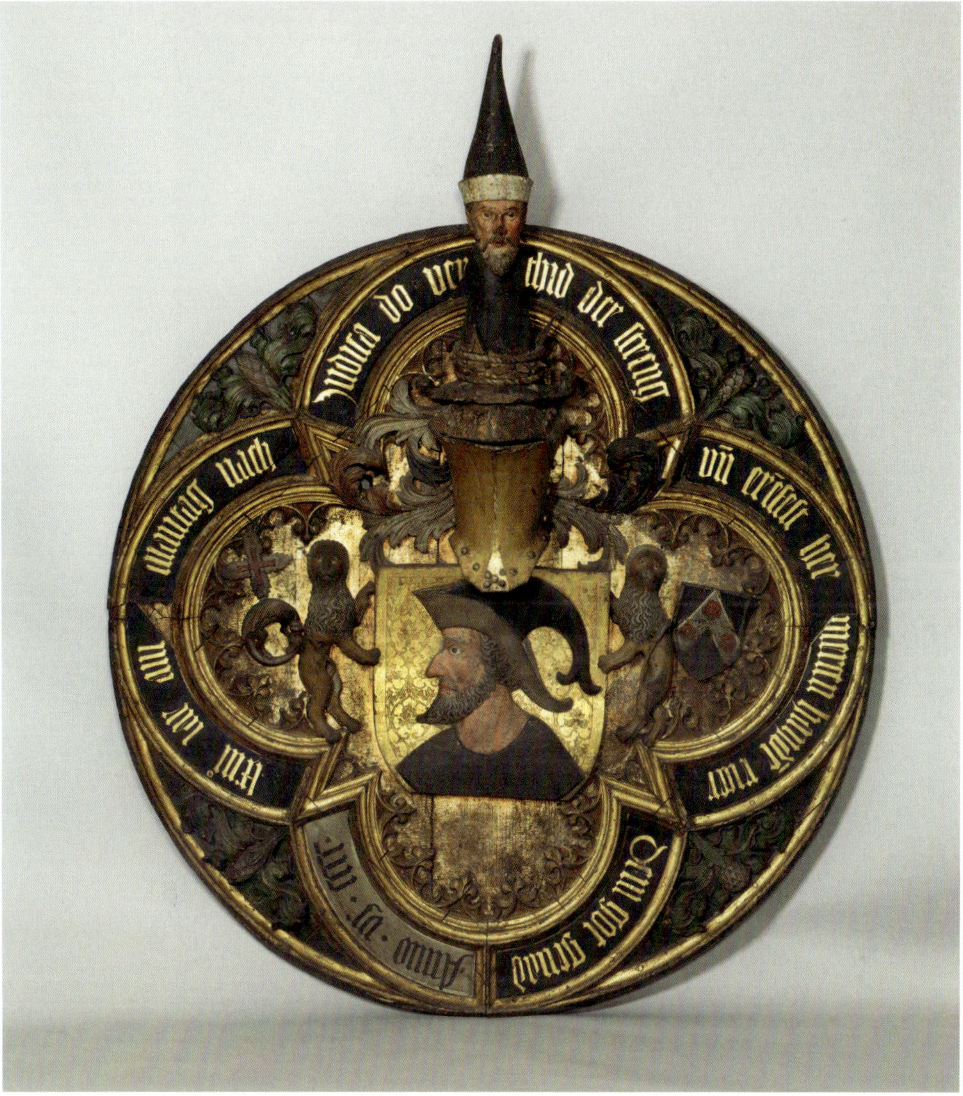

Abb. 5: Totenschild des Martin Hayd (gest. 1463). GNM, KG 1102. Monika Runge, 2015.

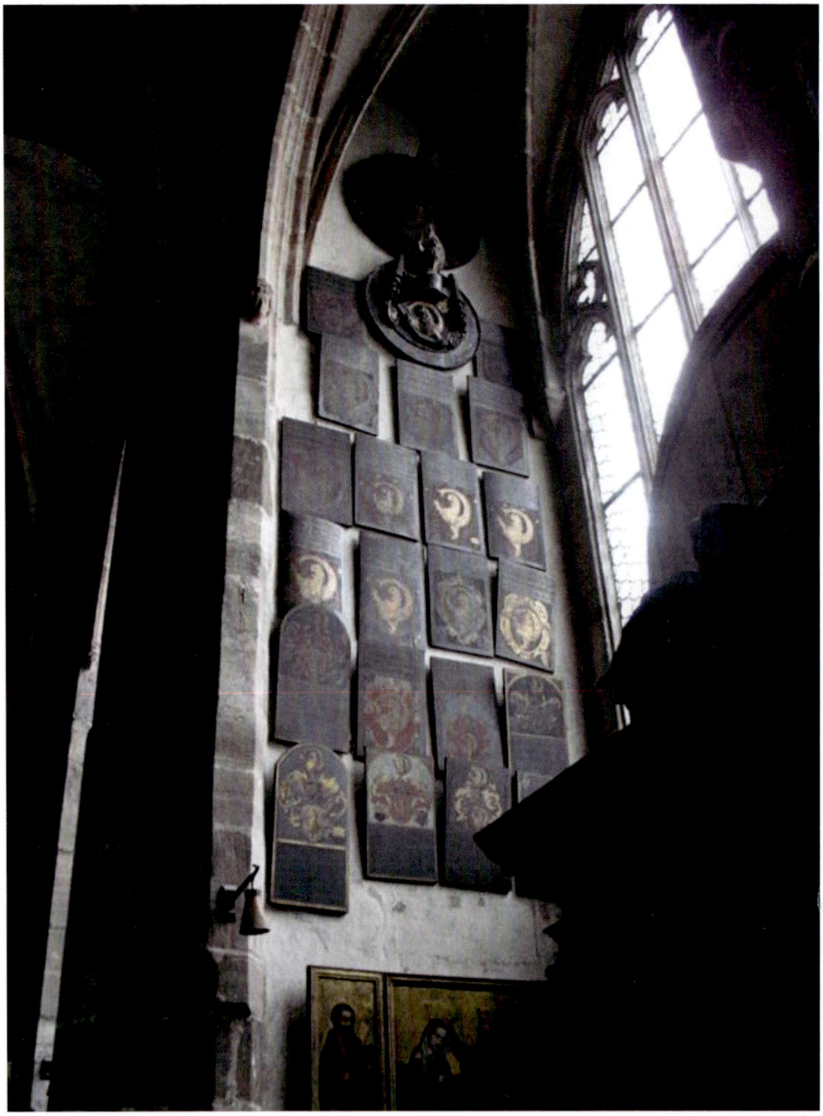

Abb. 6: Totenschilde der Familie Imhoff in St. Lorenz, darunter zahlreiche Rechtecktafeln. Katja Putzer, 2016.

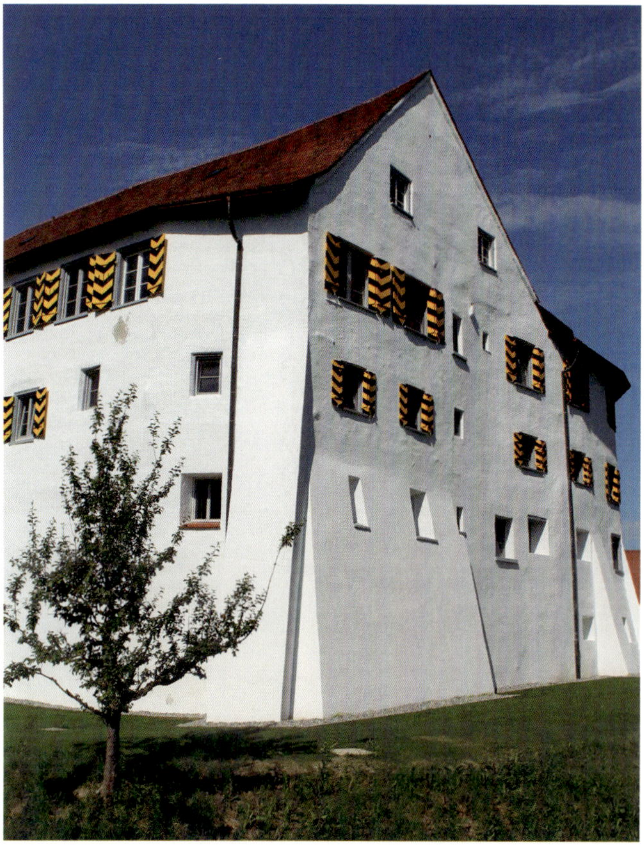

Abb. 1
Wasserschloß Bettenreute (Lkr. Ravensburg), 1454 von Frick III. Humpis erworben
(Aufnahme: Museum Humpis-Quartier Ravensburg, IMG 5937)

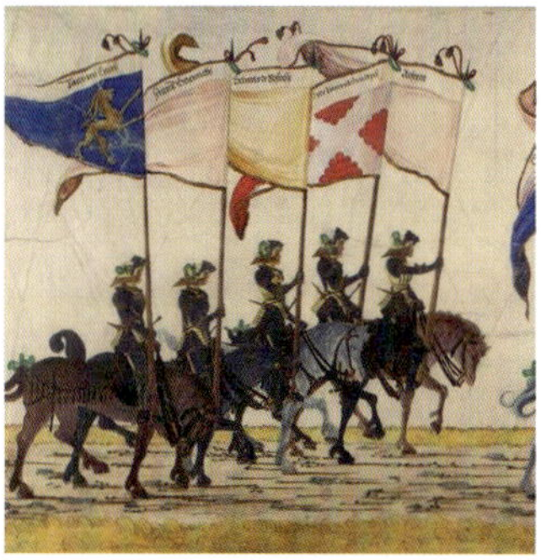

Abb. 2
Darstellung von Heinrich Humpis im Triumphzug Kaiser Maximilians, 1512–15
(Aufnahme: Albertina Wien)

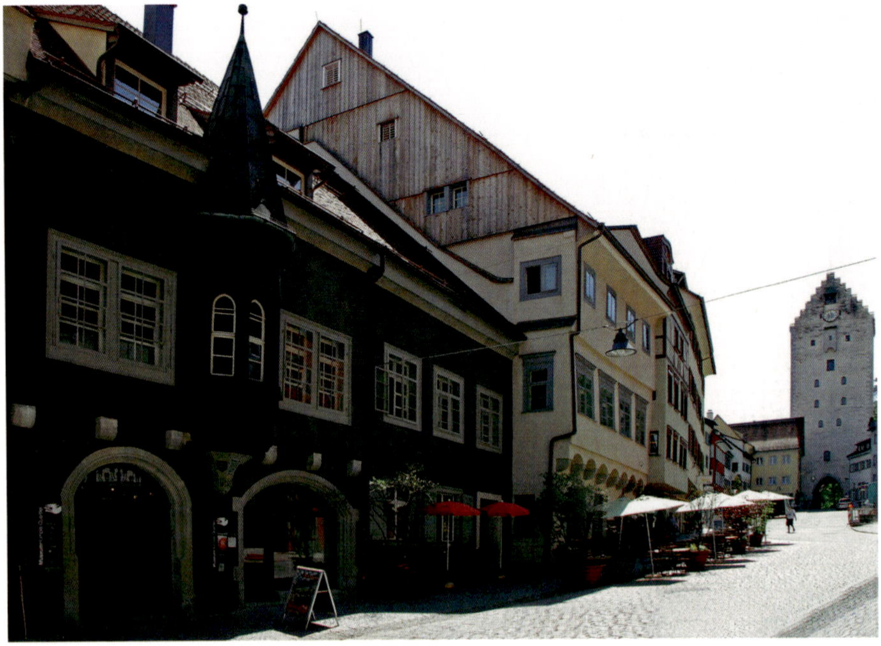

Abb. 3
Das Humpis-Quartier in der Marktstraße 45 in Ravensburg ist das größte und besterhaltene Wohnquartier einer Kaufmannsfamilie des Spätmittelalters in Süddeutschland (Aufnahme: Foto Joos Ravensburg)

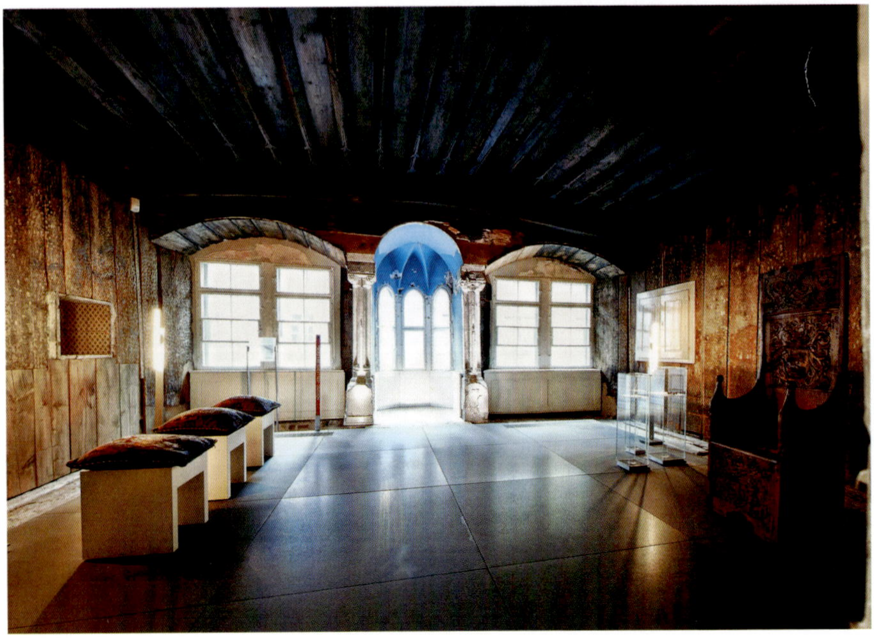

Abb. 4
Wohnstube der Familie Humpis im Gebäude Marktstraße 45, 1435 (Aufnahme: Jehle/Will Ravensburg)

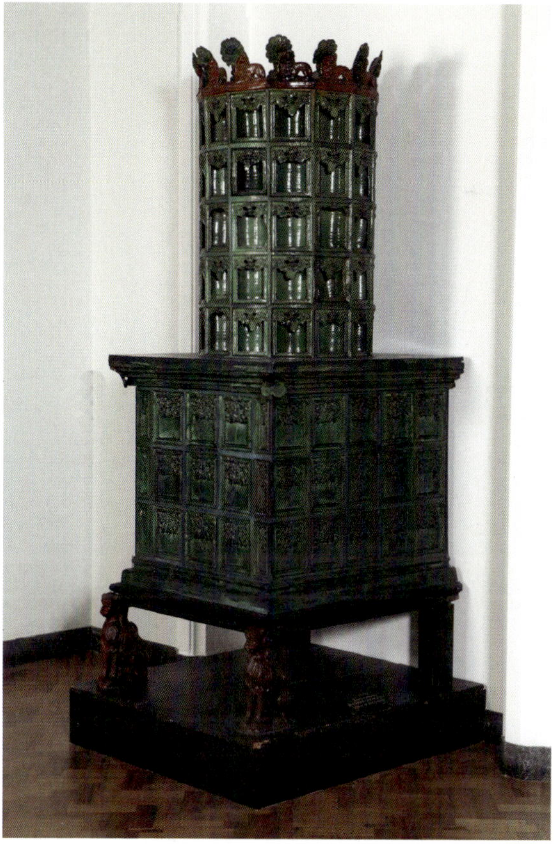

Abb. 5
Hinterladerofen, 15. Jahrhundert, ehemals Marktstraße Ravensburg, heute Victoria and Albert Museum London (Foto: Victoria and Albert Museum London)

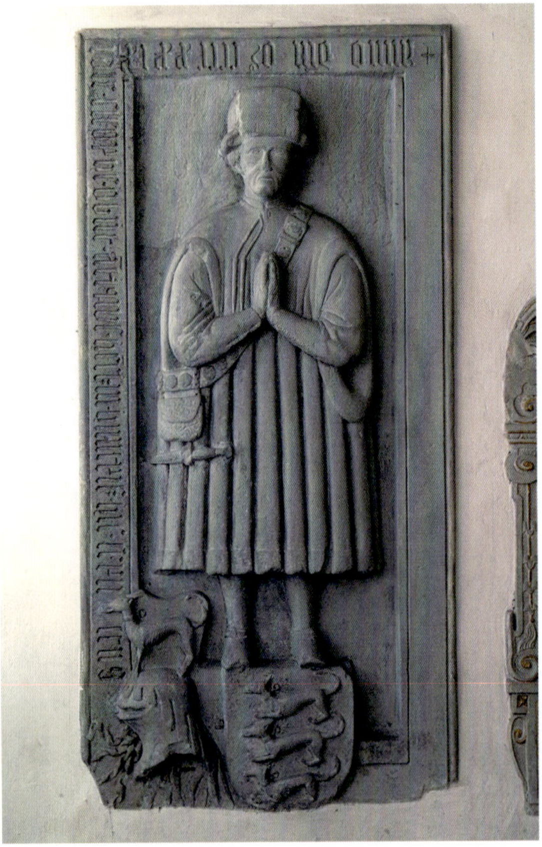

Abb. 6
Epitaph des Kaufmanns Henggi Humpis (gest. 1429) in der ehem. Kapelle der Ravensburger Handelsgesellschaft, heute Evangelische Stadtkirche Ravensburg (Foto: Thomas Weiß, Ravensburg)

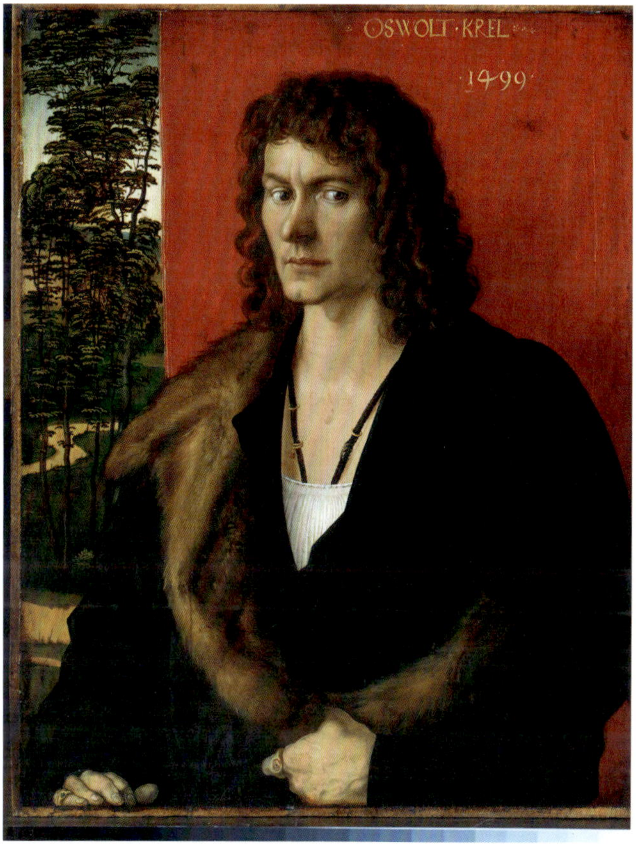

Abb. 7
Albrecht Dürer, Darstellung des Kaufmanns Oswald Kröl, Faktor der Ravensburger Handelsgesellschaft in Nürnberg, 1499,Bildnistriptychon Mittelteil, Bayerische Staatsgemäldesammlungen – Alte Pinakothek München, Copyright: bpk, Bayerische Staatsgemäldesammlungen, Foto Dürer/Kröl

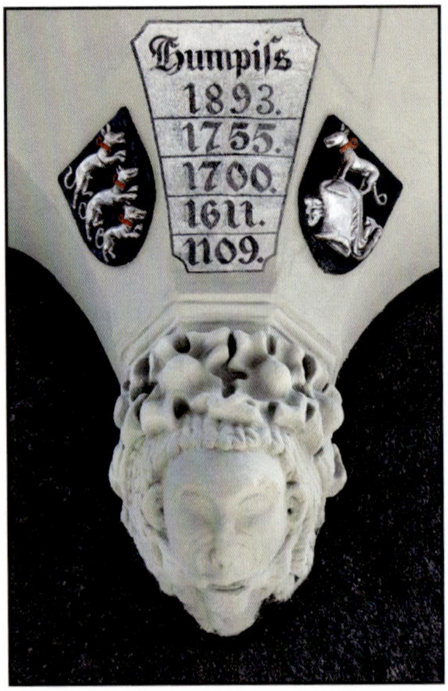

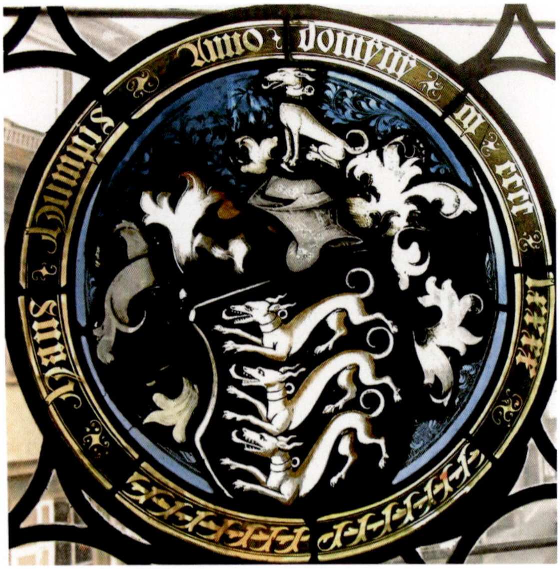

Abb. 8
Wappen der Familie Humpis am Erkerabschluß des Humpis-Quartiers, Marktstraße 45, 1435 (Foto: Anja Köhler, Ravensburg)

Abb. 9
Wappenscheibe des Bürgermeisters Hans Humpis im Kleinen Sitzungssaal des Ravensburger Rathauses, 1490 (Foto: Museum Humpis-Quartier)

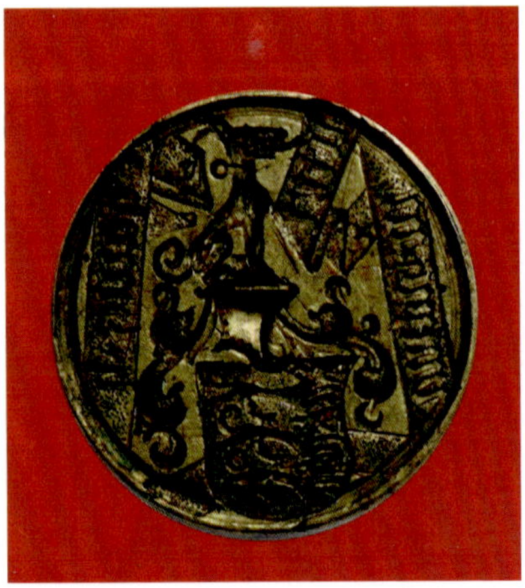

Abb. 10
Siegelstempel des Onofrius Humpis, 15. Jahrhundert (Foto: Oberschwäbische Elektrizitätswerke Ravensburg)

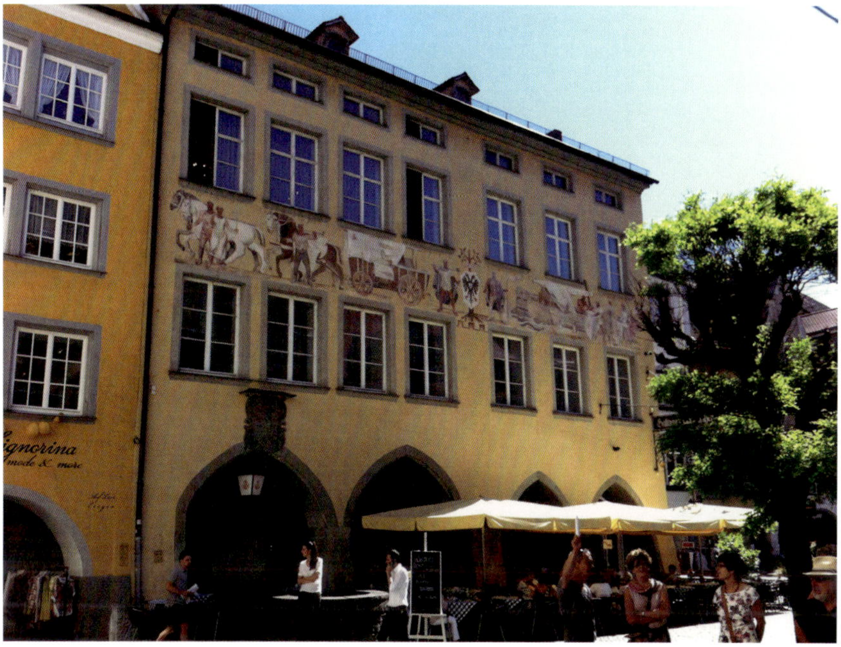

Abb. 11
Haus der Patriziergesellschaft zum Sünfzen in Lindau (Foto: Stadtarchiv Lindau)

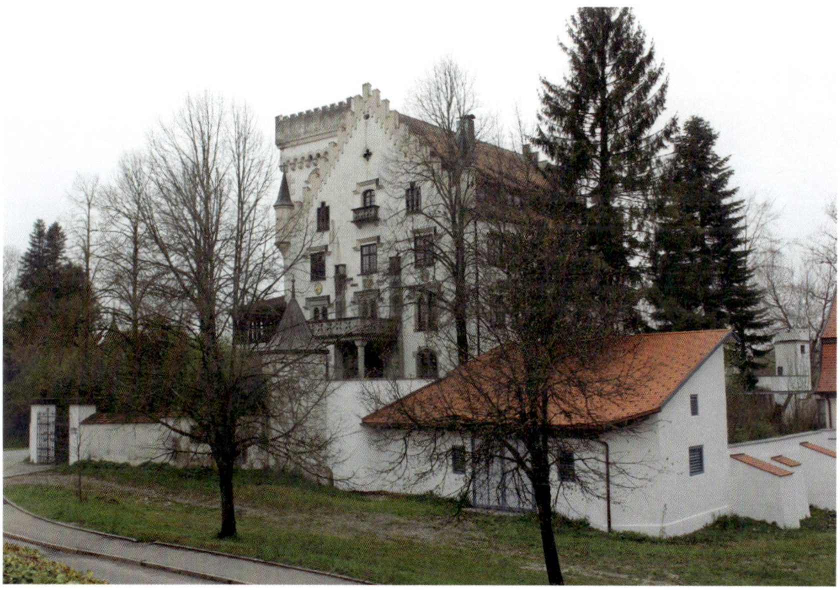

Abb. 12
Unteres Schloß Ratzenried, ab 1501 von den Humpis errichtet (Foto: Museum Humpis-Quartier Ravensburg)

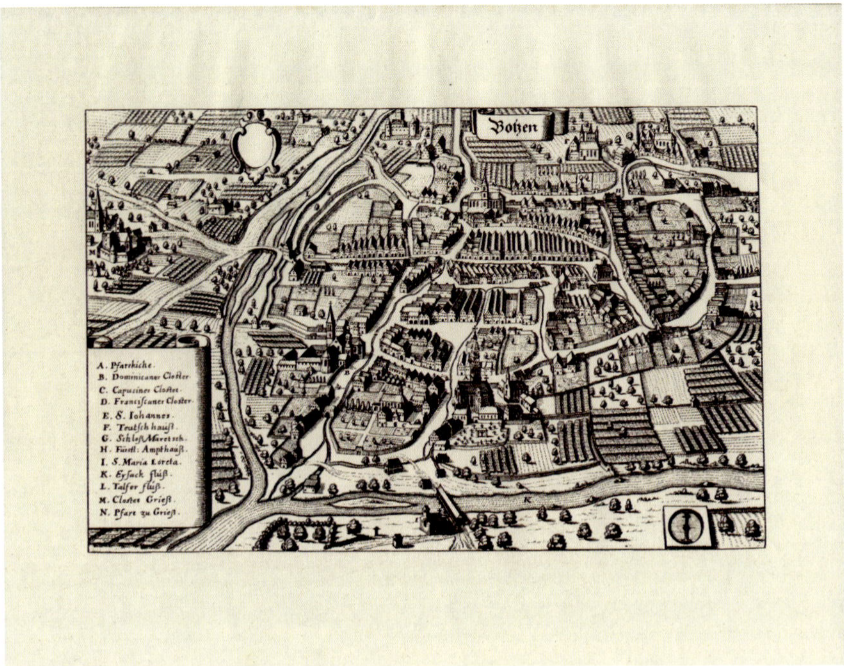

Abb. 1: Ansicht der Stadt Bozen von Matthäus Merian, um 1649, Tiroler Landesmuseum Ferdinandeum, FB 18817.

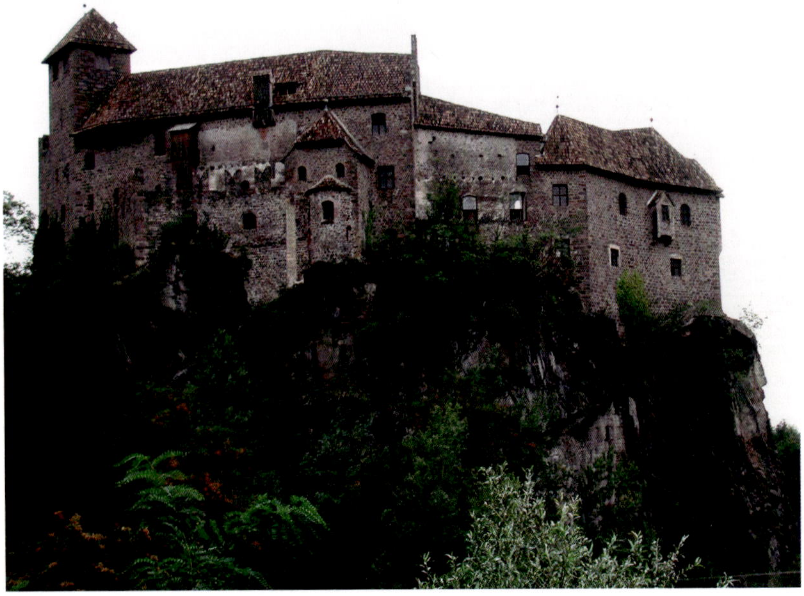

Abb. 2: Schloss Runkelstein bei Bozen, Nordseite. Die spätromanischen Bauteile sind noch deutlich am Mauerwerk zu erkennen. Foto: Armin Torggler.

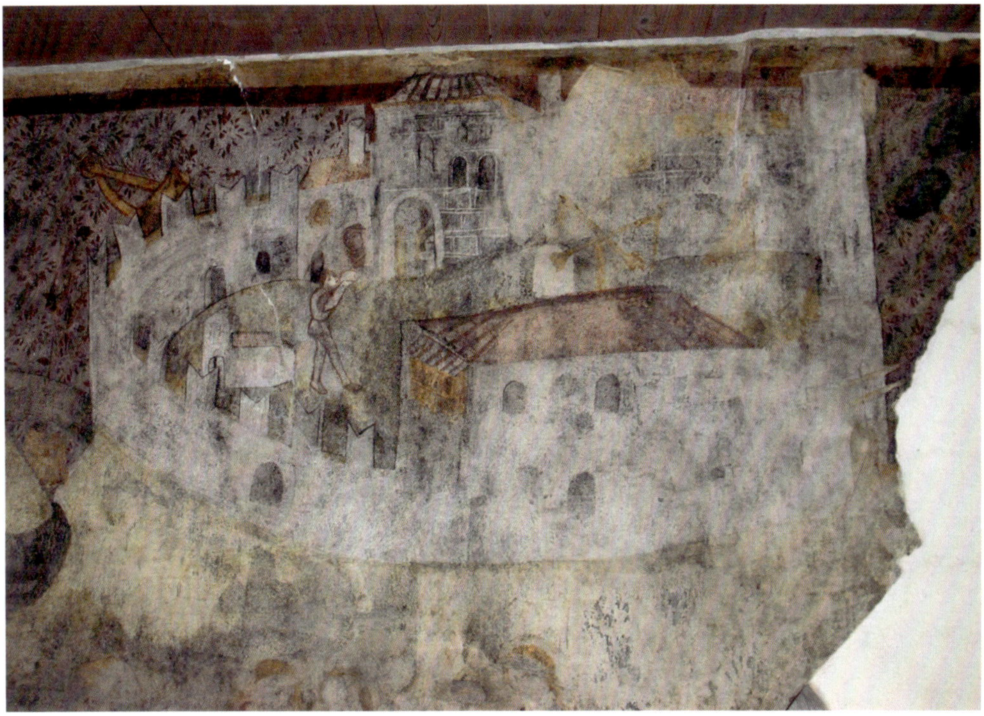

Abb. 3: Darstellung von Schloss Runkelstein im Westplas, um 1390. Foto: Armin Troggler.

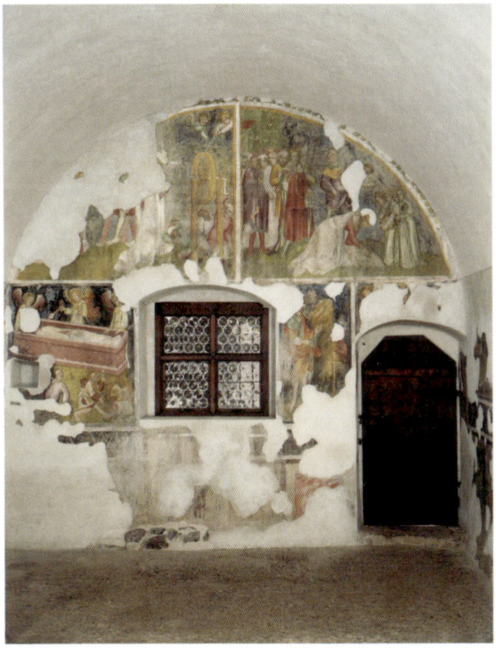

Abb. 4: Burgkapelle von Schloss Runkelstein, Westwand mit den 1390 im Auftrag von Niklaus Vintler ausgeführten Fresken. Foto: Stiftung Bozner Schlösser.

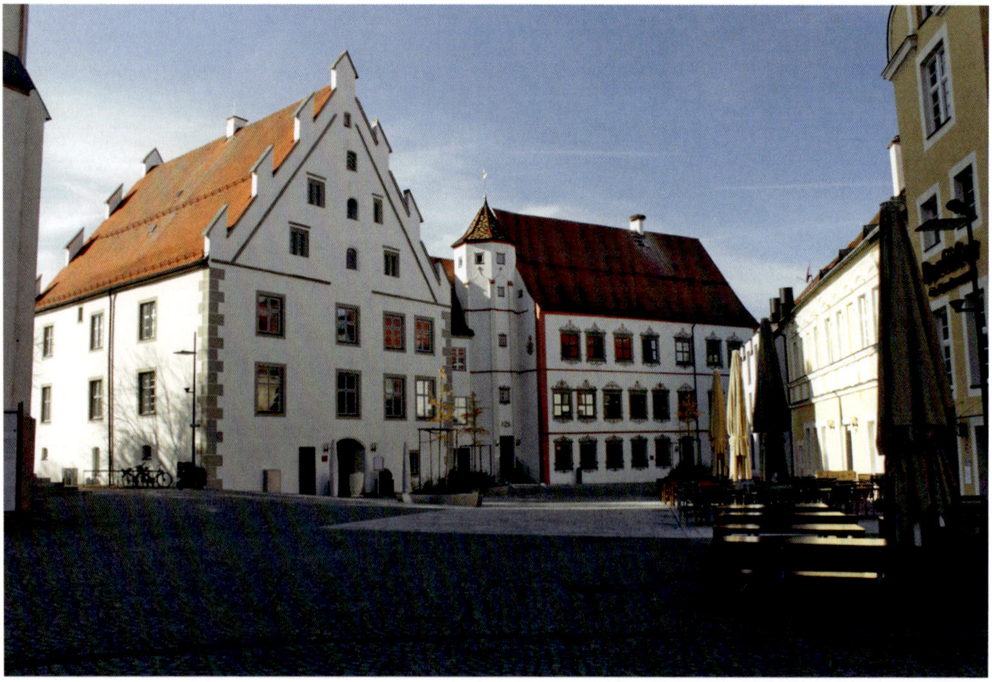

Abb. 1 Schloss Weißenhorn. Altes (linkes) und Neues Schloss. Quelle: Fuggerarchiv Dillingen.

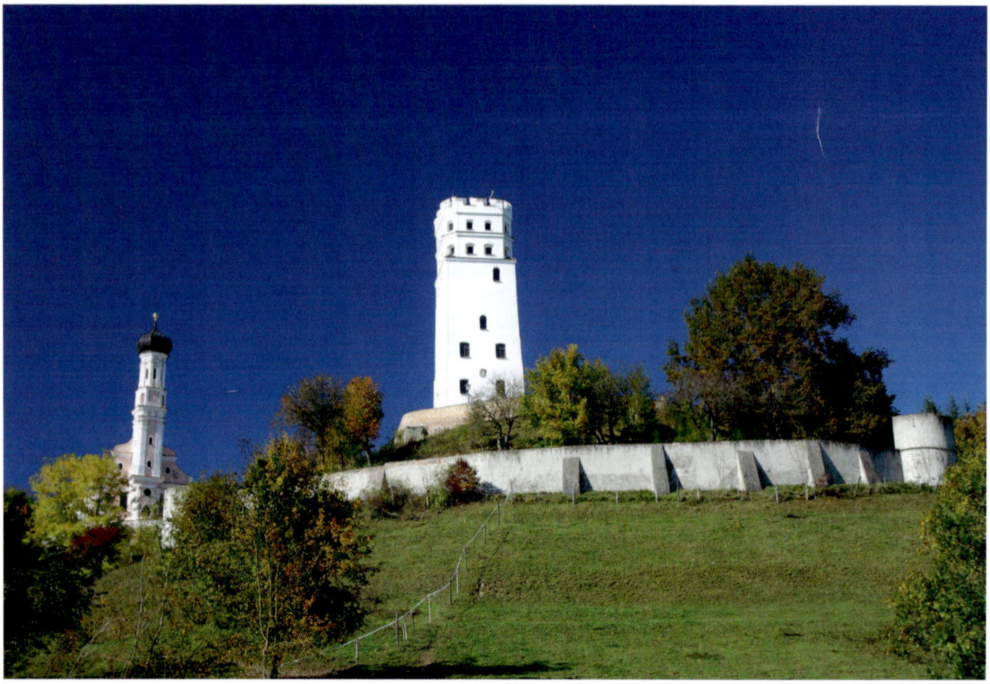

Abb. 2 Bergfried in Markt. Quelle: Fuggerarchiv Dillingen

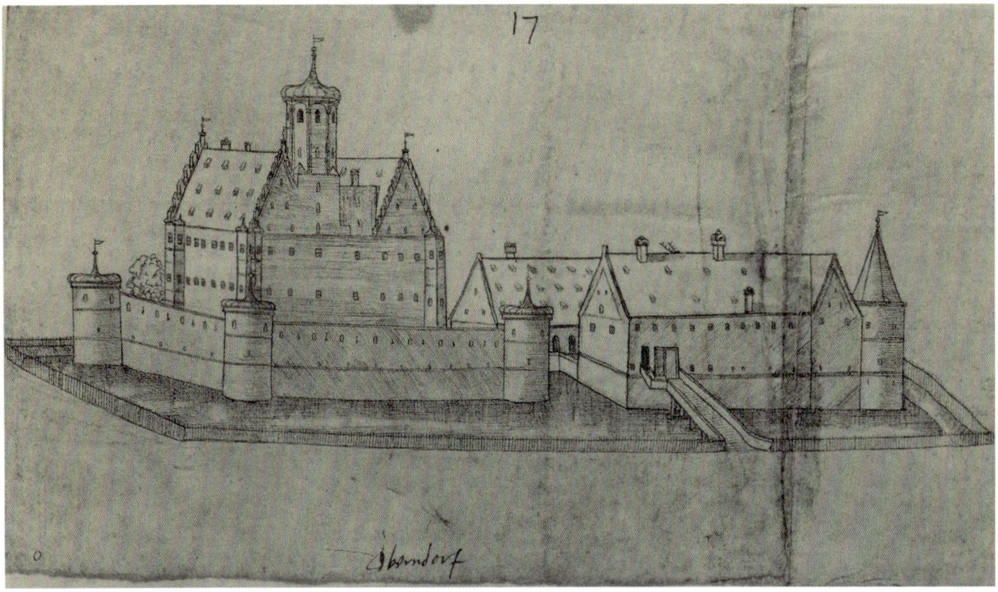

Abb. 3 Schloss Oberndorf am Lech. Zeichnung von Jost Amman, um 1570. In: Anton Fugger,### 1994, S. 131.

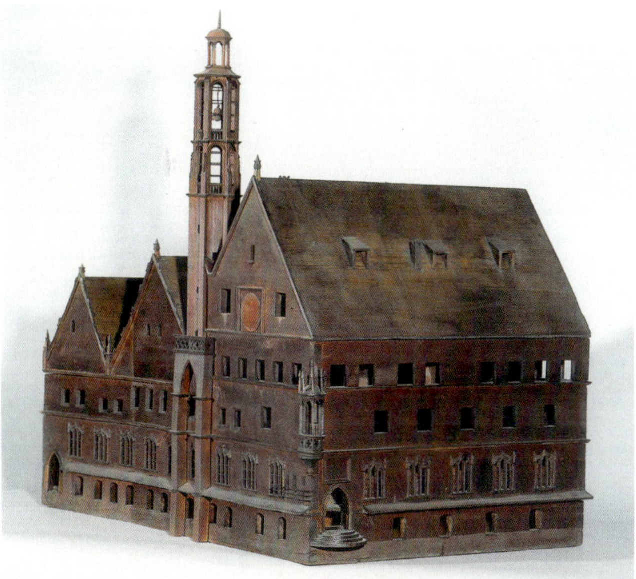

Abb. 4 Modell des mittelalterlichen Augsburger Rathauses. Elias Holl (?), Augsburg um 1614. In: Carl A. Hoffmann: Als Frieden möglich war. 450 Jahre Augsburger Religionsfrieden, Regensburg 2005, S. 568.

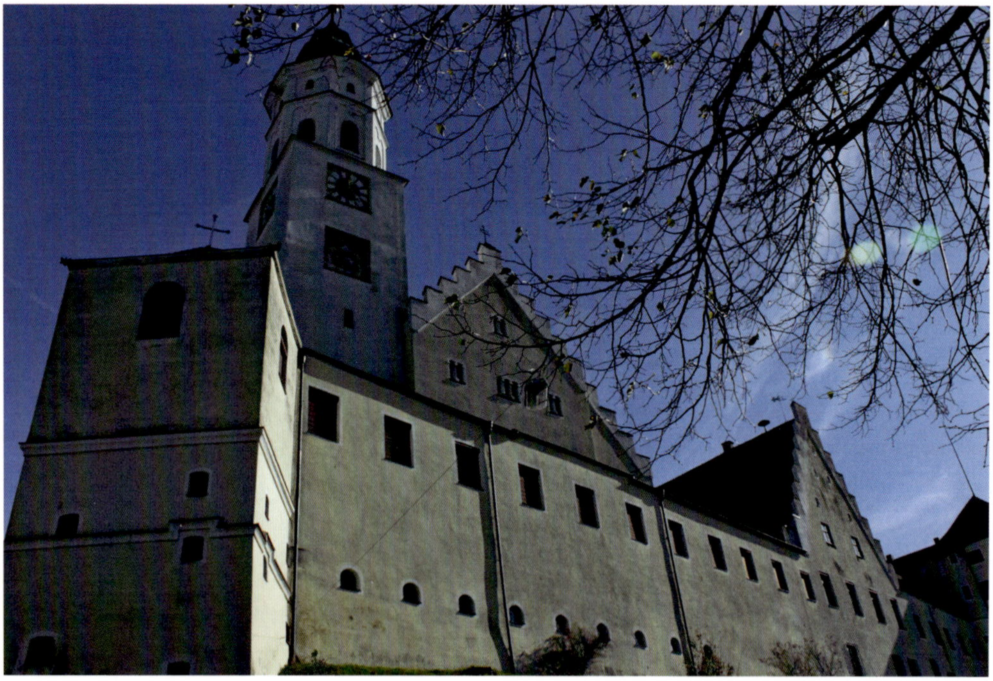

Abb. 5 Schloss Babenhausen von Westen. Quelle: Fuggerarchiv Dillingen

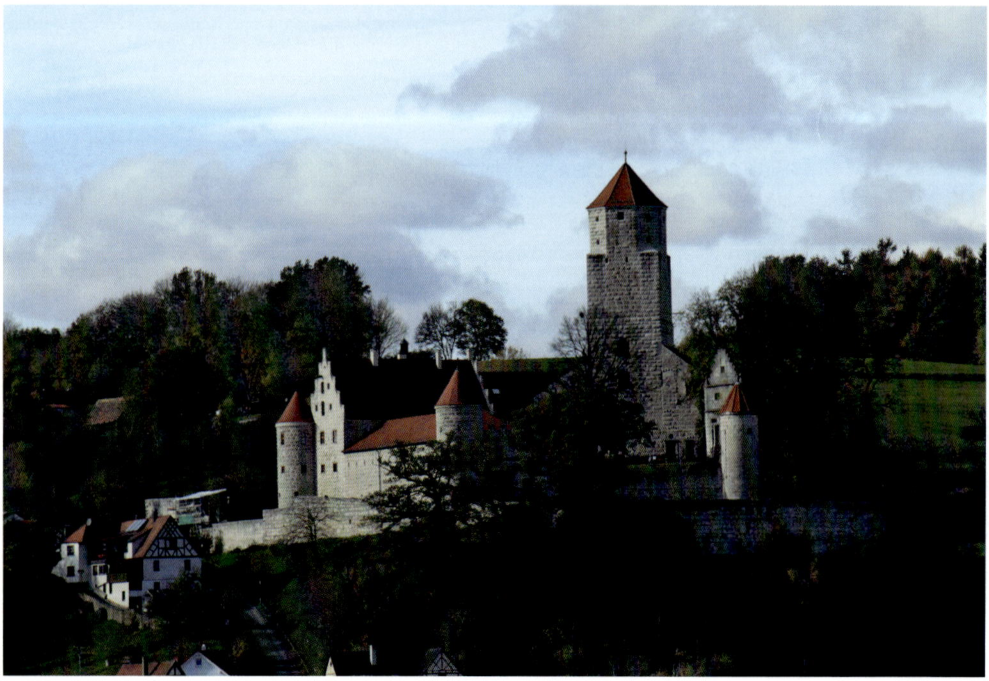

Abb. 6 Schloss Niederalfingen, Gesamtansicht. Quelle: Fuggerarchiv Dillingen.

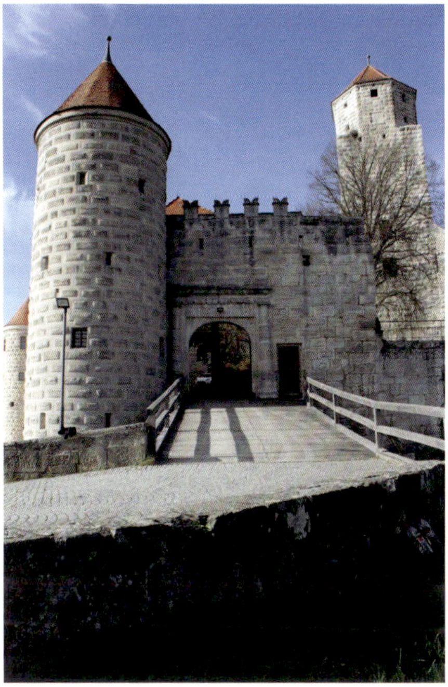

Abb. 7 Schloss Niederalfingen, Portal mit Zugbrücke. Quelle: Fuggerarchiv Dillingen.

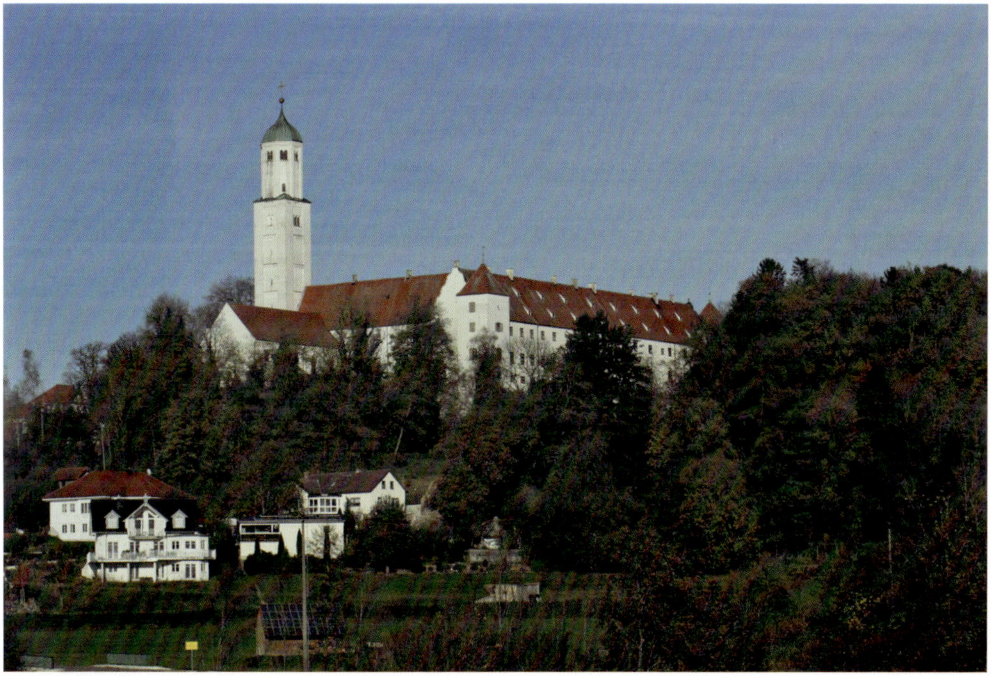

Abb. 8 Schloss Kirchheim (heutige Ansicht). Quelle: Fuggerarchiv Dillingen

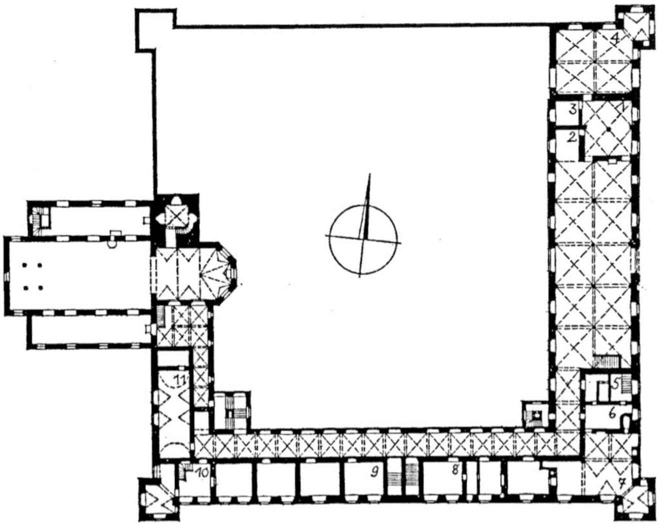

Abb. 9 Schloss Kirchheim, Grundriss des Erdgeschosses und der Pfarrkirche nach einem Plan der 2. Hälfte des 19. Jahrhunderts. In: Landkreis Mindelheim, Bayerische Kunstdenkmale, München 1971.

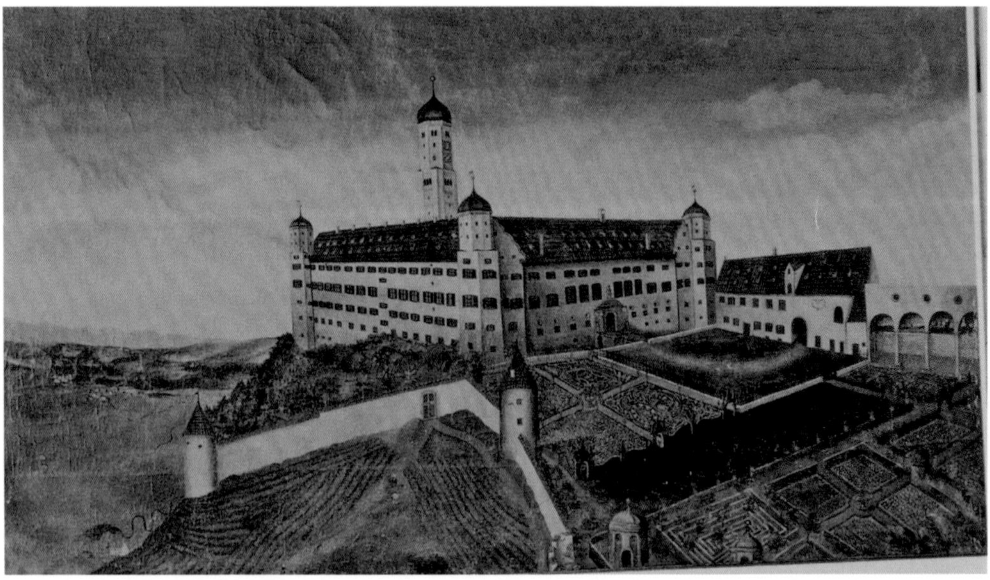

Abb. 10 Schloss Kirchheim, Ansicht von Süd-Osten, aus der Mitte des 17. Jahrhunderts.